KB233106

수업과 장학

수업과 장학

안 우 환 · 권 민 석 · 신 재 한 共著

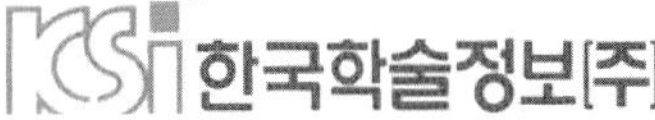

머리말

　장학을 설명하고 분석하려는 노력들이 다양한 측면에서 그동안 많이 논의되어 왔다. 하지만 수업과 관련하여 심층적으로 접근한 저서는 찾아보기 힘들다. 본 저서는 신임교사의 수업장학 운영의 실태를 분석하고 이를 통해 시사점을 도출하고, 신임교사의 수업의 질을 개선하기 위해 다양한 맥락에서의 접근을 통한 수업장학 프로그램을 탐색하고 있다.

　본 저서는 다음과 같은 문제점을 해결하는 데 초점을 두고 있다. 첫째, 신임교사를 위해 실행하고 있는 수업장학의 문제점과 원인은 무엇인가? 둘째, 신임교사를 위한 수업장학은 어떤 방향으로 접근해야 하는가? 셋째, 신임교사의 특성과 발달단계를 고려한 다양한 맥락의 수업장학 프로그램은 어떻게 구성이 되는가?

　이러한 문제점 해결을 위하여 본 저서는 총 7장으로 구성되어 있다. 제1장에서는 장학의 개념과 원리, 장학의 기능, 장학의 발달과정과 유형, 장학의 유형에 대하여 고찰한다. 제2장과 제3장에서는 수업지도성과 수업장학을 고찰하기 위하여 수업지도성의 개념과 구성요소, 수업지도성 개발을 위한 과제를 살펴보고, 수업장학과 현직 교원교육과의 관계, 수업장학의 유형과 실제에 대하여 고찰하고 있다. 제4장에서는 교사의 발달 수준에 적합한 장학에 대하여 알아보고, 제5장에서는 교사의 기대에 반응할 수 있는 장학의 유형에 대하여 분석하고 있다. 제6장과 제7장에서는 신임교사를 위한 수업장학 프로그램과 효과적인 수업에 대응하는 장학에 대하여 탐색하고 있다.

신임교사를 위한 수업장학 프로그램 마련에 본 저서는 하나의 지침서가 될 수 있으면서 장학을 처음 시작하는 분이나 장학에 대하여 보다 전문적인 식견을 고양하고자 하는 분들에게 한층 발전된 논의의 장을 던져 주리라 확신한다. 모쪼록, 본 저서가 수업과 장학에 대한 이해의 지평을 넓히는 데 일조하기를 기대해 본다.

마지막으로 본 저서의 출판을 주저함이 없이 허락해 준 한국학술정보㈜ 관계자 분께 진심으로 감사의 말씀을 전한다.

달구벌 대구에서
저자 대표 안우환

차 례

1장 장학

1. 장학의 개념

장학이라는 말은 영어의 'Supervision'을 해석한 것이다. supervision은 'super'와 'vision'의 합성어이다. 여기서 'super'는 '높은 곳' 혹은 '우월한'이라는 의미를 지닌 접두어이고, 'vision'은 '본다' 또는 '감시한다'는 의미를 갖고 있는 단어이다. 따라서 supervision이라는 말은 '높은 곳에서 본다 혹은 감시한다'라는 뜻으로 해석될 수 있다. 이렇게 볼 때 supervision은 일반조직에서 흔히 우리가 번역하여 사용하는 말처럼 '통제'의 의미가 가미된 '감독'으로 해석될 수 있다(김윤태, 1991). 그러나 교육장면에서 supervision은 미국에서나 우리나라에서나 단순히 지시와 감시가 전제된 권위주의적인 개념으로만 통용되어 오지 않았다. 따라서, 여기서 장학이라는 개념이 역사적으로 어떻게 변천해 왔는지 살펴봄으로써 오늘날 장학의 개념과 성격을 분명히 이해하는 데 도움을 줄 것이다. 장학 개념의 변천 과정을 살펴보면 〈표Ⅰ-1〉과 같다.

장학의 개념이 역사적으로 변천하는 과정에서 장학은 그 성격 자체가 다중적인 개념이 되어 버렸다. 그럼에도 불구하고 많은 학자들이 장학을 개념적으로 정의하기 위한 노력을 계속해 왔다. 이러한 과정에서 장학개념에 대한 혼란은 가중될 수밖에 없었다. 김종철·이종재(1997)는 장학개념의 혼돈 원인을 다음과 같이 네 가지로 제시하였다.

첫째, 장학개념의 용어가 통일되어 있지 않다. 즉, 장학의 개념이 장학, 지도, 조언, 장학에 있어서의 지도행정 등의 용어로 다양하게 사용되고 있다.

둘째, 장학담당자가 행하는 모든 행정사무는 일반적으로 장학이라고 부르는 용어의 개념규정을 벗어나고 있으며 일반행정가로서 처리하는 사무 중에는 장학행정의 면이 많이 있다.

셋째, 장학의 대상이 되는 교육문제의 영역이 광범위하고 행정과 장학의 한계가 명확하지 않다.

넷째, 외국의 장학개념과 우리나라의 장학이 반드시 일치하지 않는다.

<표 I -1> 장학 개념의 변천 과정

시대 \ 개념	장학의 방법	개념적 성격
식민시대	공공장학 (public supervision)	학교를 직접 방문하여 법에 정해진 대로 아동들에 대한 교육 확인·감시
18·19세기	시학형식 (authoritative inspection)	학교의 교육활동이 법령이 제대로 준수하는지 사정하고, 학교의 운영과 시정하도록 지시·명령
1900~1910년대	과학적·관료적 장학 (scientific and bureaucratic supervisory methods)	학교조직의 관료제적 틀 속에서 통제중심의 장학
1920~1940년대	인간관계 중심의 장학 (supervision as human relations)	교사와 학생, 장학담당자와 교사간의 원만한 관계 형성을 통한 교육활동 개선과 장려
1950~1960년대	교육과정개발 중심의 장학 (supervision as curriculum development) 지도성 중심의 장학	장학연구의 과학화, 교육행정의 이론화 운동과 더불어 현대적 장학의 개념적 토대 제공
1970년대	임상장학 (clinical supervision)	동료의식, 협력, 지원, 수업의 개선
1980년대	자율장학, 발달장학, 선택적 장학	관 주도의 타율적인 장학으로부터 민주적인 방식의 다양한 자율장학의 모형 개발
1990년대	자기장학, 동료장학 등	학교개선과 연계, 전문적이고 도덕적인 활동으로 학교공동체의 문화 형성
21세기	컨설팅장학, 사이버장학 등	가상공간 속에서 교사와 학생과의 협력학습, 장학의 개념적 경계 초월

자료: 김형관 외(2000). 신 장학론. 학지사. 재구성.

따라서, 장학의 개념에 대해서는 학자들간 의견이 다양하게 정의되고 있

다. 즉, 장학의 강조점, 접근방법, 시간과 공간 또는 강조점을 어디에 두느
냐에 따라 달리 정의되기도 한다(조성일 외, 2004)

국내·외 학자들의 장학에 대한 견해를 살펴보면 〈표Ⅰ-2〉, 〈표Ⅰ-3〉과
같다.

〈표Ⅰ-2〉 국내 학자들의 장학에 대한 개념

학 자	장학의 개념	
백현기 (1975)	교사가 그들에게 생긴 문제를 그들 자신이 해결해 나가도록 도와주는 성공 및 조언	
윤정일 (1989)	교수-학습의 효율화를 목적으로 교사의 전문성 신장, 교육과정 운영 및 학교 경영의 합리화를 위해 제공되는 지도·조언, 자원 봉사 등 일련의 전문적·기술적 활동	
김창걸 (1992)	교사와 학생의 성장, 발달에 대한 모든 조건을 향상시키기 위해 지도·조언하는 전문적·기술적 봉사활동	
강영삼 (1994)	①문교장학	중앙 교육행정 조직의 참모활동 중심접근
	②학무장학	지방교육행정조직의 계선활동 중심접근
	③수업장학	학교조직의 수업활동 중심접근
	④임상장학	학급에서 행해지는 임상활동 중심접근
조병효 (1995)	①법규적 접근	교육활동 전반에 관한 기획, 조정, 연구와 교육활동에 대한 지도감독, 교원에 대한 인사와 지도 감독, 학생의 지도
	②기능적 접근	교수-학습사태의 개선을 도모하고 어린이의 성장과 발달을 위해 교사 및 교육종사자에게 제공하는 지도성
조병효 (1995)	③이념적 접근	학생들의 성장발달을 위한 교수학습개선을 목적으로 하는 민주적인 활동
김윤태 (1995)	교수-학습과정을 개선하고 학교의 목표를 성취하기 위하여 장학담당자가 행사하는 교육지도성	
허병기 (1997)	교사의 수업행위 또는 교육행정에 근접하여 그 행위를 전문적으로 조력하는 활동	

학 자		장학의 개념
김종철 외 (1997)	①법규적 접근	교육활동 전반에 관한 계선 조직의 행정활동에 대한 전문적·기술적 조언을 통한 참모활동
	②기능적 접근	교사의 전문적 성장, 교육운영의 합리화, 학생들의 학습환경 개선을 위한 전문적 기술적 보조활동
	③이론적 접근	학습지도의 개선을 위하여 제공되는 지도 및 조언
한경수 외 (1998)		학생들의 성장과 발달을 증진시키기 위해 교사들의 활동을 전문적으로 개선 향상시키는 일
남정걸 (1999)		학생들의 성장과 발달을 증진시키기 위하여 교사들의 활동을 전문적으로 개선·향상시키는 일
주삼환 (1999)		장학의 핵은 수업개선에 있으며 수업개선을 하려면 교사, 교육과정, 학습환경에 변화를 주어 결국 학생의 학습행위를 변화시켜 학습성취, 학습결과를 높이는 활동
윤정일 외 (2000)		①중앙장학 ②지방장학 ③교내장학 ④임상장학 ⑤동료장학 ⑥자기장학
이윤식 (2001)		교육활동의 개선을 위한 지도 및 조언활동
정태범 (2002)		교사의 전문성 신장, 교육과정 운영, 정보 제공, 자원봉사 등 전문적·기술적 활동

<표 I -3> 국외 학자들의 장학에 대한 개념

학 자	장학의 개념
W.H.Burton(1947)	교수행위의 개선, 현직교사의 성장, 교육과정의 선정과 조직, 교사의 평가와 관련된 제 활동
K.Wiles(1955)	교수-학습사태의 개선 향상을 위한 지도·조언
K.Wiles(1967)	교사들이 그들의 일을 보다 잘할 수 있도록 도와주는 봉사활동
Glen G. Eye(1971)	교육체제의 적정 수업기대의 달성에 주로 초점을 두는 학교행정의 국면
Kimball Wiles & John T. Lovell(1975)	교수행동체제와 상호작용시킬 목적으로 조직이 공식적으로 제공하는 부가적인 행동체제
Robert J. Alfonso, Gerald R. Firth & Richard F. Neville(1975)	학교 내의 상담활동, 수업, 행정, 학생의 행동체제 등과 상호작용하는 수업행동체제

학 자	장학의 개념
Morris L. Cogan (1979)	교육과정의 제정과 개정, 수업단원과 자료의 준비, 학부형에게 통지하는 과정과 도구의 개발, 전체적인 교육프로그램의 평가와 관련된 활동
Robert J. Alfonso, Gerald R. Firth & Richard F. Neville(1981)	학생들의 학습을 촉진시키고 교육조직의 목적을 달성하기 위하여 교사의 행동에 직접적인 영향을 주는 학교조직의 공식적인 노력
Lovell & Wiles (1983)	학습기회의 설계와 실행을 유지, 변화, 향상시킴으로써 학생 학습의 향상
Ben M. Harris(1985)	학생들의 학습을 돕고자 이용되는 수업과정에 직접적인 영향을 주는 방법으로 학교를 경영해 나가거나 변혁을 가져오게 하는 인적·물적 요소를 다루는 일
Oliva & Pawlas(1988)	전문적 조력을 통해 교사에게 봉사하는 것
Sergiovanni & Starratt(1988)	교사들이 학습사회의 일원으로 반성적 통찰을 교육가능성의 비전을 얻도록 도와주는 과정
Oliva(1993)	교사 개인이나 교사집단에 봉사하는 활동으로서, 교수활동의 개선에 특별히 도움을 주고자 교사를 대상으로 제공하는 노력의 한 방법
Godlhammer, Anderson & Krajewski(1993)	교사와 대면적 상호작용을 통한 관찰 자료를 사용하여 직무수행 기회의 향상
Komoski(1997)	학생의 성공적 성취를 진작시키기 위하여 수업개선을 추구하는 지도성 과정
Calebres & Zepeda (1997)	교육과정을 달성하기 위하여 인간의 성장과 잠재능력을 연결시켜 주는 과정
Gliksman, Gordon & Ross-Gorden(1998)	교사의 발달 단계에 기초한 조력
Wiles & Bondi (2000)	①행정적 행위로서의 장학 ②교육과정 활동으로서의 장학 ③수업기능으로서의 장학 ④인간관계 행위로서의 장학 ⑤경영으로서의 장학 ⑥지도성 역할로서의 장학

위의 〈표Ⅰ-2〉와 〈표Ⅰ-3〉과 같이 국내·외 여러 학자들의 장학에 대한 개념 정의를

고찰해 볼 때 ① 행정(administration) ② 경영(management) ③ 인간관계 (human relations) ④ 교육과정(curriculum) ⑤ 수업(instruction) ⑥ 지도성 (leadership)의 여섯 측면에서 정의하여 〈표 I-4〉와 같이 분류할 수 있다(주삼환, 2003).

〈표 I-4〉 장학의 개념적 접근

개념적 접근	학 자	장학의 개념
행정적 측면	Eye, Netzer & Krey(1971)	교육체제의 적정화 또는 교수기대의 달성에 초점을 맞춘 학교행정의 국면
	Harris & Besent(1969)	학교체제의 직원이 학교의 주요 교수목적을 달성하기 위해 학교경영의 유지 또는 변화의 목적으로 성인과 사물을 다루는 것
	Burton & Brueckner (1955)	행정과 장학은 기능적으로 분리될 수 없고 양자는 교육체제 운영에 있어서 서로 조정하고 상호 관련되며, 상보적이고, 기능을 서로 분담하기는 하지만 유리한 학습조건을 제공하는 것
	Glickman (1998)	장학은 교사들이 역할을 성공적으로 수행하도록 지식과 기능을 지원해 주는 일
	김종철, 강영삼 (1982)	장학행정
	백현기(1964b)	지도행정
경영적 측면	Alponso & Firth & Neville (1975)	조직 목표 달성에 대한 책무성, 생산성, 효율성을 강조하는 것임으로 장학도 학교조직의 효과를 얼마나 높였는가에 관심
	Alponso & Firth & Neville(1981)	기술적 생산체제, 인간봉사체제 등 조직의 일의 체제는 장학담당자의 역할을 결정하는 가장 의미있는 결정인자
인간 관계 측면	Wiles, K. (1967)	장학담당자를 촉진자, 의사소통 조성자, 다른 사람과 접촉하게 하는 연락자, 직원을 자극하는 사람 등으로 인식
	Blumberg (1980)	생산적인 직무관계성의 조성이 장학담당자에게 가장 중요한 결정적인 일
	Sergiovanni & Starratt(1988)	교사가 가지고 있는 능력을 최대한 발휘하게 하여 자아실현을 도와주어 행복하게 해 주는 철학(인간자원장학)

개념적 접근	학 자	장학의 개념
교육 과정 측면	Morris L. Co- gan(1979)	교육과정의 제정과 개정, 수업단원과 자료의 준비, 학부형에게 통지하는 과정과 도구의 개발, 전체적인 교육프로그램의 평가와 관련된 활동
	Curtin James (1964)	교육과정을 개발하여 이를 실현시킴으로써 교수의 향상을 기하는 것
수업적 측면	Dull, L. (1981)	교육개선의 목적으로 행하는 전문교육자의 행동
	Marks, Stoops & King-Stoops (1978)	수업과 수업프로그램의 개선에 목적을 둔 행동과 실험
	Komoski(1997)	수업개선을 목적으로 하는 지도성 과정
	이윤식(1999)	교육활동의 개선을 위한 모든 지도 조언 활동
	주삼환 외 (1994)	수업개선을 위하여 교사, 교육과정, 교육환경을 변화시켜 학생의 학습결과를 높이는 것
	백현기(1964b)	교수학습과 학생의 성장발달에 관한 모든 조건을 향상시키는 전문적기술봉사
	ASCD(1965)	장학담당자는 교수개선이나 교육과정의 운영이나 개발에 기여하는 모든 사람
지도성 측면	Mosher & u- rpel(1972)	교육과정, 교수, 조직형태 등에서 전문적 지도력을 발휘하는 것
	Wiles & Bondi(1980)	행정, 교육과정, 교수를 연결하고, 학습과 관련된 학교활동을 조정하는 지도성의 기능

자료: 주삼환(2003). 교육의 질 향상을 위한 장학의 이론과 기법. 학지사.

앞에서 제시한 장학의 개념적 접근은 행정(administration), 경영(management), 인간관계(human relations), 교육과정(curriculum), 수업(instruction)의 모든 측면에서 지도성(leadership)을 발휘해야 하기 때문에 〔그림 I-1〕과 같이 부채꼴 모양으로 나타낼 수 있다(주삼환, 2003).

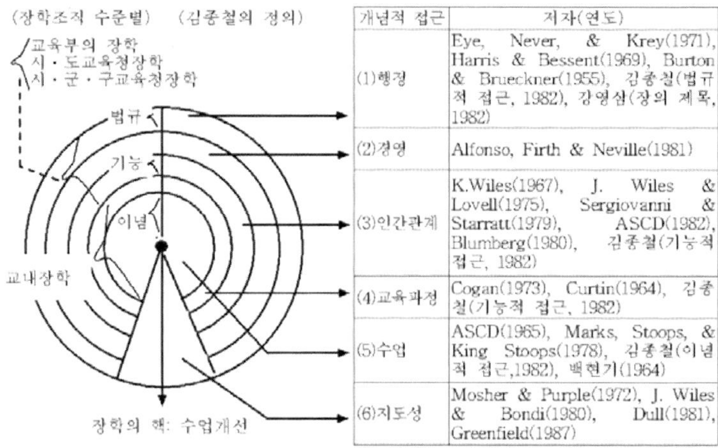

개념적 접근	저자(연도)
(1)행정	Eye, Never, & Krey(1971), Harris & Bessent(1969), Burton & Brueckner(1955), 김종철(법규적 접근, 1982), 강영삼(장의 제목, 1982)
(2)경영	Alfonso, Firth & Neville(1981)
(3)인간관계	K.Wiles(1967), J. Wiles & Lovell(1975), Sergiovanni & Starratt(1979), ASCD(1982), Blumberg(1980), 김종철(기능적 접근, 1982)
(4)교육과정	Cogan(1973), Curtin(1964), 김종철(기능적 접근, 1982)
(5)수업	ASCD(1965), Marks, Stoops, & King Stoops(1978), 김종철(이념적 접근,1982), 백현기(1964)
(6)지도성	Mosher & Purple(1972), J. Wiles & Bondi(1980), Dull(1981), Greenfield(1987)

[그림 I -1] 장학의 개념정의 접근

자료: 주삼환(2003). 교육의 질 향상을 위한 장학의 이론과 기법. 학지사.

특히, Oliva(1993)은 장학의 개념모형을 [그림 I -2]와 같이 제시하고 있다.

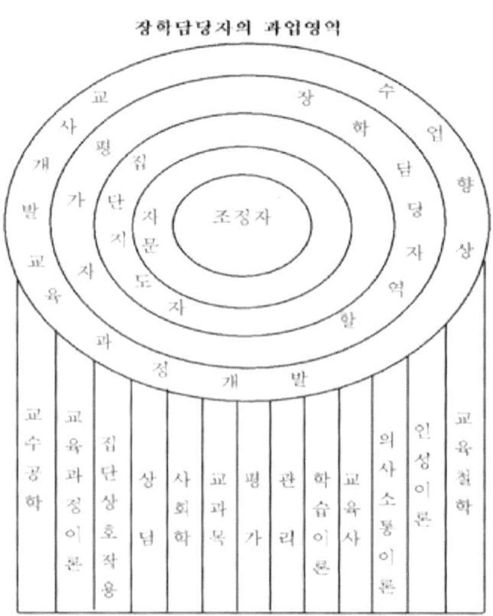

[그림 I -2] 장학의 개념 모형

최근 20년 사이에도 많은 장학에 대한 정의가 내려지고 있는데 여러 학자들의 정의들을 이론적 형태로 제시하면 〈표 I -5〉와 같이 세 가지로 분류할 수 있다(Beach & Reinhartz, 2000).

〈표 I -5〉 장학의 개념정의에 대한 이론적 형태

이론적 형태	학 자	장학의 개념
수업에 초점	Pfeiffer & Dunlap(1982)	다면적 인간간의 과정으로써 교육과정 개발, 학습환경, 학생의 조직, 교사활동, 전문성 성장을 포함
	Oliva & Pawlas (1997)	수업개선을 돕기 위해 제공되는 전문적 노력의 한 방법
	Glickman, Gordon & Ross-Gorden(1998)	수업효과성 요소들을 결집시키려는 범 학교적인 노력
조직에 초점	Alponso & Neville(1981)	학교 생산체제 안에서의 경영적 기능
	Wiles & Bondi (1986)	행정, 교육과정, 교수를 포함하는 지도성 기능
사람에 초점	Wiles & Lovell (1975)	교수 행위를 변화시키는 방법
	Godlhammer & Anderson(1993)	전문적 성장을 자극하고 향상시키는 활동
	Sergiovanni & Starratt(1998)	인간관계적인 것이며 인간자원을 개발하는 것

이러한 정의들을 종합하여 살펴보면 장학의 본질을 이해할 수 있는 몇 가지 결정요인을 발견할 수 있다(김정한, 2003).

첫째, 장학이란 교사를 대상으로 하는 봉사활동으로서 교사의 교육행위의 변화를 전문적으로 조력해 줌으로써 교사의 성장, 전문성 개발, 문제 해결력 등을 키워 주는 활동이다.

둘째, 장학의 초점은 교수-학습 개선에 있고 효과적 수업을 통하여 학생의 학습의 효과를 증진시키는 활동이다.

셋째, 장학은 수업 과정에 직접 영향을 미치는 교사, 교육과정, 교육환경, 교육운영 등 인적, 물적 과정적 자원을 변화시키고 조정하는 활동이다.

따라서, 장학이란 수업개선, 경영과 지도성, 인간관계, 인적자원 개발 등 복합적인 과정으로서 교사나 다른 교육자들이 학교의 교수−학습의 질을 향상시키기 위하여 협력적, 동료적으로 함께 일하는 과정이며 교사의 평생발달이 일어날 수 있게 돕는 과정이다.

다시 말하면, 장학은 교수·학습의 효율화를 목적으로 교사의 전문성의 신장, 교육과정의 운영 및 학교경영의 합리화를 위해 제공되는 지도, 조언·조정, 정보제공, 자원봉사 등 일련의 전문적·기술적 활동이라 할 수 있다(임호성, 2002). 이러한 장학의 개념을 이윤식(1999)은 〔그림 I -3〕과 같이 도식화하였다.

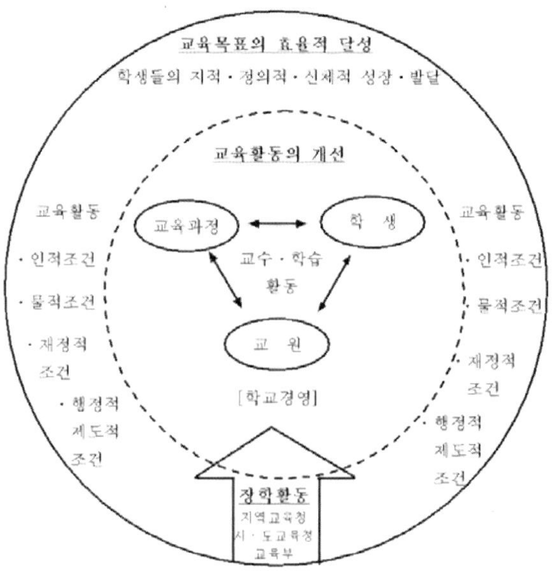

[그림 I -3] 장학의 개념적 구조

이러한 개념 정의를 바탕으로 장학을 보는 관점이 역할로서의 장학에서 과정으로서의 장학으로 전환되고 있다(이윤식, 1999). 〈표 Ⅰ-6〉과 〔그림 Ⅰ-4〕는 장학을 보는 2가지 관점을 비교한 것이다.

〈표 Ⅰ-6〉 장학을 보는 2가지 관점의 비교

장학을 보는 관점		역할로서의 장학(role)	과정으로서의 장학(process)
초 점		누가 하는가?	어떻게 하는가?
참여자간 관계		상하관계 전제	협동관계 전제
장학의 성격		주어지는 장학	함께 하는 장학
주된 장학 형태		상급 행정기관 주도의 장학	학교 주도의 자율장학
용어의 예	임상장학	의사와 환자의 관계 부각 -장학담당자: 의사 -교사: 환자→ 거부감	의사가 환자를 치료하는 과정상의 특징 활용 -대면적: 1 : 1 관계 -체계적: 계획적, 도구사용 -윤리적: 문제해결 노력
	장학지도, 장학협의	장학지도	장학협의

자료: 이윤식(1999). 장학론: 유치원·초등·중등 자율장학론. 서울: 교육과학사.
 주: 임상장학의 정의: 교사의 수업기술 향상에 초점을 맞추어, 장학담당자 와 교사가 1 : 1 의 친밀한 관계 속에서 수업계획협의, 수업관찰, 결과와의 과정을 밟아 가면서 체계적으로 수업 문제를 해결하고 수업기술을 향상시키는 활동으로서 수업장학의 한 방법.

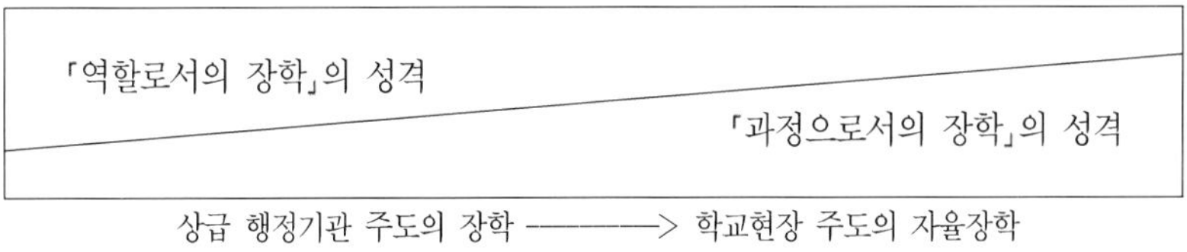

「역할로서의 장학」의 성격

「과정으로서의 장학」의 성격

상급 행정기관 주도의 장학 ————> 학교현장 주도의 자율장학

[그림 Ⅰ-4] 기관수준별 역할로서의 장학과 과정으로서의 장학의 성격 비교

2. 장학의 원리

가. Parker의 장학 원리

장학의 원리는 장학의 개념처럼 학자들마다 다양하게 제시하고 있지만 공통점을 발견할 수 있다. Parker는 효과적인 장학을 위한장학의 원리로 다음과 같이 계획, 필요성, 협력, 전문성, 효과, 지역성, 민주적 지도성의 7가지로 제시하였다(김종철, 1982).

<표 I -7> Parker의 장학 원리

장학의 원리	개 념
계획의 원리	장학은 계획성을 지니고 있으며, 교내 교육을 실천하고 운영하는 수단으로서 학교운영에 있어서 계획성이 요구
필요성의 원리	장학은 형식적이어서는 안 되고 교수-학습개선에 초점을 두고 상호 신뢰하는 분위기에서 교사의 문제해결 및 필요에 부응
협력의 원리	장학은 상호작용의 과정으로서, 교사는 자기발전을 위하여 전문성을 고취시키고 보다 능동적으로 참여해야 하며 장학담당자는 감독적 위치가 아니라 조언자적 입장에서 지도
전문성의 원리	교사의 교수-학습향상에 대한 전문적 지식과 기술을 토대로 장학이 전개될 때 권위와 신뢰가 뒤따르고 장학의 목적 달성 가능
효과의 원리	장학의 평가는 여러 가지 방법을 활용하고 적용하여 그 목적에 어느 정도 기여했는지 확인할 필요
지역성의 원리	지역의 특수성에 맞춰 학교를 경영하고 학교교육이 사회발전에 기여

장학의 원리	개　념
민주적 지도성의 원리	학교장의 민주적 지도성 발휘가 중요하고 전 교직원들의 적극적인 협조 요구

나. 시대적 변화 추세를 고려한 장학의 원리

자율화·민주화·개방화를 지향하는 시대적 변화 추세를 고려할 때, 보다 효과적인 장학이 되기 위하여 〈표 I-8〉과 같이 시대적 변화 추세를 고려한 장학의 원리를 제시할 수 있다.

〈표 I-8〉 시대적 변화 추세를 고려한 장학의 원리

장학의 원리	개　념
학교중심성 존중	학교현장의 인적·물적 조건 및 조직적·사회심리적 특성을 존중
자율성 존중	학교기관으로서 자율성과 학교내 구성원으로서 자율성을 존중
협력성 존중	장학담당자, 학교관리자, 교직원, 외부인사 등 협력적인 공동 노력 유도
다양성 존중	학교현장의 조건·특성 및 교직원의 필요·요구에 기초한 다양한 내용과 방법 활용
계속성 존중	일시적·단기적이 아니라, 계속적·장기적인 방향
자기발전성 존중	기관으로서 학교의 발전, 학교내 구성원으로서 개인의 발전, 장학담당자의 발전 도모

자료: 이윤식(1999). 장학론－유치원·초등·중등 자율장학론. 서울: 교육과학사. 재구성.

다. 종합적인 장학의 원리

국내·외 여러 학자들의 장학의 원리를 종합해서 정리하면 다음과 같이 〈표 I-9〉와 같이 교육과정 운영 효율화, 단위학교 중심성, 협력성 존중, 학교경영 합리화의 네 가지로 나타낼 수 있다.

<표 I -9> 종합적인 장학의 원리

장학의 원리	개 념
교육과정 운영 효율화	교육내용 및 교육활동에 대한 개발·운영·평가에 있어 효율성 존중
단위학교 중심성	교육활동이 실제로 전개되는 단위학교 현장의 인적·물적 조건 및 조직적 특성을 존중
협력성 존중	장학담장자, 학교관리자, 교직원, 외부인사, 학부모 등 협력적 참여적인 공동의 노력 유도
학교경영 합리화	학교체제 내의 인적·물적·재정적 자원을 효과적으로 유지·통합·운영, 제반 교육활동 기능 최적화

자료: 조성일·신재흡(2004). 장학행정 이론과 실제. 학이당. 재구성.

장학의 원리를 요약하면 장학은 교수—학습방법의 개선을 위하여 진취적인 태도로 새로운 것을 창조하려는 마인드를 갖고, 과학적인 원리에 입각하여 서로 협력하여 자율적이고 민주적으로 이루어져야함을 알 수 있다.

이와 같은 장학지도의 기본원리에 입각하여 장학지도의 계획을 수립하고 실천해 나가야 한다. 특히 지식정보화 사회에 교육수요자인 학생과 학부모의 요구에 부응하여 교사의 수업의 질을 향상시키기 위한 방향으로 진행되어야 할 것이다.

아울러 이러한 장학의 원리에 입각한 의식적 전환이 장학의 전면에 표출되는 시대 상황임을 우리는 깨닫고, 계속적이고 장기적인 방향으로 이루어져야 하며, 전체적으로 학교의 발전뿐만 아니라, 교사 개인의 발전, 나아가 장학담당자의 발전도 도모하는 방향으로 이루어져야 한다.

3. 장학의 기능

기존 장학의 기능에 관한 학자들의 견해는 비교적 다양하다. 그것은 장학의 개념, 장학의 영역과 과업에 대한 보는 관점의 차이에서 비롯된다. 다음의 〈표 I -10〉은 장학의 기능에 관한 여러 학자들의 관점을 정리한 것이다.

〈표 I -10〉 장학의 기능에 따른 관점

학 자	장학의 기능 관점
Mckean & Mills (1964)	지도성의 발휘, 조정, 자원과 봉사의 역할, 평가
Oliva(1976)	수업개선, 교과과정의 개발 및 교사의 발전으로 설정하고, 수업개선 기능에는 수업개선, 수업제시, 수업평가 및 교실관리를 위해 교사를 돕는 활동
김종철(1982)	교사의 전문적 성장을 돕는 활동, 교육운영의 기획과 평가를 돕는 활동, 학습활동을 개선하는 활동
Glickman(1990)	성공적인 학교를 위한 장학이라는 전제에서 출발하여 지식, 대인관계, 집단발전을 제시하고 장학은 학교조직의 목표와 교사들의 욕구를 통합함으로써 궁극적으로 학생의 학습을 증진시킬 목적으로 직접적 지원, 교과과정 개발, 직원개발, 집단개발, 행위연구를 발전적으로 수행
곽영우(1994)	교사의 자주성 함양, 교사의 문제 분석력 함양, 교사의 안정감 유지, 지역사회와의 관계, 교사의 건전한 교육철학 발전
김성렬 외(1995)	교육과정의 질적 관리, 교수효과성, 직원발전, 학교개선, 학습환경 개선과 학생성취도 평가
한국교육행정학회 (1995)	교육과정 개발, 수업개선, 현직교육, 인간관계 및 평가

장학과 유사한 개념으로 장학행정 그리고 교육행정의 개념들을 구분하는 것이 필요하다. 그 이유는 이들 세 개념을 이해함으로써 학자들과 실무자들의 장학활동간에 혼란을 막을 수 있기 때문이다. 교육행정과 장학행정은 교육활동을 지원하는 측면에서는 공통성이 있지만 그 대상으로 보면 교육행정은 교수·학습 활동을 지원하는 행위라 할 수 있고, 장학행정은 교수·학습 활동의 개선에 보다 직접적으로 관계하고 있다고 할 수 있다(김형관 외, 2000: 63). 더 구체적으로 이 두 용어의 차이를 살펴보면 다음과 같다.

교육행정이란 장학 및 장학행정의 상위개념으로서 교육행정 기관의 교육목표 달성을 위한 조장적 행정행위라 할 수 있다. 엄밀하게 말하면, 학교행정이란 일선학교의 학교장과 교감의 교육업무에 관한 행정이라 할 수 있고, 교육행정이란 일선학교를 제외한 교육인적자원부 및 교육청의 교육행정가들이 수행하는 교육에 관한 행정활동이라 할 수 있다. 물론, 이들 기관에서는 장학행정을 담당하고 있는 부서들이 있는 것도 사실이다. 그러나, 장학행정은 교육행정의 여러 영역 가운데 학생을 위한 교사의 전문적 활동을 개선 향상시키는 장학에 관한 행정을 의미한다(남정걸, 2001: 303).

장학행정을 담당하고 있는 기관은 교육인적자원부의 교육전문직과 특별시 및 광역시 그리고 도교육청의 교육정책국과 그리고 시·군·구 교육청의 학무국(과) 등이다. 그러나 이들 기관들도 일선학교의 구체적인 교수·학습 과정에 참여하여 교사의 수업에 관한 활동들을 지도하고 조언하는 장학활동을 하고 있는 것도 사실이다(남정걸, 2001: 304).

4. 장학의 발달 과정과 유형

장학의 역사는 장학 용어의 의미 변천에서도 알 수 있듯이 학교교육의 감독, 감시, 강요 등을 강조하는 기능으로부터 수업의 질적 개선, 교육과정 개발 및 교사의 능력 개발 등을 강조하는 기능으로까지 발전되어 왔다. 장학활동은 나라에 따라 그 특징을 달리하나, 부분적으로 아직까지 감시, 감독이 그대로 진행되고 있는 경우가 많으며, 장학의 발달은 국가에 따라, 학교조직의 형태에 따라, 장학담당자에 따라 다양하게 전개되고 있는 실정이다. 그리하여 장학발달의 단일적인 시대 구분은 매우 어려우며, 각국의 장학은 시대의 흐름에 따라 주어진 여건과 상황에 적응하는 그 나름의 독특한 특징을 갖고 발달하여 왔다고 할 수 있다(정태범, 2002).

그리고, 장학의 발달과정이 분명하게 구분되는 것도 아니고, 또 학자에 따라 장학 발달을 역사적으로 구분하는 명칭도 각각 다르다. 장학의 개념은 장학의 발전과정을 살펴봄으로써 더욱 분명해질 수 있고, 장학의 역사를 고찰함으로써 장학의 본질을 이해하는 데 도움이 되고 미래에 대한 전망도 할 수 있게 된다(주삼환, 2003).

대표적인 국외 학자들이 장학의 발달과정을 연구하여 〈표 I-11〉과 같이 제시하였다.

<표 I-11> 장학의 발달과정 구분

연 구 자	장학의 발달과정 구분
Lovell & Wiles (1983)	행정적 시학→과학적 관리 장학→인간관계 장학→협동장학
Sergiovanni & Starratt(1998)	과학적 관리 장학→인간관계 장학→신과학적 관리 장학→인간자원장학
Beach & Reinhartz(2000)	전문화-관료시대→진보-협동시대→교육과정 개발시대→임상-책무성시대→영향과 개혁의 시대

가. 외국 장학의 발달과정

초기의 장학은 권위주의적이고 행정적 통제 위주의 장학이었으나 사회적 변화와 조직이론의 발달을 통해 점차 교사의 전문성을 신장시키고 교사를 지원하는 협력적, 지원적 장학으로 변화하여 왔다(김정한, 2003).

<표 I-12> 외국 학자들의 장학 발달과정 구분

연구자	시 대	장학의 발달과정 구분
William H. Lucio & John D. Mcneil(1979)	1900년 이전	행정적 감시
	20세기 초	전문가에 의학 시학
	1920년대	과학적 장학
	1940년대	민주적 인화 강조의 장학
	1950년대 이후	이성적 실천적 지성을 통한 장학
Sergiovanni & Starratt (1983)	1865-1935	전통적 과학적 관리 장학: 교사를 관리의 부산물로 보고, 엄격한 통제의 책임, 능률을 강조
	1935-1955	인간관계 장학: 장학사가 교사를 하나의 전인으로 보고 부드러운 관계를 강조

연구자	시 대	장학의 발달과정 구분
Sergiovanni & Starratt (1983)	1980~1995	신과학적 관리 장학: 교사의 능력, 직무, 수행목표, 비용—효과 분석이라는 용어 사용, 관찰 가능한 표준을 정하여 표준에 따라 교사를 통제하고 행정가, 장학담당자, 일반대중에게 보다 잘 가르칠 수 있다고 보장해 주는 장학
		인간자원 장학: 수정주의 운동의 한 형태로 교사의 직무만족이 교사가 일하는 목적, 장학담당자의 의사결정에 참여를 강조
Jerry J. Bellon & Elner C. Bellon (1982)	1642~1900	행정적 시학: 학교를 시찰, 명령, 감독하고 교사를 평가, 시찰위원회는 전문교육직에 위양되고 교사자질향상이 장학의 기능
	1900~1930	과학적 관리 장학: "시찰", "감독", "탐정"용어 사용, 교사란 교육조직 목표달성을 위한 도구, 조직화・규격화된 학교
	1930~1950	인간관계 장학: 교사와 장학담당자가 협동적으로 일을 하며, 장학담당자는 상담자, 조정자, 자원인사 역할
	1950 이후	체계적 프로그램 장학: 조직의 기대를 성취하면서 개인의 목표에 도달하도록 도와 주는 프로그램

〈표 I-13〉은 장학 형태의 시대적 변화를 장학형태, 장학자 역할, 장학의 초점, 배경이론 등으로 제시하였다(김정한, 2003).

〈표 I-13〉 장학 형태의 시대적 변화

시대적 특성	장학형태	장학자 역할	장학의 초점	배경 이론
장학 초창기 (1865~1910)	감독장학	학교,학생, 교육과정의 관리 및 행정	비전문가에 의한 감시, 교육과정과 수업의 감독	
학습과 조직운영에 과학적 방법 적용	과학적 관리장학	전문가나 과학적 관리자에 의한 효율성 증진	표준화의 적용 및 교육과정, 수업의 통제	과학적 관리론
전문화・관료화 시기(1910~1935)	관료장학	교육전문가로서의 관료	교사학생의 발전을 지도, 감독	관료제론

시대적 특성	장학형태	장학자 역할	장학의 초점	배경 이론
인간의 협동강조와 진보주의 발전의 시기(1935-1955)	인간관계장학 (협동장학)	조성자, 상담자역할	교수향상을 위해 직접 도움을제공, 심리 사회적 욕구 존중, 민주적 원리와 만족을 중시	인간관계론
교육과정 개발의 시기(1915-1970)	교육과정 장학	교육과정 개발, 교과전문가	교사의 교육과정 개발을 돕고 수업개선의 정착을 도와줌	
임상장학과 책무성의 시기 (1970-1980)	임상장학	임상자 관찰자 분석자	수업과정의 분석으로 교사가 효과성과 책무성을 높이도록 조력함	행동과학론
기업의 영향과 개혁의 시기 (1980-1995)	경영장학 신과학적장학 인간자원장학 지도성장학	인적, 물적자원 효율적 경영자, 과학적관리자, 합리적 행정가, 조성자, 지원자, 수업지도자	효과적 학교 및 경영의 책무성 강조 교사에게 효과적 수업을 코치함	일반경영이론 과학적관리론 인간자원론 지도성이론

자료: 김정한(2003). 장학론-이론·연구·실제-. 학지사, 59.

외국에서의 장학 중 미국에서의 장학의 발달과정을 강영삼 외(1995)의 장학론을 참고로 하여 표로 제시하면 〈표Ⅰ-14〉와 같이 제시할 수 있다.

〈표Ⅰ-14〉 미국 장학의 발달과정

장학 구분	장 학 내 용	교육행정이론과의 관련
시학과 강제적 장학 (1975~1910)	-비전문인에 의해 이루어 졌으며, 학교운영의 전반에 대해 시학하는 형태(장학의 역사시작) -20세기 초 권위적 계선에서 참모적 전문능력가로 옮겨가는 시기	과학적관리 운동시대
과학적 장학 (1910~1920)	-미국교육이 과학적 관리운동의 영향을 받게 되어 교육에서도 능률과 생산을 강조	

관료적 장학 (1920~1930)	−교육의 목적과 목표를 명세화·구체화 −능률지향성, 경제지향성 때문에 장학도 분업화	
협동적 장학 (1930~1955)	−학교에서 개성화·인간화·아동중심 강조 −학교행정가의 책임이 증대, 경영기술 요구 −협동적 집단 노력 극대화, 민주적 상호작용 실천	인간관계론 시대
교육과정 개발장학 (1955~1965)	−소련의 인공위성 스푸트니크 1호 발사로 전환기 −장학사는 전문교과담당자, 교육프로그램 제작 −목표도달 계약제, 행동목표제시, 책무성 프로그램, 졸업제로 학교교육 발전, 신과학적 관리운동시대	행동과학, 체제론시대
임상장학 (1965~1970)	−장학의 비디오 테이프 사용, 교사·학생 사이의 상 호작용평가, 현장연구 기법의 사용 −Anderson, Goldhammer, Cogan은 8단계 과정 을 거치면서 임상장학 모형 개발	
경영으로서의 장학 (1970~1980)	−교육계에 대한 경제적·정치적 압박으로 교실에서의 수업 개선에 대한 연구와 노력 감소, 경영적 역할로 관심 이동	상황적응론 시대
인간자원장학 (1970년후반)	−교사의 자아실현을 도와주어 행복하게 해 주자는 인 간자원 장학론이 대두	인간자원론 시대
지도성으로서 의 장학 (1980년이후)	−미국교육의 위기 A Nation at Rist라는 보고서가 나오고, '우수성 추구'에 대한 열기 고조 −교육의 질적 향상을 위한 교육지도성, 수업지도성, 장학지도성 강조	

자료: 강영삼 외(1995). 장학론. 서울: 도서출판 하우. 재구성.

특히, 이찬교(1994)는 서구에서의 장학의 발달과정을 장학의 기본성격의 변화, 장학의 방법과 기술의 변화, 장학의 관심 범위 및 대상 영역의 변화, 장학담당자에 관한 변화 등 〈표Ⅰ-15〉와 같이 네 가지 영역으로 나누고 있다.

〈표Ⅰ-15〉 서구 장학의 영역별 발달과정

영 역	장학의 발달 과정
장학의 기본 성격의 변화	시학으로서 장학→교사훈련으로서 장학→교사를 돕는 의미로 서 장학→과학적 장학→협동적 교육지도자로서 장학
장학의 방법과 기술의 변화	학교 방문 또는 학사 시찰→관할 학교 필기시험→연구 수업 방법→ 학습의 효과 검사·측정→학교방문, 연구수업, 연구협의회, 현직연수

영 역	장학의 발달 과정
장학의 관심 범위 및 대상 영역의 변화	교사의 근무실태 평정→교육과정 내용→연구활동, 시청각교재 활용, 특별활동, 생활지도→학생지도, 학교환경, 연구조사, 교육교재, 현직연수, 관리행정 개선
장학담당자의 변화	시의회 의원, 교육위원회 위원 등 비전문가→장학사, 교장, 교감→교과 담당 장학사, 시청각교육, 연구활동 장학사 등 전문가

자료: 김동일(1999). 교내 수업장학에 관한 초등교사의 지각과 기대에 대한 연구. 인천교육대학교 석사학위논문. 재구성.

나. 국내 장학의 발달 과정

우리나라의 장학의 발달 과정도 외국의 장학 발달 과정과 마찬가지로 그 발달 과정을 명확히 구분하기는 어렵다. 대표적인 국내 학자들의 장학 발달 과정의 구분은 〈표 I -16〉과 같이 다르게 제시하고 있다.

〈표 I -16〉 국내 학자들의 장학 발달과정 구분

연구자	시 대	장학의 발달과정 구분
조병효 (1991)	6.25이후	재건기
	1960년대	개혁기
	1970년대 이후	성장기
	1980년대	발전기
정태범 (2002)	1960년대 이전	전통적인 통제중심 장학
	1960년대 중반~1970년 말경	조건정비적 지원중심 장학
	1980년대 이후	민주적인 경영중심 장학
김형관 외 (2000)	삼국, 고려, 조선시대	권학적 장학
	일제시대	시학적 장학
	미군정시대	민주적 장학
	정부수립후~1980년대	중앙집권적 장학, 권위주의적 장학
	1990년대 이후	지방분권적 장학, 자율장학

특히, 우리나라 장학의 역사는 근대학교가 시작된 일제시대부터 시작된 것으로 보고, 장학의 발달을 살펴보면 〈표Ⅰ-17〉과 같다(김동일, 1999).

〈표Ⅰ-17〉 우리 나라 장학의 발달과정

구 분	장학 지침 및 활동 내용
일제 강점기	시학관 배치, 학사에 관한 시찰 및 감독, 시학의 업무 사항
미 군정기	복선형→단선형, 교육자체제 태동
제1공화국	촉탁장학, 민주장학 개념 도입
제2공화국	교육자치제 강화, 학원 분규 수습
제3공화국	교육의 질적향상, 향토학교 건설, 경제성장에 기여하는 교육, 교원 연수와 교육자 자질의 향상, 국민교육헌장의 선포와 이념구현을 위한 교육, 안보교육의 강화
제4공화국	국적있는 교육 신장, 교육유신 심화, 새마을운동 심화, 충효교육 고무 및 과학기술교육 진흥
제5공화국	민주적·참여적인 지도·조언, 종합장학지도, 교과별 장학지도, 개별장학지도, 요청장학지도
제6공화국	교직의 전문성 신장, 사도의 확립, 평생교육, 건전한 학풍 조성, 교육의 자율성 신장
문민 정부	교내 자율장학 활성화, 교내 및 교사 자율연수 강조, 지역적 특수성을 고려한 장학

자료: 김동일(1999). 교내 수업장학에 대한 초등교사의 지각과 기대에 대한 연구. 인천교육대학교 석사학위논문. 재구성.

〈표Ⅰ-17〉을 바탕으로 김재범(1987)은 국내 장학의 발달과정을 영역별로 〈표Ⅰ-18〉과 같이 요약하였다.

〈표Ⅰ-18〉 국내 장학의 영역별 발달과정

영 역	발달 과정
기본성격	전제주의적 장학→민주주의적 장학
기술방법	방법, 시찰, 검사→수업관찰, 연구수업 참관
관심대상	근무실태 평정→수업개선
담 당 자	비전문가(행정요원)→전문 장학진

이와 같은 것을 시대 순으로 간략하게 그림으로 제시하면 〔그림 I-5〕와 같다(박덕순, 2001).

이상으로 국내·외 장학의 발전과정을 살펴보면서 다음과 같은 사실로 종합할 수 있다(주삼환, 2003).

첫째, 장학의 주기성 또는 어떤 흐름을 발견할 수 있다. 시학과 강제적 장학, 과학적 장학, 관료적 장학이 모두 전통적 장학으로 맥을 같이하다가 협동·보조·교육과정개발·임상·수업장학으로 또 하나의 커다란 맥을 이루었고, 다시 1970년대부터 경영적이며 1980년대의 지도성 강조로 돌아오는 주기성을 볼 수 있다. 즉 "행정→수업(교육과정)→행정(경영)"으로서 외국에서는 수업과 교육과정에 초점을 맞췄던 때가 있었는데 우리나라의 실정은 장학이 행정 일변도였다가 최근에 수업에 대한 관심이 나타나기 시작하고 있다.

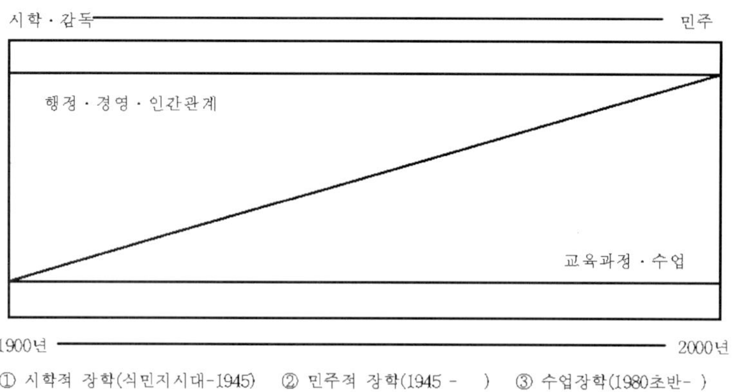

[그림 I-5] 한국 장학의 발달

자료: 박덕순(2001). 반성적 장학의 이용 가능성에 대한 연구. 인천교육대학교 석사학위논문.

둘째, 장학의 개별화와 인간화에 대한 노력을 고려할 필요가 있다. 임상장학, 마이크로티칭 등으로 교사의 개별수준에 맞추려고 하며 특히 장학에 있어서 교사의 인간적 측면에 대한 고려가 있어야겠다.

셋째, 장학에 있어서 지도성의 강조와 장학의 독립적 기능과 독립적 학문 영역을 개척하려는 최근의 경향을 지적하고자 한다. 이에 맞춰 우리도 장학 담당자의 전문성 신장과 자질과 능력의 보장에 노력해야겠고, 이 방면의 교수·학습자들도 장학이론의 확립과 방법의 개발에 협동적 노력을 경주해야 할 것으로 본다.

5. 장학의 유형

장학의 유형은 시각에 따라 달리 해석할 수 있다. 장학의 조직, 주체, 내용, 방법 등에 따라 구분되기도 하고, 연구자의 관점이나 실무자의 편의에 따라 다르게 구분되기 때문에 다양한 방식으로 분류할 수 있다. 이렇게 장학의 개념이 다양한 것처럼 장학의 유형도 〈표 I -19〉, 〈표 I -20〉과 같이 다양하게 분류할 수 있다.

〈표 I -19〉 장학의 조직과 주체에 따른 장학의 유형

연구자	분류 기준	장학의 유형
주삼환 (1984)	교육조직의 수준	①교육부장학 ②교육청장학 ③교내장학
강영삼 (1994)	교육조직의 수준	①문교장학 ②학무장학 ③수업장학 ④임상장학
김윤태 (1994)	장학의 주체	①행정장학 　－교육부장학－지방교육행정기관 장학 ②교내자율장학 　－임상장학－동료장학 　－자율적 장학－행정적 감독
윤정일 외 (1995)	장학의 형태	①종합장학 ②확인장학 ③수업장학 ④개별장학 ⑤요청장학 ⑥자율장학 ⑦교내장학
	장학의 방법	①일반장학 ②특수장학 ③협동장학 ④통신장학
김명대 (1996)	장학의 발전단계	①전통적(과학적 관리)장학 ②인간관계장학 ③인간자원론 장학

연구자	분류 기준	장학의 유형
이윤식 (1999)	장학의 주체	①교육행정기관이 주도하는 행정적 장학 －역할로C의 장학 ②교직원들이 협력적·자율적 성격이 강한 자율장학 －과정으로서의 장학
윤보영 (1999)	수업개선 관련정도	①일반장학 ②수업장학 ③임상장학
	교사의 참여정도	①참여장학 ②동료장학 ③자기장학

<표 I -20> 연구자의 관점이나 실무자의 편의에 따른 장학의 유형

연구자	장학의 유형	장학의 방법
강영삼	문교장학 학무장학 수업장학 임상장학	임상장학 동료장학 자기장학 행정적 확인장학 선택적 장학
조병효	일반장학 수업장학 임상장학	임상장학 동료장학 자기장학 확인장학 교내연수
주삼환	일반장학 수업장학 임상장학	전통적장학 동료장학 자기장학 확인장학 교내연수
이윤식	교내자율장학	수업장학 동료장학 자기장학 전통적 장학 교내연수
변영계	일반장학 수업장학 임상장학	임상장학 동료장학 자기장학 약식장학 교내연수
강영삼 외 4인	일반장학 수업장학 임상장학	임상장학 동료장학 자기장학 약식장학 선택적 장학

자료: 차광숙(2003). 교내 자율장학 활성화 방안에 관한 연구. 경주대학교 석사학위논문.

그리고, 교육행정기관이 주도하는 장학, 즉 교육부 장학, 시·도교육청 장학, 지역교육청 장학은 〈표 I -21〉과 같이 다양한 형태와 방법으로 전개되고 있다(이윤식, 1999)

〈표 I -21〉 교육행정기관이 주도하는 장학의 유형과 방법

유 형	개 념	방 법
종합 장학	교육시책 추진사항, 교육과정운영, 학교경영 등 전반 영역에 대해 종합적으로 수명의 장학지도반이 실시하는 장학	학교현황 파악, 수업참관, 협의, 확인, 평가
담임 장학	각 학교 담당 장학사가 해당 학교 교육활동 전반에 대해 수시로 실시하는 장학	상담, 협의, 참관, 확인, 평가
표집 장학	학교별 또는 주제별로 학교를 무선표집하는 장학	학교경영, 주제활동을 점검·협의·지원
확인 장학	장학지도시 시정·보완 지시사항에 대한 이행을 확인하거나 학교경영활동을 확인하기 위한 장학	지시사항 및 학교경영사항 확인
요청 장학	학교의 필요에 의해 장학사를 초청하여 실시하는 장학	수업참관, 연구회 참석, 상담, 협의
특별 장학	특별한 문제가 발생하거나 발생이 우려될 때 해당 문제의 해결이나 예방을 위하여 실시하는 장학	지도, 조언
협동 장학	장학사, 학교관리자, 교사 등 장학협동체를 구성하여 실시하는 장학	장학협동체 구성, 협의, 정보교환
개별 장학	장학사 개인별로 담당 학교에 대해 실시하는 장학	상담, 협의, 참관, 확인, 평가
교과 장학	각 교과별로 교과담당 장학사가 해당 교과활동중심으로 실시하는 장학	수업참관, 수업협의
교과 장학	교과장학 담당자가 교과관련 교육정책 수립, 교육과정 운영지도, 교구설비의 확보와 사용계획 수립·조정·보급, 자료개발과 연구·실험·시범학교의 운영, 각종 교원연수 및 학교의 교과관련 교육행사를 지도하는 장학	교육정책 수립, 교육과정 운영지도, 교육행사 지도
일반 장학	학교 교육활동 또는 사업내용에 대하여 협의·검토, 지도·조언하는 장학	협의, 검토, 지도, 조언

유 형	개　　념	방　　법
방문 장학	학교의 요청 또는 교육행정기관의 필요에 따라 해당 학교 담당 장학사나 해당업무 담당장학사가 학교를 방문하여 실시하는 장학	요청, 방문
통신 장학	교육과정운영, 학교경영, 기타 학교에서 질의·협의 요청한 사항에 대해 통신수단을 이용하여 지도·조언하는 장학	통신수단을　이용한 지도·조언

　　학교현장에서 이루어지는 장학으로는 교내 자율장학과 지구 자율장학으로 구분된다. 교내 자율장학은 ①수업장학 ②동료장학 ③자기장학 ④약식장학 ⑤교내연수의 형태로 나타나고 있어 이들의 관계성을 살펴보면 〈표 I -22〉와 같이 제시할 수 있다(전라북도교육청, 2000).

〈표 I -22〉 교내장학의 기본 유형

유형	개 념	장 학 담당자	영 역	형 태	대 상
수업 장학	교사들의 수업기술향상을 위한 체계적이고 개별적인 과정	교장 교감	－교사 전문적 자질	－임상장학 －마이크로 티칭	－초임교사 －수업기술향상 필요교사
동료 장학	동료교사들 간에 그들의 교육활동의 개선을 위해 공동으로 노력하는 과정	동료 교사	－교사 전문적 자질 －교사개인 및 조직발달	－동학년, 동 교과, 동부 서 동료간 수업연구	－전체교사 －협동을 원하는 교사
자기 장학	교사 개인이 자신의 전문적 발달을 위해 스스로 체계적인 계획을 세워 이를 실천하는 과정	교사 개인	－교사 전문적 발달	－자기수업 반성 －1인1연구 과제 －대학원수강 －문헌연구 －전문가상담 －방문견학 －각종 자기 연찬과정	－전체교사 －자기분석 －자기지도의 기 술을 갖고 있 는 교사 －혼자 일하기를 원하는 교사

유형	개 념	장 학 담당자	영 역	형 태	대 상
약식 장학	교장 교감이 간헐적으로 짧은 시간안에 학급순시나 수업참관을 통하여 교사들의 수업 및 학급경영활동을 관찰하고 교사들에게 지도조언을 제공하는 과정	교장 교감	─교사 전문적 발달	─학교순시 ─수업참관	─전체교사
교내 연수	교직원들이 교육활동의 개선을 위해 그들의 필요와 요구에 대해 학교 내·외의 인적·물적 자원을 활용하여 단위학교 자체에서 실시하는 연수활동	전 체 교직원	─교사 전문적 발달 ─교사 개인적 발달 ─학교 조직적 발달	─각종 교내 연수	─전체 교직원

자료: 전라북도교육청(2000). 초등장학자료 제2000-51호. 전주: 공익사.

지구 자율장학의 경우에는 교육프로그램 및 정보교환, 교육연구 및 특색사업의 공동추진, 교육현안의 협의·조정, 협동적 교육·학예활동, 교직원 학예·친목활동 등을 포함한 다양한 장학활동이 이루어진다.

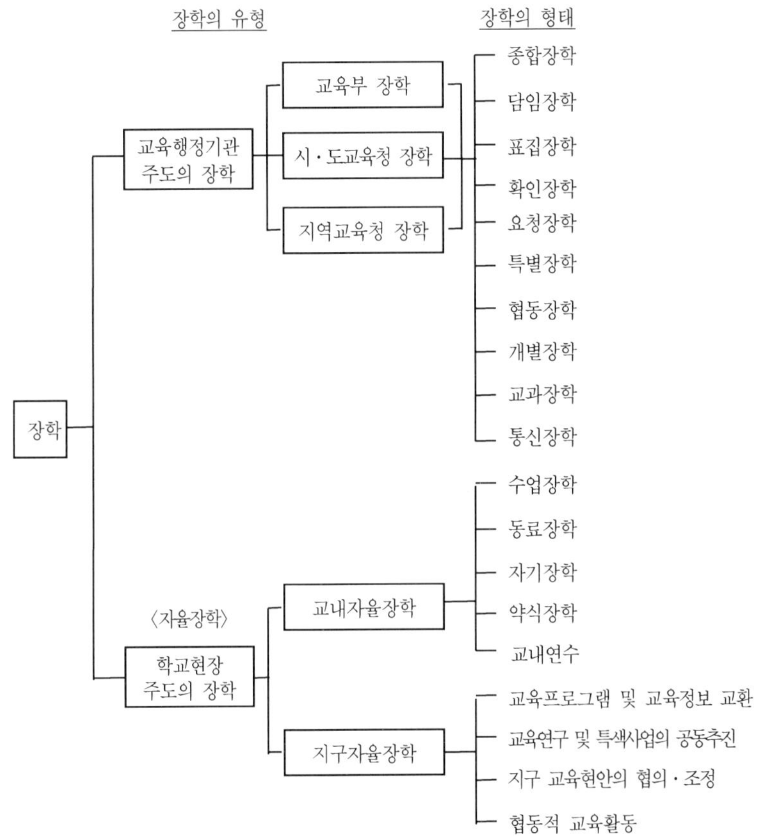

[그림 I -6] 장학의 유형 및 형태

자료: 이윤식(1999). 장학론—유치원·초등·중등 자율장학론. 서울: 교육과학사.

〔그림 I -6〕 장학의 유형 및 형태를 보면 대체적으로 장학의 유형은 장학의 주체를 기준으로 하여 분류하는 것이 타당할 것이다. 크게 교육행정기관이 주도하는 행정적 성격이 강한 장학과 학교 현장에서 교장·교감을 중심으로 교직원들이 협력적인 관계 속에서 이루어지는 자율적인 성격이 강한 장학으로 구분할 수 있다. 학교현장에서 이루어지는 장학을 '자율장학'이라고 부른다(이윤식, 2001).

6. 정보화에 따른 장학

가. 교원의 역할 변화

1) 학습조직과 정보와 지식의 공유

지식정보화 사회는 지식과 정보가 폭발적으로 증가하고 신속하고도 전 세계적으로 유통되고 있는 사회이다. 교사 개인의 노력만으로 폭발적으로 증가하는 새로운 지식과 정보를 입수하고 습득하는 것이 거의 불가능하게 되고 있다. 따라서 다수의 교사가 상호 분담과 협력이라는 공동의 노력으로 문제를 해결하도록 할 필요가 커지고 있다.

교원들은 공동 노력에 의한 학습과 문제해결을 촉진해야 한다. 이를 위해서는 무엇보다도 교원 개개인이 가지고 있는 정보와 지식을 공유하도록 해야 한다. 정보와 지식의 공유는 횡적인 공유와 종적인 공유가 있다. 횡적인 공유는 시간적으로는 현재를 중심으로 각 종 정보를 교원간에 교류하고 공유하는 것이라 할 수 있으며, 종적인 공유는 과거로부터 발생한 자료와 정보를 과거에 근무하던 교원, 현재에 근무하는 교원 및 미래에 근무할 교원이 교류하고 공유하는 것이라 할 수 있다. 이 경우 학교 경영자의 임무는 교직원들이 가지고 있는 정보와 지식을 개방하도록 유도하고 촉진하는 일을 담당하여야 하며, 정보와 지식의 개방과 공유를 보다 편리하고 쉽게 할 수 있는 기반을 조성하는 일을 담당해야 할 것이다.

과거는 물론 현재까지도 자신의 수업에 활용하기 위해 개발한 자료를 다음 해에 다른 교사에게 제공하지 않는 교사가 있어, 새로 학년을 맡은 교사는 비슷한 자료를 또 다시 개발해야 하는 소모적 활동을 반복하는 경우도 있다. 기존의 교수 자료를 공유할 수 있다면 비슷한 자료를 다시 개발하지 않고 이 자료를 좀 더 개선하여 활용할 수 있을 것이다. 즉, 같은 시간을 노력하더라도 더 양질의 교육자료를 개발하고 활용할 수 있게 된다. 실제로는 더 적은 시간을 소비하고도 더 양질의 자료 개발이 가능해 질 것이다.

그리고 학교 내에서만이 아니라 지역이나 전국의 다른 학교와 자료, 정보 및 지식을 공유하고 체계적으로 축적·관리·재생·유통될 수 있다면, 더욱 적은 시간과 노력으로 보다 나은 교육 활동이 가능해질 것이다.

학교 경영자와 교원은 함께 횡적, 종적으로 정보를 공유할 수 있도록 분위기를 조성하고, 제도를 정비하며, 정보 공유를 보다 편리하고 쉽게 할 수 있도록 하여야 할 것이다. 그리고 이러한 정보 공유와 공동학습을 지원하는 핵심적 수단인 정보통신 기술의 도입과 활용을 촉진해야 할 것이다.

다음으로 학교 경영자와 교원들은 이미 만들어진 자료와 정보를 공유하고 활용하는 수준에서 한 단계 더 도약할 수 있도록 하여야 한다. 즉, 현재 개인의 머리 속에 들어 있는 암묵적 지식을 다른 사람과 공유할 수 있는 현시적 지식으로 전환하는 것을 촉진해야 한다. 이 과정은 개개인의 학습 및 정보와 지식 공유와 밀접한 관련이 있다. 그러나 학습 활동의 결과로 생성된 새로운 지식이 본인 머리 속에만 있는 것은 학교 전체의 발전에 크게 도움이 되지는 않는다. 교원이 함께 능력을 신장할 때에 조직으로서의 학교 전체의 역량이 증가할 수 있다.

2) 의사소통(communication) 능력의 강화

학교의 각종 과업을 해결하는 과정에 있어 학교 구성원 상호간의 원활한 의사소통은 필수적인 일이다. 앞으로는 학교 구성원뿐만 아니라 학교 외부의 다양한 이해 관계자와의 의사소통도 중요하다.

외부의 이해 관계자와의 의사소통은 시간적 공간적 제약이 내부 구성원간의 의사소통에 비해 클 뿐만 아니라, 대상자의 이질성이 매우 큰 것이 효과적인 의사소통을 제약하고 있다. 이러한 제약을 극복하고 보다 이해 관계자 개개인에게 적절한 의사소통을 실현할 수 있어야 한다. 따라서 교원들은 자신의 의사소통 능력을 신장시켜야 함은 물론, 외부의 이해 관계자와 내부 구성원간의 의사소통을 양적, 질적으로 강화하여야 한다.

이를 위하여 시간적·공간적 제약이 거의 없는 사이버 공간을 활용하는 방안에 대해 심도 있게 고려해야 한다. 예를 들어 학교 홈페이지를 구축·운영하는 학교를 보면, 교사와 학생간에 방과후에도 다양한 의사소통이 이루어지고 있을 뿐만 아니라, 학부모에게 학교의 교육 활동에 관한 다양한 정보를 제공하고, 학부모의 의견을 활발하게 수렴하는 창구로 활용되고 있다. 더 나아가 졸업생들의 참여도 활발해지고 있음을 볼 수 있다. 학교 홈페이지를 통해 동창회가 새롭게 구성되기도 하고, 동창생들간의 의사소통도 활발하게 이루어지기도 한다. 지역사회의 구성원들에게도 비슷한 효과를 보고 있다.

3) 자신의 활동에 대한 지지와 지원의 획득

교육정보화가 진전됨에 따라 학교와 학부모 등 이해관계자 사이의 의사소통 경로가 다양해지고, 학교에 관한 정보의 공개가 증가하게 된다. 이에 따라 교원은 자신이 하는 교육 활동에 대해 학부모 등의 다양한 요구에 직면할 가능성도 커지고 있다.

학교경영자의 경우도 학교 경영에 관한 정보의 공개는 일반적인 추세가 되고 있다. 학교 경영에 필요한 지지와 지원의 획득을 위해서도 정보의 공개가 필요하며, 그렇지 않다 하더라도 일상적으로 학교에 관한 정보의 공개는 피할 수 없게 되고 있다.

학교에 관한 정보의 공개는 보다 많은 사람들을 대상으로 이루어지게 된다. 학생과 학부모뿐만 아니라 지역사회 주민, 학교 동문 등 다양한 이해관계자들이 학교의 상황에 대해 알 수 있게 되면서 더 많은 요구를 하게 될 것이다. 따라서 학교 경영이나 교수-학습 활동 등 다양한 부문에 대해 평소에 이해관계자에게 정보를 제공하고, 이해와 협조를 구하는 일은 일상적인 일이 될 것이다. 교원들은 자신이 학생들을 가르치는 일 이외에도 평소에 자신이 추진하는 일에 대해 알리고, 협조를 받을 수 있는 관계를 다양한 이해관계자와 꾸준히 조성하여야 할 필요성이 증대될 것이다.

4) 교수-학습 활동의 변화

교원의 역할이 변화한 것은 아니나, 역할의 내용이 크게 바뀌는 부분이 교수-학습 부문이다. 우선 초등학교의 경우 2001년부터 컴퓨터를 비롯한 정보통신 기술을 모든 학년의 학생들에게 가르쳐야 된다. 동시에 각 교과를 가르칠 때 정보통신 기술을 10% 이상 활용하도록 확정되었다. 이에 따라 초등학교의 모든 교사는 학생들에게 컴퓨터 활용 능력을 길러주어야 하며, 정보통신 기술을 활용한 수업 방법에 대해 습득해야 할 상황이다.

중학교와 고등학교의 경우 교과 전담제로 운영되기 때문에 모든 교사가 학생들에게 컴퓨터를 가르칠 필요는 없으나, 컴퓨터를 비롯한 정보통신 기술을 활용하여 교과를 가르쳐야 함에는 차이가 없다. 따라서 초·중등학교의 모든 교사는 최소한의 정보소양을 지니고, 정보통신 기술을 활용한 교수-학습 방법, 예를 들어 컴퓨터의 매체적 활용과 도구적 활용을 통한 교과 수업 등에 대해서 알고 실행할 수 있어야 한다(손병길, 1997).그리고 더 나아가 정보통신 기술을 활용하면서 나타나는 교사의 역할 변화도 대비해야 한다. 흔히 학습의 안내자, 동료학습자, 학습의 상담자, 학생의 지적 스파링 파트너 등으로 표현되는 교사의 새로운 역할에 대해서도 대비해야 한다.

나. 장학의 변화

1) 학습조직과 정보와 지식의 공유 활성화를 위한 장학

교원이 전통적인 교사의 역할 이외에 학습의 안내자, 동료학습자, 학습의 상담자, 학생의 지적 스파링 파트너 등의 역할을 수행하기 위해서는 지속적으로 학습하여야 할 필요가 있다. 이를 위하여 교원의 자발적 학습 조직 구성과 이를 통한 자기 개발 노력을 활성화할 수 있는 여건을 조성하고, 지원하는 일이 매우 중요하다.

이 때, 장학의 대상은 크게 학교 경영자와 교사로 나누어 볼 수 있다. 우선 학교내의 학습조직 구성과 활동의 활성화를 위해서는 학교 경영자의 인식과 지도력이 중요하므로 학교 경영자가 교사의 지속적 학습 활동에 대한 관심과 지원을 강화하도록 유도하고, 더 나아가 각 개개인 교사의 학습 과정에서 또는 학습의 결과 생성되는 새로운 지식과 정보를 공유할 수 있는 분위기와 기반을 조성하도록 하는 장학 활동이 중요하다.

둘째, 교사에 대해서는 지속적 학습과 지식·정보의 공유에 대한 인식의 변화를 유도하는 장학이 필요하며, 더 나아가 학교내의 공유뿐만 아니라 전국적 수준에서의 지식·정보의 공유의 필요성과 중요성에 대한 인식을 심어주는 장학 활동이 필요하다. 그리고 이러한 활동에 앞장서는 교원에 대한 유무형의 인센티브가 제공되는 사업의 추진이나 제도의 개선 활동이 필요하다.

2) 교원의 의사소통(communication) 능력 강화를 위한 장학

학교의 각종 과업을 해결하는 과정에 있어 학교 구성원 상호간의 원활한 의사소통은 필수적인 일이며, 학교 외부의 다양한 이해 관계자와의 의사소통도 중요하다. 향후 장학에 있어 교원의 의사소통 능력을 강화하기 위해서 사이버 공간을 통한 의사소통 능력의 개발에 관심과 노력을 기울일 필요가 있다.

사이버 공간을 이용한 의사소통은 시·공간적 제약을 적게 받는다는 이점이 있으나, 교사의 근무 행태에 커다란 변화를 야기할 수 있다. 예를 들어 지금까지는 학생과의 의사소통이 주로 낮의 근무 시간 동안 이루어졌으나, 사이버 공간을 통한 의사소통은 밤낮의 구별이 모호해 지고, 근무 시간이라는 개념도 모호해 질 수 있다. 따라서 교사의 근무 부담이 오히려 증가할 수도 있다. 이러한 변화에 슬기롭게 대처할 수 있도록 교사의 의식 변화를 유도하고, 보다 효율적으로 대응할 수 있는 능력을 함양하도록 지원하는 장학 활동의 강화가 필요하다.

학부모 등 교육의 이해관계자와의 의사소통이 늘어나면서 상충되는 다양한 요구를 수용하고, 조정하며, 대처하는 과정에서 많은 교사들이 스트레스를 받거나, 정보의 부족으로 어려움을 겪을 수 있다. 이러한 상황에 대처할 수 있는 능력의 함양과 필요한 정보의 제공이 앞으로의 장학 활동에 있어 비중이 증가할 것으로 예측된다.

3) 교육 활동에 대한 지지와 지원의 획득 강화를 위한 장학

학교 경영에 관한 정보의 공개는 일반적인 추세가 되고 있다. 학교 경영에 필요한 지지와 지원의 획득을 위해서도 정보의 공개가 필요하며, 교사의 교수활동 등에 대한 다양한 정보의 공개도 필요하다.

이제 학교에 관한 정보의 공개는 피할 수 없는 추세이다. 이 과정에서 각 학교는 어느 분야의 정보를 어느 정도 공개해야 하는가에 대해 각기 다른 판단을 하고, 이에 따라 다양한 결과를 보이게 될 수 있다. 이와 함께 학부모 등의 이해관계자의 요구 수준 차이와 맞물려 다양한 갈등이 야기될 수 있다. 이에 대한 지침과 지도가 새로운 장학 수요로 등장할 가능성이 있다.

최근 열린교육이 활성화되면서 학부모의 수업 지원 수요가 늘어나면서 나타나는 것과 같이 지식정보화에 따른 교수−학습의 변화는 학부모, 동창, 지역사회 등에 대한 학교의 의존을 증대시키고 있다. 이에 따라 학교 경영자뿐만 아니라 교사의 이해관계자에 대한 협력과 갈등의 소지도 높아지고 있다. 이에 대한 다양한 갈등 해소 지원, 협력의 활성화 지원 등도 새로운 장학 수요로 제기되고 있다.

4) 교수-학습 활동의 변화를 위한 장학

교육정보화에 따라 가장 큰 변화를 보이는 부분이 교수-학습의 변화라 할 수 있다. 우선 컴퓨터 등 정보 통신 기술을 교수-학습 활동에 활용하는 것이 가장 두드러진 변화라 할 수 있다. 컴퓨터 보조 수업의 경우 교사와 학생간의 직접적인 관계는 전통적 수업에서의 관계와 유사하며, 교사와 컴퓨터, 컴퓨터와 학생간의 새로운 의사소통 경로가 추가됨으로써 새로운, 과거에 경험하지 못했던 일들이 벌어지게 된다.

7. 교육정보화의 미래와 장학

가. 사이버 공간을 이용한 교육과 장학

　지금까지는 학교 내에서의 교육에 있어 정보통신 기술을 활용한 교육에 중점을 두고 논의되고 추진되었다면, 앞으로는 학교 밖 나아가 전 세계와 교류하는 열린 환경을 중심으로 한 교육정보화에 중점을 두어야 한다. 급변하는 세계 속에서 학생들이 자신들의 삶을 풍요롭게 가꾸어 가기 위해 필요한 능력을 기를 수 있도록 하는 교육이 되기 위해서는 지금과 다른 내용과 방법을 가지고 학생들을 가르쳐야 할뿐만 아니라 교사와 학생의 역할도 대담하게 바꾸어야 한다. 지식을 전달·주입하는 교사가 아니라 학생의 학습을 도와주는 조언자, 학습 활동을 지원해 주는 지원자의 역할이 더 중요하며, 학습자도 수동적으로 가르침을 받는 입장이 아니라 스스로 탐구하고, 관찰하고, 조사하며, 문제를 해결해 가는 주체적 학습자가 되어야 한다.

　새로운 학교 교육은 지식 교육 중심에서 학습자의 문제 해결력과 창의력 신장을 중심으로 변화해야 하며, 교사 중심에서 학습자 중심으로, 교실 내의 수업에서 세계로 열린 학습으로, 그리고 고립된 혼자만의 학습에서 함께 하는 학습으로 변해야만 한다. 이를 위해 다양한 정보기술을 학교에 적극 도입하여 활용하는 것이 매우 시급하고도 중요한 일이다.

　사이버 교육체제에서는 교사와 학생의 관계가 직접적일 수 도 있으며, 간접적일 수도 있다. 더 나아가 학습자가 학습할 때, 반드시 전통적 의미의 교사가 존재해야만 하는 것은 아니며, 학습자를 가르치는 교사가 아니라 학습을 안내하거나 함께 학습하는 동료가 되는 경우도 있다. 예를 들어 학습자는 사이버 공간에 널려 있는 다양한 학습 자료와 정보를 활용하여 독립적으로 학습할 수도 있고, 다양한 자료와 정보를 활용할 경우 보다 효과적으로 자료와 정보에 접근할 수 있도록 안내해 주는 학습 안내자(꼭 교사일 필요는 없다. 교사 이외에 동료 학습자, 선후배, 전문가도 가능하다.)의 도움을 받을 수도 있다. 그리고 전통적인 교육의 모습과 유사하게 교사의 지도하에 학습할 수도 있다.

앞으로 교육 부문에 있어 가장 큰 기회이자 도전은 인간의 새로운 활동 공간으로 등장하고 있는 사이버 공간(cyber-space)을 교육적으로 얼마나 잘 활용할 수 있는가 하는 것이 될 전망이다. 현재와 같은 교육체제의 한계를 극복하고, 진정한 의미에서 평생 동안 필요한 학습을 언제, 어디서나 학습을 할 수 있기 위해서는 사이버 공간을 이용한 교육을 실제 공간에서 이루어지는 현행의 교육체제에 통합하는 새로운 교육체제의 구축이 시급하다.

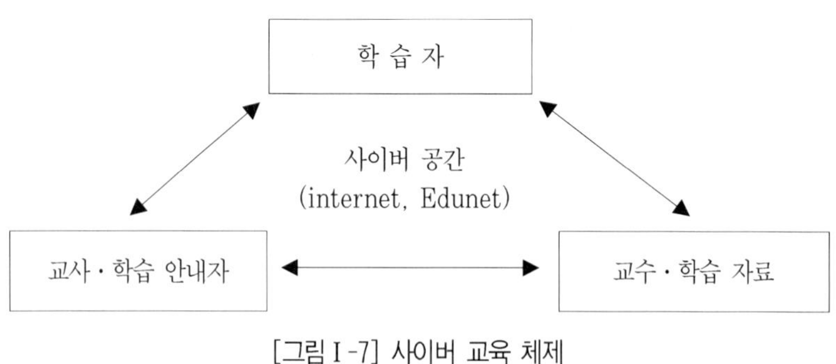

[그림 I -7] 사이버 교육 체제

이를 위해서는 지금부터 교육정보화를 통한 교육의 변화와 발전을 위한 교육계 개개인, 특히 교원 개개인의 의식과 교육계의 문화 변화를 위한 노력을 기울여야 하며, 이때, 장학 활동이 이를 선도하고 지원해야 함은 매우 중요하다.

참고 문헌

강영삼 외(1995). 장학론. 서울: 도서출판 하우, 19-24.

강영삼(1982). 장학행정, 현대교육행정학. 서울: 교육출판사, 5.

강영삼(1994). 장학론. 서울: 세영사, 124-156.

경기도교육청(1989). 장학의 방향('89 교육계획 별책부록). 경기도교육청, 80-81.

권오현(1998). 교내 장학 촉진 및 저해요인 분석. 아주대학교 석사학위논문.

김동일(1999). 교내 수업장학에 대한 초등교사의 지각과 기대에 대한 연구. 인
　　　천교육대학교 석사학위논문.

김명대(1996). 교사와 장학담당자를 통해서 본 장학의 효과성 평가. 충남대학
　　　교 석사학위논문.

김영미(2003). 교내 자체연수 운영 실태 조사 및 개선방안. 전북대학교 석사학
　　　위논문.

김윤태(1991). 교육행정·경영신론. 서울: 배영사, 528.

김윤태(1995). 교육행정·교육신론. 서울: 배영사, 670-675.

김윤태(1995). 교육행정·교육신론. 서울: 배영사, 9-11.

김재범(1987). 학교장학의 문제점과 개선방향. 서울: 배영사, 23-29

김정한(2003). 장학론－이론·연구·실제－. 학지사, 22-25.

김정한(2003). 장학론－이론·연구·실제－. 학지사, 416.

김정한(2003). 장학론－이론·연구·실제－. 학지사, 420-421.

김정한(2003). 장학론－이론·연구·실제－. 학지사, 59.

김종석(1987). 교내연수의 활성화 방안. 새교육.(1987.8). 통권394호, 71.

김종철(1982). 교육행정의 이론과 실제(3정). 서울: 교육과학사, 233-238.

김종철(1982). 교육행정의 이론과 실제. 서울: 교육과학사, 67-68.

김종철·이종재(1997). 교육행정의 이론과 실제. 서울: 교육과학사, 21-23.

김종철·이종재(1997). 교육행정의 이론과 실제. 서울: 교육과학사, 319-321.

김창걸(1992). 교육행정학 신론. 서울: 형성출판사, 519.

김형관 외(2000). 신 장학론. 학지사, 14-21.

김형관 외(2000). 신 장학론. 학지사, 35-58.

남정걸(1999). 장학의 이론과 실제. 서울: 교육과학사, 16.

박덕순(2001). 반성적 장학의 이용 가능성에 대한 연구. 인천교육대학교 석사
　　학위논문.

박은혜외(1999). 교사발달에 적합한 장학의 이론과 실제. 서울: 정민사, 122-126.

백승관(2003). 교사의 발달과정에 관한 탐색모형. 교육행정연구. 21(1), 29-51.

백현기(1964b). 교육행정. 서울: 을유문화사, 41-44.

백현기(1975). 장학론. 서울: 을유문화사, 42.

서규열(1993). 교내 현직연수의 개선 방안에 관한 연구. 전남대학교석사학위논문.

서정화(1994). 교육인사행정. 서울: 세영사, 221.

손병길 외(1997). 21세기 정보화 사회를 위한 교육정보화, 교육부 학술연구 수
　　탁 연구보고서.

손병길(2000). 디지털 시대의 교수-학습, 학교 교육에서의 교단 선진화 수업
　　전략-ICT활용 교수·학습 현장 적용. 한국교원대학 부설 교과공동연구
　　소 학술세미나자료집, 19-31.

손병길(2002). 교육정보화와 장학의 변화. 국가전문행정연수원 장학생정전문과
　　정 연수강의원고.

안수진(1998). 초등학교 교내 현직연수에 관한 의식연구. 원광대학교 석사학위논문.

윤보영(1999). 교사의 장학활동 인식에 관한 연구. 순천향대학교 석사학위논문.

윤정일 외(1995). 교육행정학원론. 서울: 학지사, 304-312.

윤정일(1989). 장학의 실제. 한국교원대학교 종합교육연수원, 148.

윤정일·송기창·조동섭·김병주(2000). 교육행정학원론.서울: 학지사, 122-134.

윤홍주(1996). 교사발달 단계 및 직능발달 요인에 관한 연구. 서울대학교 석사
　　학위논문.

이규희(1993). 국민학교 교원현직교육의 개선에 관한 연구. 청주대학교 석사학
　　위논문.

이근선(2002). 교사발달과 선택적 장학의 관계에 대한 연구. 서강대학교 석사

학위논문.

이남휘(1991). 교내연수의 인식에 관한 의견조사 연구. 홍익대학교 석사학위논문.

이동혁(1988). 교원 현직교육에 관한 연구. 단국대학교 석사학위논문.

이석열·신붕섭(2004). 교사발달의 구성 요인에 기초한 장학의 방향 탐색. 교
육행정학 연구, 22(3), 35-54.

이순세(1992). 교내 현직연수가 교원능력 개발에 미치는 영향. 동국대학교 석
사학위논문.

이영희(1984). 교사의 교직사회회에 관한 일 연구. 연세대학교 석사학위논문.

이윤식(1989). 교사의 전문성 신장을 위한 정보탐색 형태 분석. 한국교육, 16(1),
5-40.

이윤식(1994). 장학론 논고: 교내 자율 장학론. 과학과 예술, 149.

이윤식(1994). 장학론 논고: 교내 자율 장학론. 과학과 예술, 309.

이윤식(1999). 장학론－유치원·초등·중등 자율장학론. 서울: 교육과학사, 225-252.

이윤식(1999). 장학론－유치원·초등·중등 자율장학론. 서울: 교육과학사, 32-55.

이윤식(1999). 장학론－유치원·초등·중등 자율장학론. 서울: 교육과학사, 357.

이윤식(2001). 장학론. 서울: 교육과학사, 220-222.

임호성(2002). 중학교 교내 자율장학에 대한 교사들의 인식 및 개선방안 연구.
경희대학교 석사학위논문.

장혁대(1993). 초등학교 교내 연수의 실태와 개선방안. 영남대학교 석사학위논문.

전라북도교육청(2000). 초등장학자료 제 2000-51호. 전주: 공익사, 221-222.

정태범(2002). 교육행정의 발전방향. 서울: 양서원, 17.

정태범(2002). 장학론. 교육과학사, 39-42.

조병효(1991). 현대장학론. 서울: 교육과학사, 35-41.

조병효(1993). 현대장학론. 서울: 과학사, 10-22.

조병효(1995). 현대장학론. 서울: 교육과학사, 200-201.

조병효(1995). 현대장학론. 서울: 교육과학사, 7.

조성일·신재흡(2004). 장학행정 이론과 실제. 학이당, 11-14, 35.

주삼환 외(1994). 교육행정 및 교육경영. 서울: 과학과 예술, 511-553.

주삼환(1984). 장학지도 방법과 절차의 합리화. 교육행정학연구 2(1), 교육행정학연구회, 88.

주삼환(1999). 변화하는 시대의 장학. 서울: 원미사, 199.

주삼환(2003). 교육의 질 향상을 위한 장학의 이론과 기법. 학지사, 18-31.

차광숙(2003). 교내 자율장학 활성화 방안에 관한 연구. 석사학위논문. 경주대학교 교육대학원

최석재(2001). 교사발달 수준에 적합한 장학모형 연구. 석사학위논문. 동아대학교 대학원.

최호영(1996). 교내 자체연수의 개선방안에 관한 연구. 석사학위논문. 관동대학교 교육대학원.

한경수 외(1998). 교육행정원론. 서울: 정민사, 208.

허병기(1997). 장학의 본질 이탈: 개념적 혼란과 실천적 오류. 교육학연구 제35권 제3호. 서울: 한국교육학회, 183.

Alfonso, R. J., & Firth, G. R., & Neville, R. F.(1975). *Instructional supervision: A behavior system*. Boston: Allyn & Bacon, 3.

Alfonso, R. J., & Firth, G. R., & Neville, R. F.(1981). *Instructional supervision: A behavior system*(2nd ed.). Boston: Allyn & Bacon, 7.

Association for Supervision & Curriculum Development(1965). Role of Supervisor and Curriculum Director in Climate of Change, 1965 Yearbook, Washington, D.C: *Association for Supervision and Curriculum Development*, 2-3.

Blumberg. A.(1980). *Supervisors & teachers: A Private Cold War*(2nd ed.). Berkley, California: McCutchan Publishing Co, 2.

Burden, Paul R.(1983). Implications of teacher career development; New roles for teachers, administrators, and professors. *Action in Teacher Education, 4(4)*, 21-25.

Burden, Paul R.(1987). Teachers development: Implications for teacher education. In M. Haverman & J. Baccus(Eds). *Advances in teacher education.* Norwood, NJ: Ablex, 3, 185-219.

Burke, Peter J., Christensen, Judith C., & Fessler, Ralph.(1984). Teacher career stages:Implication for staff development(Fastback No. 214). Bloomington, IN: *Phi Delta Kappa Educational Foundation*, 12-26.

Burton W. H.,& Leo, L. B(1955). *Supervision: A Social Process(3rd ed.),* N.Y: Appleton-Century-Crofts, 7-9.

Burton, William H.(1947). *Supervision.* New York: Appleton Century Crofts. Inc, 11.

Burton, William, and Brueckner, Lee(1955). *A social process.(3rd ed.).* New York: Aplleton Century-Crofts, 85-88.

Curtin, James(1964). *Supervision in today's elementary schools.* New York: Macmillan, 162.

D. M. Beach and Judy Reinhartz(2000). *Supervisory leadership: Focus on instruction.* Boston: Ally and Bacon, 7-9.

Dull, L. W.(1981). *Supervision: School Leadership Handbook.* Columbus. Ohio: Charles E. Merrill Publishing Co, 5.

Eye Glen G. & Netzer(1971). *Supervision of instruction.* New York: Harper & Raw Publishers, 31.

Feiman, Sharon, & Floden, Robert E.(1980). A consumers guide to teacher development. *The Journal of Staff Development, 1(2),* 126-147.

Fuller, Frances F.(1969). Concerns of teachers: A developmental conceptualization. *American Educational Research Journal, 6(2),* 207-226.

Fuller, Frances F., & Boss, Oliver H.(1975). Becoming a teacher. In Kevin Ryan(Ed.). *Teacher education(Seventy-fourth year-book of the National Society for the Study of Education, part II).* Chicago: University of Chicago Press, 25-52.

Glatthron, Allan A.(1984). Differentiated supervision. Alexandria. VA:

Association for Supervision and Curriculum Development, 122-125.

Glickman, C. D., Gordon, S. p.,& Ross-Gorden, J. M.(1998). *Supervision for instruction: A developmental approach.(4th ed.)*. Boston: Allyn & Bacon, 9-11.

Glickman, C.(1995). *Supervision of instruction: A developmental approach*. Boston: Allyn and Bacon, 121-126.

Glickman, Carl D. (1980). *The developmental approach to supervision. Educational Leadership, 38(2)*, 178-180.

Glickman, Carl D. (1981). *Developmental supervision: Alternative practices for helping teachers improve instruction*. Alexandria. VA: ASCD, 48-49.

Godlhammer, R., Anderson, R. H., & Krajewski, R. J.(1993). *Clinical supervision: Special methods for the supervision of teachers.(3rd ed.)*. Fort Worth, TX: Harcourt Brace Jovanovich, 13-16.

Gregorc, Anthony F.(1973). Developing plans for professional growth. *NASSP Bulletin, 57(377)*, 1-8.

Hall, G. E., & Hord, S. M.(1987). *Change in schools: Faciliating the process*. Albany, NY: State University of New York Press, 45-49.

Hargreaves, A. & Fullan, M. G.(1992). *Understanding teacher development*. New York: Teachers College Press, 35-48.

Harris, B. M, & Besent, W(1969). *In-Service Education: A Guide to Better Practice*, Englewood Cliffs, N.J.: Prentice-Hall Inc, 16.

Harris, Ben M.(1985). *Supervisory Behavior in Education, 3rd ed.* Englewood Cliffs. New Jersey: Prentice Hall, 10.

Jerry J. Bellon Elner C. Bellon(1982). *Classroom Supervision and Instructional Improvement(2nd ed.)*: A Synergetic Process, 1-10.

Katz, Lilian G.(1972). Developmental stages of preschool teachers. *The Elementary School Journal, 73(1)*, 50-54.

Kimball Wiles & John T. Lovell(1975). *Supervision for Better School 4th ed*. Englewood Clifffs, New Jersey: Prentice Hall, 6-8.

Kimball Wiles.(1955). *Supervision for Better Schools*. Englwood Cliffs. N. J. Prentice-Hall. Inc, 8.

Komoski, G.(1997). Supervision. Mequon. WI: Styler, 4.

Marks, J. R., Emery Stoops & King-Stoops(1978). *Handbook of Educational Supervision: A Guide for the Practitioner(2nd ed.)*. Boston: Bacon Inc, 25.

Morris L. Cogan(1979). *Clinical Supervision, 2nd ed*. New York: Houghton Mifflin Co, 15.

Mosher, R. L. & Purpel, D. E(1972). *Supervision: The reluctant profession*. Boston: Moughton Mifflin, 4.

Newman, Katherine K.(1978). Middle-aged experienced teachers' perceptions of their career development. Unpublished doctoral dissertation, The Ohio State University, 145-147.

Oliva, P. E., & Pawlas, G. E.(1997). *Supervision for today's school. (5th ed.)*. New York: Longman, 21-26.

Oliva. P.(1993). *Supervision for today's school*. New York: Longman, 22-25.

Peterson, Anne R.(1978). Career patterns of secondary school teachers: An exploratory in-terview study of retired teachers. Unpublished doctoral dissertation, The Ohio State University, 121-130.

Pfeiffer, I. l., & Dunlap, J. B.(1982). *Supervision of teachers: A guide to improving instruction*. Phoenix: Oryx Press, 12-16.

Robert J. Alfonso, Gerald R. Firth & Richard F. Neville(1975). Instructional Supervision: A Behavioral System. Boston: Allyn & Bacon, 35-36.

Robert J. Alfonso, Gerald R. Firth & Richard F. Neville(1981). *Instructional Supervision: A Behavioral System(2nd ed.)*. Boston:

Allyn & Bacon, 33-39.

Sergiovanni, Thomas and Robert J. Starratt(1983). *Supervision: Human Perspectives 4th ed.* New York: McGraw Hill Book Co, 8-14.

Sergiovanni, Thomas, J., & Starratt,, Robert, J.(1998). *Supervision: A redefinition.(6th ed.).* Boston: McGraw-Hill, 15-19.

Sergiovanni. T. J., & Starratt. R. J.(1988). *Supervision: Human Perspectives(4th ed.).* McGraw-Hill Book Co, 9.

T. H. Briggs & J. Justman(1952). *Improving instruction through Supervision.* New York: McMillan Co, 276-277.

Unruh, Adolph B., & Turner, Harold E.(1970). *Supervision for change and innovation.* Boston: Houghton Mifflin, 234-237.

W. T. Melchoir(1950). *Instructional Supervision.* Boston: Health and Co, 27-31.

Wiles, J. & Bondi, J.(1980). *Supervision: A Guide to Practice.* Columbus. Ohio: Charles E. Merrill Publishing Co, 11.

Wiles, J., & Bondi, J. C.(1986). *Supervision: A guide to Practice. (2nd ed.).* Columbus, OH: Charles E. Merrill, 25-29.

Wiles, Jon, & Bondi, Joseph(2000). *Supervision: A guide to practice.(5th ed).* Upper Saddle River, NJ: Prentice Hall, 7-10.

Wiles, K., & Lovell, J.(1975). *Supervision for better schools.(4th ed.).* Englewood Cliffs, NJ: Prentice Hall, 10.

Wiles, Jon, & Bondi, Joseph(2000). *Supervision: A guide to practice.(5th ed).* Upper Saddle River, NJ: Prentice Hall, 7-10.

Wiles, Kimball(1967). Supervision for Better Schools. 3rd ed. Englewood Cliffs. New Jersey: Prentice-Hall. Inc, 10.

William H. Burton(1947). *Supervision.* New York: Appleton Centry crofts, Inc, 4.

2장 수업 지도성

1. 수업지도성의 개념

'수업지도성'이라는 용어는 미국에서 효과적인 학교 운동(effective school movement)이 강조되면서 널리 쓰여진 이래, 그 개념은 학자들에 따라 다소 다른 각도에서 논의되어 오고 있다. 현재까지 수업지도성에 대한 개념은 대체로 다음과 같이 다소 구분이 되는 관점에서 논의되고 있다(이윤식, 2002).

첫째, 규정적 모델(prescriptive models)이다. 가장 일반적인 개념 정의의 유형이다. 이 모델에서 수업지도성은 종종 교실수업에 대한 장학, 교직원 능력개발, 교육과정 개발(Smith & Andrew, 1989) 등과 같은 몇 개의 과제를 통합한 개념으로 정의된다.

Glickman(1985)은 교사들 대상의 직접적인 도움제공, 그룹 능력개발, 교직원 능력개발, 교육과정 개발, 실천 연구(action research) 등 5가지 기본적인 과제를 통합하여 이를 수업지도성으로 규정하고 있다. Pajak(1989)은 수업지도성의 요소로서 Glickman이 제시한 과제 이외에도 추가적으로 계획하기, 조직하기, 변화촉진하기, 교직원 동기부여하기 등을 제시하였다. 근래에는 수업지도성에 대하여, 평등·반성·성장의 원리에 기초하여, 민주적이고, 협동적이고, 인간자원론적이고, 발달지향적이며, 변형적인 접근이 널리 확산되고 있다(Gordon, 1997). 미리 규정된 특정한 교사 행동이나 기술을 강조하는 수업지도성이 아니라 학급내 교수행동, 교육과정, 교직원 능력개발 등을 강조하는 수업지도성과 교사들로 하여금 전문적인 지식과 기술을 발견하고 구안하도록 도움을 주는 수업지도성의 필요성이 부각되고 있다(Pajak, 1993).

Schon(1988)은 수업지도성의 개념을 동료적인 학급관찰과 특히 반성적 교수활동의 지원, 지도, 격려에 초점을 두어 강조하고 있다. Glickman(1992)은 이상적인 수업지도성을 지원적인 분위기에서 이루어지는 학교 전체 차원의 협동적 노력으로 기술하였다. Smyth(1997)는 수업지도성을 공정하고 민주적인 학급 분위기를 조성하기 위하여 학급내 상호작용에 대한 협동적이고 비판적인 연구활동으로 개념화하였다.

많은 연구들이 사실 수업지도성을 본질적으로 "협동적"이라고 개념화하고 있으나, 수업지도성의 실제는 종종 교실수업에 대한 감시, 감독, 평가의 형태로 나타난다(Gordon, 1977). 즉 현장에서는 통제 중심의 장학활동이 주를 이루고 있는 상황이다.

둘째, 교사에 대한 교장의 지도성 행사의 직접적인 효과를 중심으로 수업지도성을 개념화한 경우이다. Short(1995)는 미국의 학술지인 Journal of Curriculum and Supervision을 분석한 결과 82편의 논문이 수업지도성의 다양한 측면, 예를 들어 교사를 대상으로 한 직접적 수업지도성 행사와 관련된 법률적 문제, 교사평가의 실제, 수업협의회, 반성적 실천 등을 다루고 있다고 밝혔다. 수적으로는 많지 않지만, 수업지도성에 관한 연구로서, 교장과 교사간의 수업에 관련된 협의나 상호작용이 교사에게 직접적으로 어떠한 효과를 미치는가에 초점을 두어 수업지도성을 이해하려는 입장이다. Blase(1987)는 교장의 수업지도성이 교사가 과제에 투입하는 시간, 학생들의 성취에 대한 교사의 기대, 교사의 문제해결 지향성 등 교사에게 미치는 효과를 분석하였다. Blase와 Roberts(1994)는 교장의 수업지도성이 교사의 학생들에 대한 배려와 관용 정도, 교사의 학생 학습활동에 대한 계획, 교사의 창의성, 교사의 학생 학업진척 사항 관리 등에 미치는 효과를 분석하였다.

셋째, 교사 및 학급수업에 대한 교장의 지도성 행사의 직접적 효과를 중심으로 수업지도성을 개념화한 경우이다. Sheppard(1996)는 교장이 보여주는 효과적인 수업지도성 행동과 교사가 보여주는 교직 헌신도, 전문적인 참여도, 개혁성 사이에는 높은 긍정적 상관관계가 있음을 밝혔다. 교사에 대한 교장의 수업지도성 행동은 학교 교육목표 설정, 교육목표 확산, 수업에 대한 장학 및 평가, 교육과정 조정, 학생 학업진척 사항 감독, 수업시간 확보, 교사들에게 교장 존재의 가시성 유지, 교사들에게 유인가 제공, 교사들의 전문적 성장 기회 지원, 학습에 대한 유인가 제공 등을 포함한다. Sheppard는 교사들의 전문적 성장을 촉진하는 것이 교장의 가장 영향력있는 수업지도성 행동이라고 보고하였다.

넷째, 학생들의 학업성취에 대한 교장의 지도성 행사의 직접적 및 간접적 효과를 중심으로 수업지도성을 개념화한 경우이다. Hallinger & Heck(1996a, 1996b)는 학생들의 학업성취를 포함하여 학교 교육효과에 대한 교장의 역할 연구 40여 편을 분석하였다. 그들은 연구의 3/4 정도가 교장의 역할을 수업지도자로 개념화하고 있음을 밝혔다. 초기의 연구들에 비하여 근래 연구들은, 변혁적 지도성, 참여적 지도성, 의사결정의 분권화 등의 개념들을 사용하면서, 교장의 역할을 보다 광범위하게 개념화하고 있음도 밝혔다. 예를 들면, Leithwood(1994)는 교장의 변혁적 지도성을 교사들의 학급내 행동, 태도, 효과 등을 높이기 위한 수단으로 보았다. Hallinger & Heck(1996b)는 수업지도성에 관한 연구는 복잡하고 실증이 쉽지 않다고 결론을 짓고 있다.

이러한 4가지 접근을 종합하여 보면, 교장의 수업지도성은 교장의 여러 가지 역할 중에서 교육목표를 효과적으로 달성하기 위하여 수업활동의 개선에 관련된 역할에 초점을 두고 있음을 알 수 있다. 수업지도성 개념에 대한 4가지 접근은 다시 크게 「넓은 의미의 수업지도성」에 대한 접근과 「좁은 의미의 수업지도성」에 대한 접근 2가지로 구분할 수 있다 하겠다. 뒤 3가지 접근은 수업지도성 개념을 교사, 학급수업, 학생들의 학업성취 등에 관한 교장의 직접적인 지도성 행사를 중심으로 수업지도성을 개념화하고 있어, 수업지도성을 좁은 의미에서 파악하고 있다. 반면 첫째 규정적 모델 접근은 교사, 학급수업, 학생들의 학업성취 등에 관한 지도성 행사뿐만 아니라, 교육과정 개발, 실천연구, 계획하기, 조직하기, 변화촉진하기 등을 포함하는 넓은 의미에서 수업지도성을 파악하고 있다.

2. 수업지도성의 개념적 구성 요소

수업지도성1)의 개념은 학자들에 따라 다양하게 정의되고 있다. Keefe와 Jenkins(1984)는 수업지도성을 "학교에서 교수-학습 활동을 개선하기 위하여 교사들과 학생들에게 방향, 자원, 지원 등을 제공하는 교장의 역할"로 정의하였다. 이러한 수업지도성은 (1) 방향잡기(formative), (2) 계획하기(planning), (3) 실행하기(implementation), (4) 평가하기(evaluation) 등 크게 4가지 영역에서 수행된다고 보았다.

Greenfield(1987)는 수업지도성을 "교사들에게는 생산적이고 만족스러운 근무 환경을, 학생들에게는 바람직한 학습 조건과 학습 결과를 조성해 주기 위해 취해지는 모든 활동"으로 보았다. 이러한 수업지도성은 교육행정기관의 행정가나 장학담당자가 행사할 수도 있으나, 일반적으로 교장의 가장 중요한 책임이라고 보았다.

Larsen(1987)은 교장의 6가지 기능을 중심으로 수업지도성을 정의하였다. 즉 (1) 목표설정, (2) 조정, (3) 장학과 평가, (4) 교직원 개발, (5) 학교 분위기, (6) 학교-지역사회 관계 등이다. 보다 구체적으로 다음과 같은 교장의 행동을 제시하였다.

---

1) 수업지도성 개념과 관련하여 김동석(2002)은 리더십의 개념 요소를 ① 행정관리적 리더십, ② 교수적 리더십, ③ 윤리적 리더십, ④ 문화창조적 리더십 등으로 제시하였다. 그 중에 교수적 리더십(instructional leadership)은 수업지도성과 같은 개념으로 수업장학, 교사의 전문성 제고를 위한 연수와 자기연찬 풍토의 조성, 교과협의회 활성화, 교직 본연의 직무보호, 학업적 성취표준의 설정과 관리, 학교 교육과정의 정상적 운영과 명확한 인식을 제고하는 일 등에 관련된 지도성이라고 보았다.

(1) 교장은 교육구의 정책과 조화를 이루도록 학교의 교육목표를 설정한다.

(2) 교장은 학교의 교육목표가 모든 사람들에게 명확하게 전달되도록 한다.

(3) 교장은 교직원들에게 학생의 학업성취에 대한 높은 기대를 갖도록 한다.

(4) 교장은 학생의 학업성취에 영향을 주는 수업 관련 협의에 참석한다.

(5) 교장은 교직원들이 학생의 학업 진척을 확인하기 위하여 체계적인 절
    차를 사용하도록 지도한다.

(6) 교장은 교사들이 수업활동을 하는데 필요한 자원을 확보하는 것을 도
    와준다.

(7) 교장은 정기적으로 학급을 방문한다.

(8) 교장은 교육과정 프로그램을 평가한다.

(9) 교장은 개혁적인 교육과정 프로그램을 시도한다.

(10) 교장은 명확한 훈육지침을 세워 안전하고 질서있는 학교분위기를 조
     성한다.

DeRoche(1987)는 효과적인 학교들에서 교장들이 좋은 수업지도성을 행사한다고 보았다. 효과적인 학교의 교장들은 교사와 학생의 성취에 대해 높은 기대를 가지고 있고, 수업 프로그램에 대한 지식과 이해를 지니고 있으며, 교사들로 하여금 학생들의 기본 학습에서의 성취도를 책임지도록 하며, 교사들 가까이에서, 교실 문제를 진단하거나, 수업을 개선하기 위하여 지도·조언을 한다고 하였다. 10가지 교장의 효과적인 수업지도성 요소를 다음과 같이 제시하였다.

(1) 수업지도자로서 교장은 학업을 강조한다.

(2) 수업지도자로서 교장은 수업을 지도·조언한다.

(3) 수업 지도자로서 교장은 교사의 활동을 평가한다.

(4) 수업 지도자로서 교장은 교직원 능력개발을 위해 노력한다.

(5) 수업 지도자로서 교장은 팀 개발자(team builder)가 되고, 협동적
    의사결정을 도모한다.

(6) 수업 지도자로서 교장은 학생 평가체제를 구축한다.

(7) 수업 지도자로서 교장은 표준화되고 공통의 교육과정을 개발한다.

(8) 수업 지도자로서 교장은 수업에 관한 자원인사가 된다.

(9) 수업 지도자로서 교장은 수업에 대한 표준을 설정한다.

(10) 수업 지도자로서 교장은 효과적인 수업 관리자가 된다.

Andrews, Basom, & Basom(1991)은 궁극적으로 학생들의 학업성취 향상을 초래할 수 있는 진정한 의미의 수업지도성을 행사하는 교장은 (1) 자원 제공자의 역할, (2) 수업 자원인사의 역할, (3) 의사소통자의 역할, (4) 가시적인 존재(visible presence)의 역할 등을 해야 한다고 보았다. 수업지도성의 전형적인 활동은 장학인 바, 장학을 사전협의, 수업관찰, 사후협의 등의 과정을 거치는 제한된 의미로 보는 것을 탈피하여, 장학을 교장과 교사들 사이의 인간적인 상호작용의 총체로 이해하는 것이 필요하다는 것이다.

Kleine & Kracht(1993)는 수업지도성을 학생들의 학습을 증진시키기 위해 취해지거나 위임된 모든 행동을 의미하는 것으로 보았다. 이러한 행동에는 직접적 행동과 간접적 행동이 모두 포함된다. 전형적으로 직접적 행동은 (1) 교육목적에 관한 의사소통, (2) 비전 및 과업의 설정, (3) 목표의 명료화, (4) 표준의 설정, (5) 학생과 교사의 성취 모니터링하기, (6) 좋은 성취 인정하거나 보상하기, (7) 교직원 능력개발하기, (8) 기술적인 도움 제공하기, (9) 효과적인 프로그램 실행하기, (10) 학습에 필요한 자원 확보하기, (11) 교육과정 계획하기, (12) 수업 편성하기 등이다. 간접적 행동은 (1) 수업을 위한 물리적 및 문화적 조건 조성하기, (2) 교직원들의 지도성 개발하기, (3) 자원 확보하기, (4) 학교체제 유지하기 등을 포함하는 것으로 보았다.

Duke(1982)는 6가지 수업지도성의 기능을 제시하였다. (1) 교직원 능력개발: 교직원 채용, 현직교육 활동, 교직원 동기부여 등 포함, (2) 수업의 지원: 교수−학습 활동을 증진하기 위해 설계된 다양한 활동 포함, (3) 자원의 확보와 배분: 수업 요구를 충족시키기 위한 교직원 투입과 노력에 대한 신뢰

포함, (4) 질 관리: 목표가 달성되도록 보장하는 활동, 이 4가지 기능은 수업의 효과성과 직접적으로 관련이 있는 것으로 밝혀졌다. 다른 2가지 수업지도성 기능은 (5) 조정: 상반되는 목적 혹은 중첩된 활동이 일어나지 않도록 하기 위해 필요한 행동, (6) 문제 해결: 문제를 예상하고 해결하기 위한 활동 등이다. Duke는 이러한 6가지 기능을 바탕으로 수업지도자로서 교장의 효과성을 평가하기 위해 다음의 〈표Ⅱ-1〉과 같은 매우 상세한 평가기준을 제시하였다. Duke는 교장의 수업지도성을 넓은 관점에서 보고 있다.

교장은 수업지도성을 발휘하는 과정에서 교사들이 수업을 얼마나 잘 하고 있는지를 감독하는 행정적인 역할과 수업의 질을 개선시키고자 지원하고, 분석하고, 비평하는 장학적인 역할을 모두 수행할 수 있다. 그리고 흔히 두 역할 사이에서 갈등적인 상황에 처하기도 한다. 그러나 수업지도성의 궁극적인 목표는 수업의 개선에 있다.

〈표Ⅱ-1〉 교장의 수업지도성 기능에 대한 평가 기준

수업 지동성의 기능	1. 교장은 유능한 교사를 채용하기 위한 계획을 가지고 있는가? 2. 교직원들은 현직교육 활동에 참여하도록 격려되고 있는가? 3. 정기적인 현직교육 기회를 제공하기 위한 계획이 수립되어 있는가? 4. 교직원들이 현직교육에 관한 의사결정에 참여하는가? 5. 교장은 교사들로 하여금 지도성을 발휘하도록 격려하는가? 6. 교사가 수업목표 달성에 어려움을 느낄 때, 교장은 도와주는가?
교직원 능력개발	1. 교장은 교사들이 사무처리, 기록, 학급경영 등에 소비하는 시간을 최소화하기 위해 노력하는가? 2. 교장은 교실 수업 방해를 최소화하기 위해 노력하는가? 3. 교장은 교사들이 학급경영 목표를 뚜렷하게 하고, 학급경영 계획을 발달시키도록 교사들을 격려하는가? 4. 교장은 학생들의 결석을 최소화하기 위해 노력하는가? 5. 교실 수업에 방해가 되지 않도록 각종 행사들의 일정이 신중하게 계획되는가?

교직원 능력개발	6. 교사, 학생, 학부모들이 학교의 규칙과 정책들을 알도록 하기 위해 정규적인 노력이 이루어지고 있는가? 7. 학교의 규칙들은 정기적으로 검토되는가? 그리고 불필요한 규칙들은 폐지되는가?
수업의 지원	1. 자원은 교사들의 참여를 통하여 배분되는가? 2. 학급들 간에서뿐만 아니라 학급 내에서도 자원이 공정하게 배분되도록 노력하고 있는가? 3. 교장은 학교와 교육청의 예산 개발에 참여하는가? 4. 교장은 장학담당자들과 긴밀한 관계를 유지하고 있는가? 5. 수업기자재 구입을 위한 예산이 다른 학교와 비교하여 적절한가? 6. 교장은 추가적인 재원을 확보하기 위해 노력하는가? 7. 교사들이 수업 첫날에 순조로운 학습활동을 위해 필요한 수업기자재를 가지고 있는가?
자원의 확보와 배분	1. 학교는 분명한 교육 목적과 목표를 지니고 있는가? 2. 교장은 교직원들이 학교의 교육 목적과 목표를 인식하도록 하기 위해 노력하는가? 3. 교장은 교육 목적과 목표들이 성취되고 있는지를 알아보기 위해 노력하는가? 4. 교장은 교직원들과 학생들에게 높은 기대를 전달하기 위해 노력하는가?
자원의 확보와 배분	5. 교직원들은 교장에 대해 높고 일관된 기대를 가지고 있고, 그런 기대를 분명하게 전달하고 있는가? 6. 교장은 교직원들과 학생들의 성취도를 알아보기 위해 노력하는가? 7. 교장은 규칙적으로 교실을 방문하고 교사들을 만나는가? 8. 학생이 기대되는 성취를 못했을 때 적절한 조치가 취해지는가? 9. 의도되지 않은 부정적 결과들을 평가하기 위한 조치가 평가계획에 포함되어 있는가?
질 관리 조 정	1. 교장은 각 부서의 기능을 규칙적으로 검토하는가? 2. 교장과 교직원들은 학교의 하부 부서간의 중복을 최소화하기 위해 노력하는가? 3. 교장은 교직원들이 다른 사람들의 활동과 계획을 알도록 하기 위해 노력하는가?

질 관리 조　　정	4. 교장은 효과적인 조정을 위해 교감과 부장들에게 계획 수립을 위한 시간을 주는가? 5. 교장은 체계적인 계획 수립을 위해 노력하며, 교직원들에게 계획 수립을 위한 시간을 주는가?
문제 해결	1. 문제가 발생하기 전에 교직원들이 문제를 예상하도록 하기 위해 교장이 노력하는가? 2. 우발적인 사태에 대한 계획이 각 부서와 교실에 수립되어 있는가? 3. 교직원, 학생, 지역사회 정서에 대해 정확한 정보를 얻기 위해 교장은 적절한 정보 출처를 활용하는가? 4. 가능한 문제의 근접한 원천으로부터 자료를 얻기 위해 노력하는가? 5. 교장은 교육청 정책에서 어떤 변화의 징후를 사전에 알기 위해 노력하는가? 6. 발생된 문제들을 처리하기 위해 무슨 조정 장치가 존재하는가? 7. 교직원들은 갈등 해결전략에 대해 교육을 받는가? 8. 교장이 교직원들을 적극적으로 문제해결에 참여시키는가?

자료: Duke, Daniel(1982). Leadership functions and instructional effectiveness. Bulletin of the National Association of Secondary School principals, 66, 3-11. DeRoche(1987) pp.63-65에서 재인용.

우리나라에서 수업지도성에 대한 본격적이고 체계적인 연구는 노민구와 이석렬에 의하여 수행되었다. 노민구(1994)는 수업지도성을 광의의 개념으로 즉, 교사의 수업을 관찰하고, 피드백하는 임상장학은 물론, 수업을 지원·통제하는 학교목표 설정, 교수·학습집단의 조직, 학교 교육과정 편성, 수업활동의 지원, 교사직능 개발, 면학풍토 조성과 아울러 교수·학습성과를 평가하는 활동도 포함하는 것으로 사용하였다. 그는 교장의 수업지도성 행위를 다루고 있는 연구들에서 공통적으로 발견되는 문제점이 수업지도성 행위의 단순한 열거에 그치고 그러한 행위들이 어떠한 상호관련을 가지고 체계적으로 일어나는가를 보여줄 수 있는 이론적 틀을 제시하지 못하고 있다고 보았다.

이석렬(1997)은 수업지도성을 교장이 의도적으로 교수−학습 개선에 초점을 두고 행하는 직접적인 수업개선 및 수업평가 활동과 이를 뒷받침하는 간접적인 학교비전 제시 및 수업지원 활동으로 보았다. 그는 수업지도성 행위의 구성 요소에 대한 외국 학자들의 견해를 종합해서 학자들간에 공통적으로 지적된 항목을 중심으로 교장의 수업지도성을 직접적인 수업지도성과 간접적인 수업지도성으로 구분하고, 직접적인 수업지도성 행위의 구성 요소로서 (1) 수업개선 활동(수업프로그램 개선, 수업관찰, 직원개발), (2) 수업평가활동(학생성적 평가, 교사평가, 평가결과 활용)을 포함시켰다. 간접적인 수업지도성 행위의 구성 요소로서 (3) 학교비전 제시(교육목표 설정, 높은 기대, 의사소통), (4) 수업지원 활동(자원제공 및 물품관리, 면학분위기 조성, 학부모와의 관계, 동료적 관계성 확립)를 포함시켰다.

 이상과 같은 외국과 국내의 연구자들이 제시한 수업지도성의 개념과 구성 요소에 대한 주장을 종합해 보면, 교장의 수업지도성을 좁은 의미로 해석할 때에는 교수—학습활동의 질을 향상시켜 학생들의 학업성취도를 높이기 위해, 교장과 교사간에 직접적으로 상호 접촉하는 수업장학 활동이나 수업평가 활동에 국한하는 의미가 있다. 그러나 넓은 의미로 해석할 때에는 수업장학 활동이나 수업평가 활동과 같이 직접적인 활동뿐만 아니라, 효과적인 교수—학습활동이 이루어질 수 있도록 적절한 교육목표와 교육계획을 설정하고, 교육과정 조직을 편성·운영하고, 교수—학습 환경과 여건을 조성하고 지원하는 활동도 수업지도성에 포함된다고 하겠다. 일반적으로 교장의 직무를 학교경영의 실제를 감안하여 영역별로 분류하여 보면, 대체로 (1) 학교경영 계획 영역, (2) 교육과정 운영 영역, (3) 자율장학 운영 영역, (4) 교직원 인사관리 영역, (5) 학교관리 영역(시설관리, 재무관리, 사무관리), (6) 학교경영 개선 활동 영역, (7) 지역사회와의 관계 영역 등으로 구분할 수 있다(황정규 외, 1995). 이러한 직무 중에서 수업지도성과 직접적으로 연관되는 직무는 학교경영 계획, 교육과정 운영, 자율장학 운영, 학교경영 개선 활동 영역 등이며, 수업지도성과 간접적으로 연관되는 직무는 교직원 인사관리, 학교관리(시설관리, 재무관리, 사무관리), 지역사회와의 관계 영역 등으로 볼 수 있다.

 주삼환 외(1999)는 대전지역 중등 교사를 대상으로 하여, 학교의 조직문화와 교장의 수업지도성이 학생의 학업성취도에 미치는 영향을 규명하여 학교정책에의 적용을 위한 시사점을 탐색하고자 연구를 추진하였다. 교장의 수업지도성은 교사를 매개로 학생의 학업성취도를 향상시킨다는 제한적인 관점에서가 아니라, 포괄적으로 교장과 교사가 공유하는 학교의 조직문화와의 관계 속에서 교장의 수업지도성이 학생의 학업성취도에 미치는 효과를 밝히고자 하였다. 효과적인 교수−학습을 위한 수업개선 활동과정에서 발휘되는 교장의 수업지도성을 직접적 수업지도성과 간접적 수업지도성으로 구분하였다. 전자에 해당하는 행위로 수업개선 활동과 수업평가 활동, 후자에 해당하는 행위로 학교비전 제시와 수업지원 활동 등을 설정하였다. 연구결과, 첫째, 중학생의 학업성취는 수업개선 활동과 수업평가 활동과 같은 교장의 직접적인 수업지도성 행동에 의해서 영향을 받는 것으로 나타났다. 구체적으로 교장의 수업개선 활동은 학업성취에 긍정적인 영향을, 교장의 수업평가 활동은 학업성취에 부정적인 영향을 준다는 것이다. 둘째, 고등학생의 학업성취는 수업지원 활동과 같은 교장의 간접적인 수업지도성 행동에 의해 영향을 받는 것으로 나타났다. 셋째, 수업지도성은 학교의 조직문화보다 학생의 학업성취도에 더 커다란 영향을 미치는 것으로 나타났다.

3. 수업지도성 개발을 위한 과제

수업 지도성 개발을 위한 과제로 다음과 같이 7가지로 살펴볼 수 있다(김정한, 2002).

1) 학교의 사명과 비전의 명확한 제시

효과적인 학교가 되기 위해서는 학교가 궁극적으로 추구하는 목적을 중심으로 자원과 노력이 집중되도록 지도성이 발휘되어야 한다.

2) 수업개선에 초점을 둔 수업장학의 활성화

수업지도자의 가장 중요한 역할은 교수–학습을 조장시켜 주는 것이다. 수업장학을 통하여 교사의 수업상황을 관찰, 분석, 평가하여 교사에게 필요한 조언과 지원을 제공해야 한다.

3) 수업지도자의 전문성 훈련의 강화

수업지도성의 전문화를 위해서는 교수–학습 개선을 유도할 수 있는 전문가를 체계적으로 양성하는 제도적 장치가 있어야 한다.

4) 교육현장을 자주 방문하는 비형식적 지도의 강화

교육현장을 관찰하고 교사들과의 많은 대화를 통해 필요한 피드백을 제공해주는 비형식적 지도를 통해 수업개선에 기여할 수 있다.

5) 수업지도성 개발 풍토 조성

교육의 질적 수월성을 보장받기 위해서는 효율성을 추구하는 행정가보다 유능한 수업지도자가 더 높이 평가받을 수 있는 풍토가 조성되어야 한다.

6) 수업관련 요인들 간의 통합성을 유지시키는 변형적 지도성 개발

수업지도성은 학교의 교육목표 달성을 위하여 상호협력을 통해 학교체제의 모든 구성요소들이 밀접하게 상호작용할 수 있도록 유도해 나가야 한다.

7) 수업지도성 평가체제 개발

교육행정가에 대한 평가제도를 수립하여 수업지도성에 대한 효과를 통합적이고 신뢰롭게 평가해야 한다.

참고 문헌

김동석(2002). 학교환경 변화와 교장의 리더십. 교육개발(131). 26-31.

노민구(1997). 수업지도성 방해요인에 대한 교장의 인식 조사. 지방교육경영, 2(2), 111-127.

이석열(1997). 학교조직문화·교장의 수업지도성·교사의 전문적 수용권의 관계. 충남대학교.

이윤식(2002). 교장의 수업지도성에 관한 최근 연구와 시사. 한국교원교육연구, 19(2), 31-55.

주삼환 외(1999). 학교문화, 수업지도성 및 학업성취도간의 관계분석에 따른 학교정책의 적용 가능성 탐색. 교육행정학연구, 17(4), 167-193.

Andrews, Richard L., Basom, Margaret R., & Basom, Myron(1991). Instructional leadership: Supervision that makes a difference. *Theory into practice, 30(2)*, 97-101.

Blase, Joseph.(1987). Dimensions of effective school leadership: The teachers' perspective. *American Educational Research Journal, 24(4)*, 589-610.

Blase, Joseph & Roberts, J.(1994). The micropolitics of teacher work involvement: Effective principals' impacts on teachers. *Alberta Journal of Educational Research, 40(1)*, 67-94.

DeRoche, Edward F.(1987). An Administrator's guide for evaluating programs and personnel: *An effective schools approach(2nd ed.).* Boston: Allyn and Bacon.

Duke, Daniel(1982). Leadership functions and instructional effectiveness. *Bulletin of the National Association of Secondary School Principals, 66*, 3-11.

Glickman, Carl D.(1985). *Supervision of instruction: A developmental approach*. Boston: Allyn & Bacon.

Glickman, Carl D.(1992). *Supervision in transition. Alexandria*, VA: ASCD.

Gordon, S. P.(1997). Has the field of supervision evolved to a point that it should be called something else? In J.Glanz & R.F.Neville(Eds.), *Educational supervision: Perspectives, issues, and controversies*. Norwood, MA: Christopher-Gordon, 114-223.

Greenfield, W.(1987). *Instructional leadership: Concepts, issues, and controversies*. Boston: Allyn and Bacon.

Hallinger, P., & Heck, R.H.(1996b). Reassessing the principal's role in school effectiveness: A review of empirical research, 1980-1995. *Educational Administration Quarterly*, *32(1)*, 5-44.

Keefe, J. W., & Jenkins, J. M.(Eds.).(1984). *Instructional leadership handbook*. Reston, VA: National Association of Secondary School Principals.

Kleine, P. & Klacht, P.(1993). Indirect instructional leadership: An administrator's choice. *Educational Administration Quarterly*, *29(2)*, 187-212.

Larsen, T.(1987). Identification of instructional leadership behavior and the impact of their implication on academic achievement. *Paper presented at the annual meeting of the American Education Research Association*, Washington, DC.

Leithwood, K.(1994). Leadership for school restructuring. *Educational Administration Quarterly*, *30(4)*, 498-518.

Pajak, E & Glickman, C. (1989). Informational and controlling language in simulated supervisory conference, *American Educational Research Journal, 26(1)*.

Pajak, E.(1993). *Approaches to clinical supervision: Alternatives for improving instruction.* Norwood, MA: Christopher-Gordon.

Schon, D.A.(1988). Coaching reflective teaching. In P.P. Grimmett & G.F. Erickson(Eds.), *Reflection in teacher education.* New York: Teachers College Press, 19-30.

Sheppard, B.(1996). Exploring the transformational nature of instructional leadership. *Alberta Journal of Educational Research, 42(4),* 325-344.

Smith, W., & Andrews, R.(1989). *Instructional leadership: How principals make a difference.* Alexandria, VA: Association for Supervision and Curriculum Development.

3장 수업장학

1. 수업장학의 개념과 기능

가. 수업장학의 개념

수업장학(Instructional Supervision)은 교수-학습의 질 향상에 중점을 두며, 민주적이고, 객관적이며, 합리적인 절차와 방법에 따르는 장학의 필요성에 의해서 대두된 것이라 할 수 있다. 하지만 수업장학의 개념이나 방법 등에 관해서는 학자들 간의 접근 방법이 다양하여 일치된 의견이 없다. 다음의 〈표Ⅲ-1〉은 외국의 학자들의 수업장학에 대한 개념 정의의 예이다.

〈표Ⅲ-1〉 외국에서 사용되는 수업장학에 대한 개념 정의

학 자	개 념
Lovell (1967)	학생의 학습을 용이하게 하고, 조직의 목적을 성취하기 위하여 교사의 행동에 직접적으로 작용하는 형식적인 조직 활동
Harris (1975)	학교가 인적, 물적 자원을 유지 또는 변화시켜 학생들의 학습을 향상시키기 위해서 교수 과정에 직접적으로 작용하는 일
Willes & Lovell (1983)	교사와의 상호 작용을 통하여 학생에게 부여되는 학습 기회를 준비하고 실현하는 것을 유지, 변화, 개선하기 위하여 어떤 조직이 형식적으로 제공하는 활동
Glickman (1990)	장학담당자가 교사의 발달 정도에 따라 적절한 방식으로 직접적 지원, 교육과정 개발, 교직원 개발, 집단 개발, 현장 연구를 지원하는 가운데 교사의 요구와 조직의 목적을 충족시켜 궁극적으로 학생의 학습 향상을 가져오기 위한 활동
Blase & Balse (2002)	집합적이고 민주적인 과업을 통해 학생 성취와 교사 개발, 교육 평등을 증진시키는 활동

이상과 같은 수업장학의 개념들 속에, 각기 또는 공통적으로, 중요하게 포함되고 있는 요소들을 살펴보면 다음과 같다(고영희 외, 1983).

첫째, 수업장학은 학생들의 학습을 용이하게 하고 개선하기 위한 것이다.

둘째, 수업장학은 교사의 수업 행동에 직접적으로 영향을 미쳐 교사의 수업 행동을 개선하는 활동이다.

셋째, 조직의 필요에 의해 조직이 공식적으로 인정하는 의도적이며, 목적적이며, 계획적인 활동이다.

이상의 내용을 토대로 수업장학은 교사의 수업기술을 향상시키기 위한 목적으로 장학담당자가 개별적으로 체계적인 방법에 의해 이루지는 장학활동으로 교사의 수업기술과 수업방법의 전문적 발달을 추구하는 활동으로 정의할 수 있다.

수업장학에 대한 여러 학자들의 개념을 정리해 볼 때 대체로 수업장학이라는 용어는 교내장학과 같은 의미로 보는 경우와 교사의 수업기술과 방법을 향상시키기 위한 체계적인 장학활동으로 보는 두 가지 경우로 쓰임을 알 수 있다.

따라서 수업장학은 교사, 학생, 수업과 근접하여 실질적인 장학활동을 통해 학교 현장의 여러 가지 문제들을 직접적으로 고민하고 해결방법을 모색해 나가는 활동이라고 할 수 있다. 지금까지의 학교현장의 수업장학은 수업자가 필요로 하는 부분을 도와주기보다는 장학자의 관점에서 일방적으로 지시·전달하여 평가하는 방식으로 이루어져 왔다. 다음의 〈표Ⅲ-2〉는 우리나라에서 사용되는 수업장학의 개념을 종합하여 정리한 것이다.

이는 교사들의 교직 생활 전반에 걸쳐 계속적으로 성장하고 발달할 수 있도록 조력하는 교사들의 필요와 요구를 바탕으로 한 다양하고 개별적인 성격의 장학활동으로 전환되어야 할 것이다.

또한 장학담당자들의 수업개선에 대한 이해부족, 수업장학을 주관하는 학교장의 지도성 및 전문성 부족, 과업중심의 전시효과적 장학, 교사의 전문성 개발 부족 등은 해결해야 할 과제로 남아 있다.

<표Ⅲ-2> 우리나라에서 사용되는 수업장학

학 자	개 념
고영희 (1983)	학생의 학습을 향상시키는 것을 목적으로 조직이나 장학담당자가 직접적으로 교사의 수업기술과 수업방법의 개선을 위해서 제공하는 계획적인 활동
변영계 (1984, 1997)	대상과 영역을 교사에 국한하고 교수·학습과정에서 교사의 수업행위나 기술을 향상, 주로 교실을 중심으로 교사와 1 : 1의 관계 속에서 진행
강영삼 (1994)	학교에서의 교수·학습과정활동을 성공적으로 성취할 수 있도록 교사를 지도·조언하는데 초점, 교내장학과 같음
조병효 (1995)	학생의 학습을 향상시키고 학교의 교수·학습과정을 유지 또는 개선하기 위하여 교사의 교수행위에 직접적으로 영향을 줄 수 있도록 학교가 공식적으로 제공하는 제반활동
주삼환 (1997)	수업개선으로 학생의 성취를 높이고자 교육과정과 학습환경, 교사의 교수행위에 직접적으로 영향을 주는 교육활동
이윤식 (2001)	직접적으로 교사의 수업기술과 방법의 개선을 위하여 제공되는 체계적인 장학활동

나. 수업장학의 기능

1) 수업장학의 역할 및 과업

수업장학은 교수(instruction)의 질 향상과 학교 교육의 성공을 목적으로 한다. 집합적이고 민주적인 과업을 통해 학생 성취와 교사 개발, 교육 평등을 증진시키는 것을 목적으로 한다.

Glickman(2002)의 수업장학의 역할은 다음과 같이 요약할 수 있다(최희선·윤기옥, 1997).

첫째, 장학은 교사로 하여금 자신의 일을 개별적인 활동으로 인식하는 것이 아니라 서로를 보완하고 강화하는 집단 과정의 활동으로 생각하게 한다.

둘째, 장학은 교사의 효능감(sense of efficacy)을 향상시킬 수 있다. 교사는 학교 밖의 영향에도 불구하고 자신이 학생들을 효과적으로 가르칠 수 있다고 여길 수 있게 한다.

셋째, 장학을 통해 교사들은 공동의 목적을 성취하기 위하여 노력하고 서로를 보완하는 방법을 배우게 된다. 서로 수업하는 것을 관찰하고 자료를 함께 이용하고 서로 기술을 배우고 서로를 돕는 방법을 배울 수 있다.

넷째, 장학은 교사들이 공동의 목적과 행동을 계획하도록 자극할 수 있다. 교사들에게는 다른 사람들을 지도하고 도우며 학교 전체의 수업에 대한 의사결정을 하고 교직원 개발을 계획하고 교육과정을 개발하며 현장 연구를 할 책임을 줄 수 있다.

다섯째, 장학은 교사가 앞으로의 수업에 비추어 현재의 수업을 평가하고 반성하고 바꿀 수 있는 기회를 제공한다. 그 결과로 보다 다양한 수업과 추상적인 사고가 가능해질 것이다.

Blase와 Balse(2002)는 Glickman의 수업장학의 과업을 다음의 다섯 가지 틀로 설명하였다.

첫째, 직접적인 지원이다. 이는 교실·수업 관찰, 피드백, 반성적 대화를 통해서 교수(instruction)의 향상을 돕는 일이다. 이 과정에서 장학담당자의 회의에서 상호작용, 평가구조와 과정, 교사에 대한 교장의 영향, 수업실제 등이 고려되어야 한다.

둘째, 집단개발(group development)이 있다. 그 목적은 과업을 단독으로 혹은 경쟁적으로 수행하는 것보다 동료적 집단으로 수행할 경우 성취가 향상되는 것을 돕기 위함이다.

셋째, 교육과정개발(curriculum development)이다. 이는 적합한 교육과정의 목적, 내용, 조직 그리고 포맷을 선별하기 위해 교육자들이 집합적 작업을 하는 것을 의미한다(Glickman, 2001).

넷째, 전문성 개발(professional development)이 있다. 이는 학교에서 교육의 질을 향상시키기 위해 교육자들에게 제공하는 계속교육을 의미한다.

다섯째, 현장 연구(action research)가 있다. 현장연구는 학교 수준의 교수 향상을 위한 종합적인 과업이다. 학교 현장의 교육자들에 의해 수행되어진 연구를 의미한다.

2) 수업장학의 기능

수업장학은 직접적으로는 교사의 수업의 질 향상을 돕고, 간접적으로 학생의 학습을 향상시키는 것이다. Lovell과 Wiles(1983)는 수업장학의 기능을 다음과 같이 7가지로 제시하였다.

가) 목표전개

학교는 교육성과에 대한 사회의 기대를 잘 파악하지 않으면 안된다. 사회는 변하고 교육에 대한 기대도 변하므로 교육목표도 변화하지 않을 수 없다. 따라서 이에 대처하기 위해 교사, 교육행정가 및 장학담당자가 협동하는 과정이 수업장학의 한 기능이 되어야 할 것이다.

나) 교육과정개발

바람직한 교육성과를 성취하기 위해서는 교육과정의 계획, 실행, 평가를 위한 노력이 정부수준, 학교수준, 학생수준에서 다같이 이루어져야 한다. 학교는 국가, 지방자치단체, 학생과 지역주민의 기대와 요구를 충족하기 위하여 교육과정을 계획하고 운영하며 개선해야 하며 교육과정 전개는 교실과 학생수준에서 일어나므로 교육과정 전개의 1차 책임은 교사들에게 있는 것이다.

다) 조 정

교사 집단은 고도로 전문화되고 유능한 개인으로 구성된 집단이지만 결코 독립적으로 행동할 수 없고 학교체제의 조정된 일부분으로서 개인의 능력을 최대한 발휘하지 않으면 안된다. 학교조직의 목적을 달성하기 위해서는 전문

교사 집단간의 조정이 필요하다. 조정은 의사소통을 통해 이루어질 수 있기 때문에 장학담당자는 개별 구성원이 공동목표 달성을 위해 적극적으로 참여할 수 있도록 광범위하고도 자유로운 의사소통의 채널을 마련해야 한다.

라) 동 기

학교조직에 있어 교사집단이 학생들을 위한 열의와 의지가 강할 때 학교교육 목표는 쉽게 달성될 수 있다. 따라서 장학담당자는 교사와의 좋은 관계를 통해서 그들의 사기를 높여 조직목표를 달성하려는 동기를 증대시켜 주어야 한다.

마) 교사들에 대한 직접적인 지원과 원조

교사와 장학담당자들이 함께 수업계획을 검토하고 또한 무엇이 계획되고 실행되고 성취되었는가에 관하여 관찰하고 분석하는 일은 앞으로의 수업방향을 위한 토대로 마련해 주므로 중요한 수업장학의 기능이다.

바) 전문성 개발

교사들이 전문성을 발휘하여 수업지도 기술을 향상시키도록 하여야 하며 그러기 위해서는 연수 기회의 제공 및 확대가 필요하다.

사) 교육성과에 대한 평가

교육조직은 사회의 하위조직이기 때문에 사회가 필요로 하는 것, 사회가 요청하는 것을 충족시키고 있는지 그 결과를 평가하지 않으면 안 된다. 그런데 이 평가는 개별 학생수준, 교실수준, 학교수준, 교육행정기관 수준에서 이루어져야 한다. 평가의 결과는 앞으로의 개선 발전과 추가자원의 필요를 정당화하는 수단으로 활용될 수 있다.

다. 수업장학과 현직교원교육과의 관계

현직교원교육은 우선 직전교원교육과 대비되는 개념이다. 즉 직전교원교육이 교직에 입문하기 전 준비 과정의 교육이라면, 현직교원교육은 교직에 입문한 이후 이루어지는 제반 교육을 가리킨다.

OECD(1982)에서는 현직교원교육을 '학교의 교사 및 행정가들이 학생들을 더 효과적으로 가르치기 위해 전문적 지식, 기술, 태도 등을 향상시키는 전문적 발달(staff development) 과정'으로 정의하고 있고, 서정화(1994: 188-189)는, 직전교육의 미비 내지 결함을 보완하는 것, 새로운 지식, 기능, 태도 등을 습득하는 것, 전문가로서 지속적인 연찬 등을 현직교원교육으로 보았다.

교직에 입문한 이후 이루어지는 현직교원교육은 현직연수, 현직교육, 교원연수, 교직원 개발, 전문적 개발, 교원재교육, 계속교육 등 다양한 불려지고 있다(이윤식, 유현숙, 최상근, 1993: 19). 따라서 넓은 의미로의 현직교육은 교원이 교직에 입문한 이후 이루어지는 직·간접의 모든 교육활동을 가리킨다. 장학 역시 넓은 의미로는 현직교육에 포함될 수 있다.

현직교원교육은 동서양을 막론하고 상당히 오랜 역사를 가지고 있으며, 매우 다양한 관점을 가지고 다양한 형태로 수행되어져 왔다. 즉 각 시대나 지역에 따라 독특한 방식으로 현직교원교육이 실시되어져 왔는데, 현직교원교육이 상대적으로 주목을 덜 받는 풍토 등의 영향으로 뚜렷한 현직교원교육 모형이 지배하지는 않았던 것으로 보인다(Wise & Darling-Hammond, 1985: 28-33; Wade, 1985; Showers, Joyce, & Bennett, 1987). Sparks & Loucks-Horsley(1990: 234-250)는 기존의 다양한 현직교원교육 논의를 종합 정리하여 현직교원교육 모형 5가지를 제안한 바 있는데 다음과 같다.

1) 훈련 모형(training model)

훈련 모형에서는 '교사들에게는 본받을 만한 행동이나 기법이 있다'라는 것을 기본 가정으로 한다. 즉 교사들이 본받아야 할 행동이나 기법을 반복과 연습을 통해 교사들로 하여금 습득하게 하는 것이 훈련 모델의 기본 특징이다. 이 훈련 모형에 의하면 체계적이고 잘 짜여진 훈련 프로그램이 중요하며, 프로그램의 계획 단계에 교사들이 참여하면 훈련의 효과를 높일 수 있다. 이 훈련 모형은 목표 성취를 강조하는 전형적인 교수자 중심의 모형이기도 하다.

2) 관찰—평가 모형(observation / assessment model)

관찰—평가 모형에서는 교사들의 교육활동에 대한 관찰, 평가를 통해 교사들의 전문성 향상 및 질적 성장을 추구한다. 이 모델에서는 교사들의 교육활동에 대한 관찰, 평가, 분석을 중시하는데, 전문적인 관찰, 평가, 분석을 통해 각 교사들의 전문성 향상을 도모한다. 이 모형에 의하면, 교사의 가르치는 활동은 관찰, 평가의 대상이 되어야 하며, 관찰, 평가를 통해 교사의 교수활동의 향상을 가져 올 수 있다. 그리고 관찰의 신뢰성을 높이기 위하여, 관찰의 범위를 좁히고, 관찰 전에 상호 협의를 하며, 교사의 인지수준에 따른 피드백 등이 필요하다고 본다. 이 모형이 실제 현직교원교육에 많이 적용되고 있기는 하나, 학생들의 성취도 향상에도 효과가 있는지에 대해서는 아직 명확한 결론을 내지 못하고 있다.

3) 발달 과정 모형(development / improvement process model)

발달 과정 모형에서는 개발 및 발달의 과정을 중시한다. 즉 이 모형에서는 교사들이 개발 및 발달 과정에 참여함으로써 의미 있는 학습을 할 수 있다고 본다. 예를 들어, 교사들이 학교에서 커리큘럼 개발 과정이나 학교 발전 프로젝트에 참여함으로써 중요한 지식이나 기술 등을 습득할 수 있다고 본다. 이 모형에 의하면, 교사들이 개발이나 발달 과정에 참여하게 되면, 알거나 해결하고자 하는 동기가 강화되어 교사들의 학습 효과가 높아진다.

4) 개인주도 발달 모형(individually guided staff development model)

개인주도 발달 모형은 '교사들은 스스로 배운다'라는 가정을 기반으로 하고 있다. 즉 교사들은 성인학습자인 전문가로서 스스로 학습하는 특성을 가지고 있다고 보고, 각 개인 교사들이 자신들의 전문성 향상을 위해 스스로 노력하는 측면을 강조한다. 따라서 이 모델에서는 교사교육 역시 각 교사들의 개별적 학습활동을 촉진하는 방향으로 이루어진다. 이 모형에 의하면, 성인은 자기주도적 학습을 하며, 자신의 삶을 기반으로 문제를 해결해 나가는 학습자이다. 그리고 성인학습자는 배우고자 하는 동기와 내용이 다 다르기 때문에, 개별적인 필요와 동기에 따라 교육이 이루어져야 한다고 본다.

5) 탐구 모형(inquiry model)

탐구 모형에서는 연구자로서의 교사의 역할을 강조한다. 교사들이 스스로 연구를 수행하거나 혹은 연구 과정에 참여함으로써 자신의 교육활동과 관련하여 의미 있는 것들을 습득할 수 있을 뿐만 아니라 연구 결과를 자신의 교육활동에 직접 적용할 수 있게 된다는 것이다. 그리고 이 모델에서는, 교사들의 교육활동 과정에서의 문제는 스스로 탐구하고 해결해 가는 것이 가장 최선의 방법이라고 여긴다.

이 모형들은 어느 정도 역사적 발달단계를 보여 주는데, 대체적으로 80년대 이전까지는 훈련 모형이나 관찰-평가 모형이 주류를 이루었고 최근에 와서는 개인주도 발달 모형이나 탐구 모형이 많이 적용되고 있는 실정이다.

프랑스 현직교육에서는, 교사들로 하여금 학교의 변화에 잘 적응하고 스스로 전문성 향상을 위해 노력할 것을 강조하고, 아울러 교육체제의 변화 및 현대화를 동시에 추구하고 있다(이윤식 외, 1993: 119). 프랑스 교육부에서도 현직교원교육에 많은 관심과 노력을 기울이고 있는데, 프랑스 교육부가 제시하고 있는 현직교육을 통해 길러야 할 교사의 전문적 능력은 다음과 같다(한민주, 1998: 169-194).

〈초등교사의 능력〉

　-초등교육과정에 있는 모든 교과목의 내용을 숙지하여 가르칠 수 있다.
　-2내지 12세 어린이 집단의 학습을 조직하고 이끌어 갈 수 있다.
　-이질적인 학생들로 구성된 학급을 관리할 수 있다.
　-학교급 간의 연계성과 차별성을 잘 이해할 수 있다.
　-다양한 사회, 경제, 문화적 환경에 적응할 수 있다.
　-교육행정직 및 교원단체와 협력할 수 있다.
　-자신의 전문적 역량의 향상을 위하여 노력한다.

　미국의 경우, 현직교원교육이 강조되는 맥락이 미국교육의 위기, 특히 학생들의 성취도 하락과 밀접하게 연관되어 있다(Wood & Kleine, 1987). 즉 학생들의 성취도를 높이기 위해서는 교사들의 질 향상이 필수적인 요소라는 것이다. 현직교원교육 역시 이러한 방향과 맥락 속에서 이루어지고 있다.

　그리고 미국에서 현직교원교육은 교원들의 원활한 교육활동 수행을 위해 권한을 위임하는 권한위임(teacher empowerment)과 함께 병행되어 추진되고 있다(Clark, Hong, & Schoeppach, 1996: 595-599). 교사에 대한 권한위임은 교사들이 스스로 자신의 세계를 변화시킬 힘을 가지고 있다고 느낄 때 교사들의 자기효능감이 높아진다라는 가정을 바탕으로 한다. 따라서 교사에 대한 권한위임은 교사 스스로 자신의 최선의 방법을 터득하고 역량을 개발할 수 있도록 도와주며, 수업과 관련된 학교의 의사결정과정에 교사들을 참여시키는 등 교사들의 주체의식과 전문성 향상을 지향하는 방안이라고 할 수 있다.

　일본의 경우는 교실붕괴나 교육 황폐화 등 심각한 교육문제로 인해 교육개혁 움직임이 촉발되었고, 이러한 교육문제들을 잘 해결하고 극복하고자 하는 방향으로 현직교원교육의 초점이 맞추어지고 있다. 영국이나 독일, 프랑스 등은 현직교원교육에 있어 교원들의 자율성이 상당히 보장되기는 하지만, 현직교육의 방향 설정 및 프로그램 구성이나 운영에 있어 각 나라에서 추구하는 학교개혁이나 교육개혁의 취지들이 적극 반영되고 있다.

각 나라에서 현직교원교육이 강조되기 시작한 맥락을 보면, 현직교육 내부적인 요인보다 사회변화 등의 외부적인 요인들이 더 많이 작용했다고 볼 수 있다. 즉 교육개혁이나 학교개혁의 필요성에 의해 개혁의 방향이 먼저 정해지고, 이 개혁을 잘 이루기 위한 핵심 요인으로 교원교육을 보기 때문에, 현직교원교육은 교육개혁이나 학교개혁과 밀접한 연관을 맺게 되는 것이다. 교육개혁이나 학교개혁에 교원이 갖는 의미나 중요성을 고려해 볼 때, 교육개혁이 강조되면 될수록 현직교원교육은 더욱 중요해질 것이며, 교육개혁이나 학교개혁과의 연계도 더욱 강화될 것으로 보인다.

2. 수업장학의 유형

가. 임상장학

1) 임상장학의 발달과정

임상장학(clinical supervision)은 1950년대 중반에 Harvard 대학의 Cogan 과 그의 동료들에 의해 비사범대학 출신의 교사들을 위한 교사교육 프로그램 (Master of Arts in Teaching: MAT)을 운영하면서 만족도가 낮은 교사교육 프로그램을 개선하기 위해 처음으로 개발되었다. 그 후 Cogan의 제자인 Goldhammer 가 MIT 프로그램을 새로운 상황에 적용하여 임상장학의 발달을 촉진하였다. Cogan 은 1973년에 자신의 임상장학 프로그램 운영 결과를 토대로 "Clinical supervision" 이라는 저서를 출판하여 임상장학의 일반화에 기여하였다.

임상(clnical)이라는 용어는 원래 병리(pathology)란 말을 의미하나 장학에서는 교사와 장학담당자의 대면적인 관계와 교실에서 교사의 실제적인 수업활동에 초점을 두고 있다는 의미에서 임상이라는 용어를 사용한다.

우리나라에서는 임상장학의 이론이 1980년대에 도입되어 발달하였으며, 한국교육개발원 연구팀, 주삼환, 장이권 등이 임상장학에 관한 연구를 수행하여 소개하였으며 특히 주삼환(2000)은 수업현장에서 대면적인 1 : 1의 관계에 의해 이루어지는 임상장학이 모든 장학의 기본이 된다고 제시하였다.

윤기옥(2000)은 임상장학의 패러다임의 변화를 발생시기, 강조점을 중심으로 다음의 〈표Ⅲ-3〉과 같이 4기로 구분하였다.

<표Ⅲ-3> 임상장학의 패러다임의 변화과정

발생시기	1960년대 말~ 1970년대 초	1970년대 말~ 1980년대 초	1980년대 초~ 1980년대 중반	1980년대 중반~ 1990년대 초
발달과정	초기 임상장학	인간중심적·예술적 임상장학	전문 기술적·교훈적 임상장학	발달적·반성적 임상장학
관련학자	Goldhammer Cogan	Blumberg Eisner	Acheson & Gall HunterJoyce & Showers	Glickman Schon Garman

2) 임상장학의 특징

임상장학의 특징은 아래의 <표Ⅲ-4>와 같이 정리할 수 있다.

<표Ⅲ-4> 임상장학의 특징

임상장학의 특징	• 교사의 수업기술 향상이 주된 목적이다. • 지시적, 권위적(전통적 장학) 장학이 아니라 민주적, 교사 중심적인 장학이다. • 장학담당자와 교사간의 동료관계(colleagueship relationship)를 중시한다. • 장학담당자와 교사간의 대면적 관계와 상호작용을 중요시한다. • 교실 내에서의 교사의 수업행동에 초점을 두고, 교사의 자발적인 노력을 강조한다. • 수업분석에 중점을 둔 언어적 상호작용과정이다. • 장학의 초점은 실패에 대한 비난보다는 건설적인 분석과 수업의 성공적인 형태의 강화에 있다. • 관찰전 협의회, 수업 관찰, 분석과 전략, 장학 협의회, 장학 협의회 분석 과정을 거친다.

위의 임상장학의 특징을 종합하면 임상(Clinical)이라는 용어는 교실 내에서 이루어지는 교사의 수업행동에 초점을 두고, 교사와 장학담당자간의 대면적(Face-to-Face) 관계가 중요함을 나타낸다.

3) 임상장학의 개념

임상장학의 대한 개념 정의는 학자에 따라 과정에 초점을 두느냐 혹은 개념에 초점을 두느냐에 따라 조금씩 차이가 있다. 임상장학에 대한 정의를 정리하면 〈표Ⅲ-5〉와 같이 정리할 수 있다.

〈표Ⅲ-5〉 학자에 따른 임상장학의 개념 정의

학 자	개념 정의 내용
Cogan (1973)	• 교사가 교실에서 수업의 질을 향상시키기 위한 이론과 실제를 의미한다. 교실에서 일어나는 학생과의 상호작용을 분석하고, 장학담당자와의 대면적인 관계를 통해 교사의 교수행동을 개선시켜줌으로써 학생들의 학습을 향상시키기 위해 설계되는 수업계획, 절차, 방법의 토대가 된다.
Sergiovanni & Starratt (1973)	• 교사의 전문성과 수업의 질을 향상시키는 목적을 갖고 교사와 장학담당자가 보통 교실에서 만나 상호작용을 하는 과정
Goldhammer & Anderson (1980)	• 장학담당자가 교사의 교수행위를 실제 관찰을 통해 자료를 입수하고 교수행위 분석을 분석하여 교사와의 대면적인 상호작용이 이루어지는 활동
한국교육개발원 (1983)	• 교사의 전문적 자질과 수업의 질을 개선하기 위해서 교사와 장학담당자가 직접 만나 의견을 교환하면서 교사의 교수행동을 분석·평가·환류하는 활동
Acheson & Gall(1987)	• 교사의 수업개선에 목적을 두고 (1)계획협의회→(2)수업관찰→(3)환류협의회 3단계로 이루어지는 장학의 모형
주삼환 (1988)	• 장학담당자와 교사의 1 : 1의 친밀한 관계 속에서 (1)수업계획협의회→(2)수업관찰→(3)피드백 협의회 과정을 거쳐 문제를 해결하고, 교수기술을 향상시키는 방법

이상의 국내외 학자들의 임상장학에 대한 정의를 종합하면 임상장학은 교사의 교수학습의 질을 개선하기 위하여 장학담당자와 교사의 사전협의와 장학담당자의 수업을 관찰을 통해 교수행위를 분석·평가·피드백을 제공하여 교사의 교수기술을 향상시키는 활동으로 정의할 수 있다.

4) 임상장학의 모형들

임상장학의 과정에 관한 국내외 학자들의 모형을 정리하면 〈표Ⅲ-6〉과 같다.

〈표Ⅲ-6〉 임상장학의 모형

학자	Cogan	Reavis & Go-ldhammer	Acheson & Gall	한국교육 개발원	주삼환	장이권
모형	• 교사와 장학담당자와 관계수립 • 교사와 협의를 통한 수업계획 작성 • 수업관찰 전략수립	• 관찰전 협의회	• 계획 협의회	• 사전 협의회	• 계획 협의회	• 관찰전 협의회
	• 수업관찰	• 수업관찰	• 수업 관찰	• 자료 수집	• 수업 관찰	• 수업 관찰
	• 교수학습 과정분석 • 교사와 협의회 전략 수립 • 교사와의 협의회 • 새로운 계획 수립	• 전략 • 장학협의회 • 장학협의회 분석	• 피드백 협의회	• 분석 및 전략 수립 • 사후 협의회 • 적용 • 평가	• 피드백 협의회	• 관찰후 협의 • 수업개 선 방안 설정 • 평가

가) Cogan의 임상장학 모형

위에 제시된 〈표Ⅲ-6〉에서처럼 Cogan(1973)은 임상장학의 과정을 〔그림 Ⅲ-1〕과 같이 8단계의 순환과정으로 제시하였다.

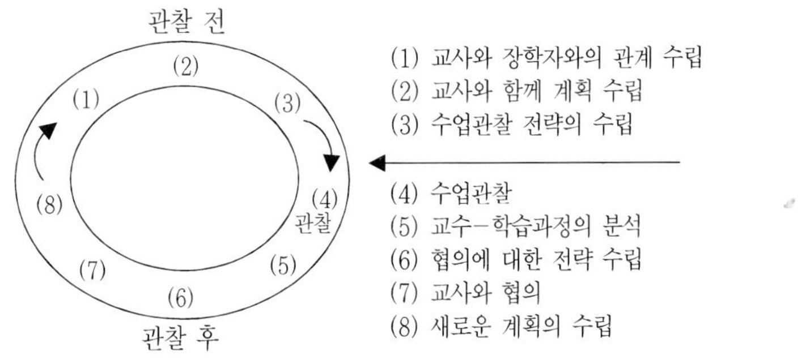

[그림Ⅲ-1] 임상장학의 순환과정

자료: 김정한(2002). 장학론. 서울: 학지사. 289.

〔그림Ⅲ-1〕에서처럼 Cogan은 임상장학의 과정을 (1)~(3)은 관찰전 단계, (4)는 관찰 단계, (5)~(8)은 관찰 후 단계로 구분하였다.

나) Goldhammer의 임상장학 모형

Goldhammer는 임상장학의 과정을 위의 〈표Ⅲ-7〉에서처럼 (1) 관찰전 협의, (2) 교실 관찰, (3) 분석과 전략의 탐색, (4) 장학협의회, (5) 협의 후 분석의 과정으로 〔그림Ⅲ-2〕와 같이 제시된다.

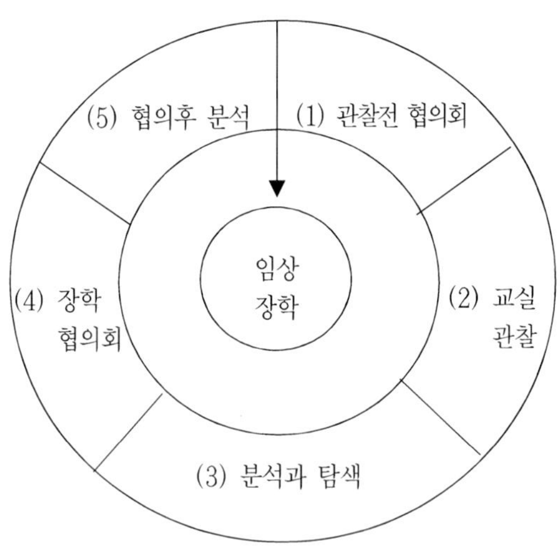

[그림Ⅲ-2] 임상장학의 과정

자료: 김정한(2002). 장학론. 서울: 학지사. 288.

다) 한국교육개발원의 임상장학 모형

이윤식(1999)은 계획수립, 수업관찰, 환류협의의 3단계로 요약하여 〔그림Ⅲ-3〕과 같은 임상장학의 모형을 제시하였다.

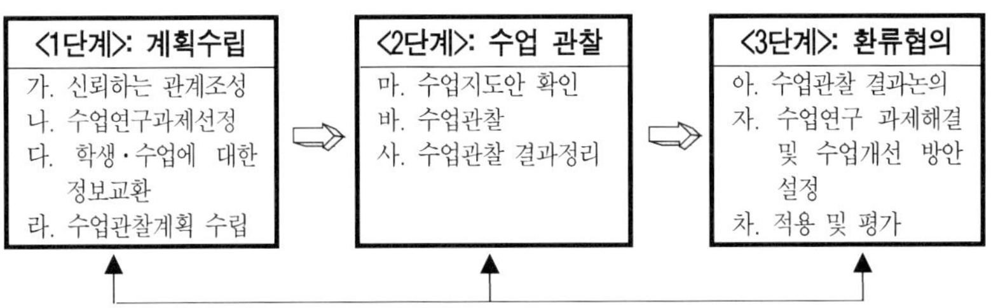

① 계획수립 단계

계획수립 단계에서는 장학담당자와 교사간에 상호 신뢰를 토대로 허용적인 관계를 형성하고, 교사의 필요와 요구에 따라 수업연구 과제나 수업개선 과제를 확인·선정한다. 과제 해결을 위한 개략적이고 잠정적인 방안을 논의하며 수업에 관한 정보를 교환하고 수업관찰을 위한 사전계획을 수립한다.

㉮ 신뢰하는 관계 조성

임상장학의 특징 및 절차에 관한 이해를 높이고 교사와 장학담당자 간에 신뢰하고 부드러운 관계를 조성하기 위하여 오리엔테이션을 갖는다. 평상시에 자체연수를 통하여 교사들로 하여금 임상장학의 개념·영역·형태·과정 등에 관하여 충분한 이해를 갖도록 한다.

교장·교감은 평상시에 전문적 권위와 인간적 권위를 토대로 합리적이고 민주적인 지도성을 발휘함으로써 교사들과 신뢰로운 관계를 맺을 수 있도록 노력해야 한다.

장학담당자는 교사에게 편안한 분위기를 만들어 주도록 노력한다. 가능한 한 협의·연구할 수 있는 별도의 쾌적하고 안락한 장소에서 협의를 갖는다.

㉯ 수업연구(개선) 과제 선정

교사가 수업과 관련하여 연구해 보고자 하는 사항이나 수업개선을 위해 도움이 필요한 사항이 있으면 이를 장학담당자에게 설명하고 의견을 교환한다. 교사는 연구과제나 도움이 필요한 사항을 확인하기 위하여 수업활동에 대한 자기평가를 실시해 볼 수 있다. 장학담당자와 교사는 수업연구 과제 또는 수업개선 과제를 구체화하고, 이의 개괄적·잠정적인 해결·개선 방안에 대하여 협의한다.

다음의 〈표Ⅲ-7〉은 수업연구 과제를 구체화한 것이다.

〈표Ⅲ-7〉 구체화한 수업연구 과제

과제명	구체적 내용
①교재연구	• 교재연구의 심도(연구방법, 연구의 충실도, 학생능력 고려 정도) • 수업안 작성체제 및 내용(학습의 계열화, 학급실정 고려정도, 체제와 내용) • 본시의 전개안(목표 진술, 시간 배분, 목표 성취)
②기본교수법	• 교사의 태도(언어, 자세, 안정감) • 교사의 지도력(설명, 발문, 시범) • 판서의 요령(필체, 사전계획, 구조화)
③기본학습법	• 학습용구 준비 및 사용요령(준비, 사전지도, 사후지도) • 학습자의 자세 및 학습참여(수용적 자세, 성실한 참여, 자진 참여) • 발표력(발표의욕, 발표요령, 발표능력)
④지도과정	• 출발점 행동 고르기(출발점 수준, 개인능력 고려, 배울 내용 제시) • 동기유발 및 문제의식(동기화, 문제해결 촉진, 방법의 적절성) • 교재의 특질에 따른 지도과정(과정의 적정성, 계획의 대안, 학생활동)
⑤학습형태 및 활동	• 집단화와 개별화의 조화(인적 구성, 분위기 적응, 개인학습 속도) • 개인차의 고려(개인의 의욕과 능력, 개인활동, 저해요인 제거) • 집단학습 구성 및 활용(응집력, 목표접근, 협응활동)
⑥자료활용	• 자료의 준비도(색채·질량·형태, 자료의 효과, 안전성) • 자료의 효율성과 활용도(준비, 효율성, 동기유발) • 학습환경의 조성(물리적 환경, 공간 활용, 수업 분위기)
⑦정리발전	• 본시학습 내용의 환류 및 정리(학습성취 고려, 개인차 고려, 강화 정리) • 차시학습 계획 및 발전(학습흥미 유발, 학습자료 계획, 학습사항의 발전방법) • 예습과제 및 발전적 과제 제시(능력, 해결시간, 과제의 적절성)
⑧학력정착	• 형성평가(시기, 측정의 정확도, 결과 환류) • 학력의 성취도와 정착도(도달수준, 성취도의 분석, 결과 활용) • 전이가가 높은 지식 및 기능 획득(지식, 기능, 전이 확인)

자료: 한국교육행정학회(1995). 장학론. 도서출판 하우, 137.

㉰ 학생·수업에 대한 정보교환

교사가 담당 학생들의 학습능력, 학습태도, 학습 의욕 등을 비롯한 학생에 대한 제반 사항을 장학담당자에게 설명하고, 의견을 교환한다.

교사가 그간의 수업진도, 수업내용, 수업방법 등을 비롯한 수업에 대한 제반 사항을 장학담당자에게 설명하고, 의견을 교환한다. 이와 같이 학생과 수업에 대한 정보와 의견을 교환함으로써 교장·교감 등 장학담당자가 앞으로 관찰하게 될 학생과 수업에 대한 사전 지식과 이해를 갖게 된다.

㉱ 수업관찰 계획수립

교사와 장학담당자는 관찰할 수업의 목표, 내용, 방법 등을 포함한 수업계획에 관해 협의한다. 수업관찰의 시기는 수업지도안 작성에 필요한 시간적 여유를 고려하여 1~2주 정도 후로 하면 될 것이다.

교사와 장학담당자는 관찰내용(무초점관찰·초점관찰, 관찰내용의 우선순위 등), 관찰기록방법(서술식 기록, 약어 부호 사용 기록, 체크리스트 기록, 녹음기·녹화기 사용 등), 관찰시기·시간, 관찰장소, 관찰위치 등에 관해 협의한다.

수업관찰 계획은 서면으로 정리하여 상호 확인토록 하고 수업관찰시 장학담당자가 참고한다. 녹음기나 녹화기(VTR 카메라)를 사용할 경우에는 관련 기자재와 보조요원의 확보에 대하여 협의한다.

그리고 환류협의에 대한 계획(시간, 장소, 참석자, 절차 및 방법 등)을 논의한다.

② 수업관찰

제2단계인 수업 관찰에서는 교사와 장학담당자가 작성된 수업지도안을 검토하여 전개될 수업활동의 전반적인 과정에 대한 이해를 높인 후, 교사는 수업지도안에 따라 수업을 실시하고, 장학담당자는 이미 수립된 수업관찰 계획에 따라 수업을 관찰하여 연구과제 해결 또는 수업개선을 위한 구체적이고 객관적인 자료를 수집한다. 장학담당자는 수업관찰 결과를 분석·정리하여 차후 환류 협의를 위한 자료를 작성한다.

㉮ 수업지도안 검토

장학담당자는 계획 수립 이후 교사가 구체화시킨 수업지도안을 검토하고 필요한 경우 교사의 설명을 듣는다. 장학담당자와 교사는 계획 수립단계에서 작성한 수업관찰 계획을 재확인한다.

㉯ 수업관찰

수업관찰 계획에 따라 장학담당자는 수업을 관찰·기록한다. 관찰방법은 관찰내용을 중심으로 할 때 무초점관찰과 초점 관찰로 구분된다. 무초점 관찰에서는 수업의 전반적인 사항에 대하여 관찰을 하게 된다. 반면 초점관찰에서는 사전에 협의된 몇 가지 사항을 중점적으로 관찰하게 된다.

관찰기록방법은 다음의 방법들을 개별적으로 또는 복합적으로 사용하게 된다.

첫째, 관찰된 사항을 서술식으로 기록하는 방법이다. 이는 전체적인 기록방법과 부분적인 기록방법이 있다. 전체적인 기록방법은 교사와 학생의 모든 언어를 기록하는 방법이고, 부분적인 기록방법은 교사와 학생의 특정한 형태의 언어만을 기록하는 방법이다. 예를 들면 교사의 발문, 교사의 학생에 대한 환류방법, 교사의 지시와 구조적인 진술 등에 한하여 부분적으로 기록하는 것이다.

둘째, 관찰된 사항을 약어나 부호를 사용하여 기록하는 방법이다.

이는 학생들의 과업집중 상태를 기록하는 학생들의 과업집중도 기록법, 교사와 학생들 간의 언어적 상호작용 형태를 기록하는 언어흐름 기록법, 교사와 학생들 간의 언어적 상호작용 형태를 기록하는 Flanders의 상호작용 분석법 등이 있다.

셋째, 관찰된 사항을 체크리스트를 사용하여 기록하는 방법이다.

이는 학교형편에 따라서 자체 개발한 다양한 체크리스트를 사용하여 수업관찰 결과를 기록하는 방법이다.

넷째, 녹음기·녹화기(VTR카메라)를 사용하는 방법이다. 이것은

전체 수업과정을 녹음·녹화하는 방법이나 관찰중점 또는 수업개선 자료로서 가치 있는 부분을 부분적으로 녹음·녹화하는 방법을 선택적으로 사용할 수 있다. 가능하면 교수-학습이론과 임상장학에 익숙한 동료교사가 녹음·녹화를 담당하면 효과적이다. 녹음·녹화 담당자가 없는 경우에는 녹화기 받침대를 설

치하여 이를 활용할 수 있을 것이다. 녹음·녹화자료는 수업분석의 객관적 근거 자료, 교사의 자기수업 분석자료, 그리고 자체연수자료로 활용될 수 있다.

장학담당자가 주의할 점은 계획수립 단계에서 교사와 협의하지 않는 행동은 하지 않도록 해야 한다. 특히 수업 중에 교사와 학생들에게 불안감, 불쾌감, 심적 부담감을 주는 발언, 신체적 동작, 표정 등은 하지 않는 것이 좋다. 장학담당자의 관찰기록 행위는 가급적 교사와 학생들의 주의를 끌지 않도록 조심스럽게 이루어져야 한다.

㉡ 수업관찰 결과 정리

장학담당자는 관찰한 결과를 정리하여 차후 환류협의회에 대비한다. 그리고 장학담당자는 교사의 수업연구(개선) 과제와 관련하여 추가적인 정보나 자료를 준비한다.

③ 환류협의

제3단계인 환류협의에서는 수업관찰 결과를 중심으로 하여 장학담당자와 교사 간에 상호협동적인 논의를 통하여, 수업연구과제의 해결·개선 또는 수업개선을 위한 방안을 설정한다. 그리고 설정된 방안을 실제 수업에 적용·평가해 보기 위하여 2차 수업관찰을 계획하거나, 혹은 교사 스스로 자기적용·자기평가의 노력을 하도록 유도·격려한다. 또한 설정된 방안의 일반화를 위한 노력과 수행된 장학활동에 대한 평가가 시도된다. 환류협의는 가능한 한 수업 실시·관찰의 기억이 생생한 수업관찰 직후에 갖도록 한다.

㉮ 수업관찰 결과 논의

교사는 장학담당자와 수업관찰 결과에 대한 논의를 시작하기 전에 먼저 자신의 수업에 대한 개략적인 자기평가·자기반성을 함으로써 수업관찰 결과 논의를 위한 의제를 정리해 본다.

장학담당자와 교사는 수업관찰 자료(기록물, 녹음테이프, 녹화테이프)를 중심으로 상호 협동적이고 동료적인 분위기에서 수업의 만족스러운 점과 개선이 요구되는 점에 관해 논의한다. 보다 많은 환류가 가능하도록 학생들을 대상으로 수업내용, 수업방법, 교사의 강의 스타일 등에 관한 의견조사를 실시할 수도 있다.

장학담당자는 교사 스스로 자신의 수업개선을 위한 아이디어를 끌어내도록 도와주고 격려한다.

㉯ 수업 연구과제 해결 및 수업개선 방안 설정

장학담당자와 교사는 수업 연구과제의 해결·개선 또는 수업개선을 위한 방안을 설정한다. 그리고 장학담당자는 교사의 수업 연구과제의 해결·개선 또는 수업개선과 관련하여 교사에게 계속적인 도움을 제공할 수 있는 방법에 대하여 의견을 교환한다.

㉰ 적용 및 평가

수업 연구과제의 해결 또는 수업개선을 위해 설정된 방안을 실제 수업에 적용·평가해 보기 위하여 가능하면 2차 수업관찰을 계획하거나, 교사 스스로 자기적용·자기평가의 노력(자기장학의 노력)을 하도록 유도·격려한다.

설정된 수업 연구과제 해결 및 수업개선 방안의 일반화와 전파를 위한 노력(자료 정리·배포, 자체연수시 발표, 또는 각종 교외 연수회·대회 참석 발표 등)과 수행된 장학활동의 전체 과정에 대한 평가·반성을 시도한다.

그리고 논의된 주요 내용(계획협의 내용, 수업관찰 결과, 수업 연구과제 해결, 수업개선 방안, 적용·평가의 계획 및 결과 등)은 서면으로 정리하여 차후 수업개선이나 장학활동 개선에 참고한다.

아울러 이러한 임상장학의 모형을 통해서 임상장학의 효과를 증대하기 위해서는 다음과 같은 사항을 고려해야한다(이윤식, 2002).

첫째, 교사와 장학담당자는 상호 신뢰를 바탕으로 동료적 관계를 형성해야 한다.

둘째, 교사가 교수-학습과정에서 중점을 두어야할 부분과 추후 협의 시간에 보고해야 할 것을 사전에 통제해야 한다.

셋째, 교사는 교수활동에 실제적으로 영향을 주는 것을 통제해야한다.

넷째, 임상장학의 과정은 3개월에서 한 학기 동안 계속적으로 진행되어야 한다.

다섯째, 장학담당자는 교사와의 상호작용에 초점을 둔 비판단적 관찰자료를 교사에게 제공하여야 한다.

여섯째, 교사와 장학담당자는 반성적 과정을 통해 임상과정에 임해야 한다.

라) 주삼환의 임상장학 모형

주삼환(1988)은 Acheson & Gall의 3단계 모형에 토대를 두고 목적과 방법을 추가하여 〔그림Ⅲ-4〕와 같이 임상장학의 단계별 목적과 방법을 구체화하였다.

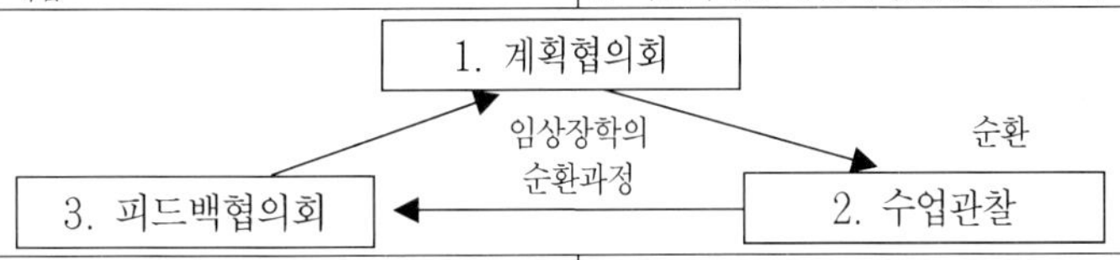

<table>
<tr><td>

〔목적〕
1. 래포(rapport)의 형성
2. 수업관찰의 목적과 기능 설정
3. 수업 관찰할 측면에 대한 협의
4. 관찰 중 사용할 절차개관
5. 관찰 중 장학자와 교사가 수행할 역할확인
6. 피드백협의회의 목적과 성격을 결정
7. 수업관찰과 피드백협의회에 대한 교사의 질문
   에 대답

</td><td>

〔방법〕
1. 수업에 대한 교사의 관심 확인
2. 교사의 관심을 관찰가능한 행동으로 바꾸기
3. 교사의 수업개선을 위한 절차 확인
4. 교사로 하여금 자기개선의 목표를 설정하도
   록 돕기
5. 수업관찰의 시간 결정
6. 기록할 관찰도구와 관찰행동을 선정하기
7. 자료기록을 위한 수업장면을 명료화하기

</td></tr>
</table>

<table>
<tr><td>

〔목적〕
1. 수업상황에 대한 지각과 그 이유에 대한 이해
2. 수업문제에 대한 가능한 해결책 탐색
3. 수업개선의 행동계획의 설계와 합의
4. 교사의 수업개선시 진전상황 검토

〔방법〕
1. 객관적 관찰자료에 의해 교사에게 피드백
2. 교사의 추측과 의견, 느낌을 끌어내기
3. 대안적 수업목적, 방법, 이유를 고려하도록 교
   사를 격려하기
4. 교사에게 연습과 비교의 기회를 제공하기

※ 비지시적 교사중심 장학협의회 방법
1. 많이 경청하고 덜 말하기
2. 교사가 말하는 것을 인정, 의역, 사용하기
3. 명료화하는 질문
4. 교사의 성과와 성장에 대해 구체적 칭찬
5. 직접적 조언을 피하기
6. 언어적 지지를 하기
7. 교사가 느끼고 있는 것을 인정하고 사용하기

</td><td>

〔방법〕
1. 교사의 장점과 개선 필요영역을 확인·진단
2. 학생학습을 손상시키는 상황을 관찰
3. 수업에 관한 객관적 자료의 수집

〔방법〕
A. 부분적인 정확한 기록방법
   1. 교사의 발문
   2. 교사의 피드백 방법
   3. 교사의 지시와 구조적 진술
B. 좌석표의 관찰 기록
   1. 과업집중
   2. 언어흐름
   3. 이동양식
C. 광각렌즈방법
   1. 일화기록
   2. 녹음·녹화기록
D. 체크리스트
   1. 교사 이미지 질문지
   2. 학생관찰 조사
   3. 교사 스타일에 대한 학생의 지각
   4. 문답식 수업
   5. 강의─설명식 수업
   6. 시간선에 따른 기록

</td></tr>
</table>

[그림Ⅲ-4] 임상장학의 순환과정

마) 임상장학 훈련 프로그램

Boyan & Copeland(1978)는 임상장학 훈련을 위한 수업장학 훈련 프로 그램(Instructional Supervision Training Program, ISTP)을 개발하 였다. 이 프로그램은 장학담당자와 교사가 교실 수업에 초점을 두고 일어날 수 있는 상황을 〔그림Ⅲ-5〕와 같이 5장면, 10단계의 과정으로 제시하였다

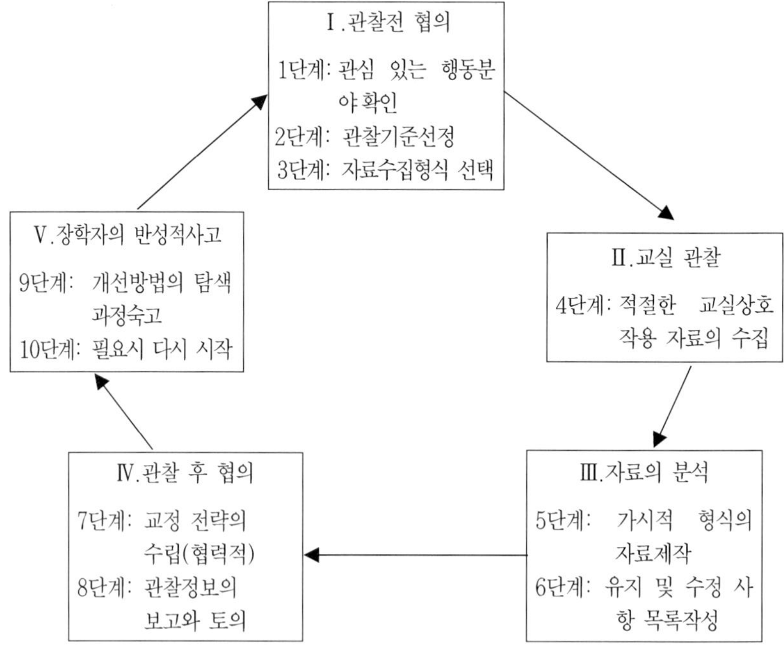

[그림Ⅲ-5] 수업장학 훈련 프로그램(ISTP)

자료: Don M. Beach & Judy Reinhartz(2000). Supervisory Leadership: Focus on instruction. Needham Heights, MA: Allyn and Bacon. 134. 김정한(2002). 재인용.

ISTP과정을 통해 교사들은 수업행위 개선과 변화를 자기주도적으로 이끌어 나 가게 된다. 장학담당자로부터 제시된 자료들을 교사들의 분석을 통해 수업의 구체 적인 문제들이 평가, 분석, 해결방법을 마련할 수 있게 된다. 이러한 순환과정을

통해 장학담당자와 교사는 협력적, 신뢰적, 동료적 관계로 발전되어 나가게 된다.

나. 동료장학

1) 동료장학의 필요성

임상장학을 할 경우 전문적인 임상장학 훈련을 받은 교사와 체계적으로 임상장학을 할 시간적인 여유가 많이 필요하다. 하지만 학교현장의 여건으로는 면대면의 관계를 통해 임상장학을 할 체계적인 시간과 임상장학 담당자가 부족하므로 동료교사들 간에 부담이 적으며 교사의 요구에 따라 융통성을 발휘하여 실시할 수 있는 동료장학이 더욱더 필요한 것이다.

아울러 교사들의 전문성이 신장되면서 교수활동에 대해서도 스스로 통제하려는 요구가 증가하고 있다. 교사들은 장학담당자보다는 동료교사들에게 자연스럽고 쉽게 협조를 요청할 수 있으며 동료교사들은 수업개선을 위하여 다른 교사를 돕는 일을 자연스럽게 받아들이고 있다. 부장교사, 경력교사, 교사 상호 간에 이루어지는 동료장학은 매우 직접적이고 실제적인 효과가 있는 장학 과정이 될 수 있는 것이다.

2) 동료장학의 특징

동료장학의 특징을 다음과 같이 요약할 수 있다(한국교육행정학회, 1995).
가) 교사들의 자율성과 협동성을 기초로 한다.
나) 동료들 간에 동료적인 관계 속에서 서로 가르치고 배우는 활동이다.
다) 학교의 형편과 교사들의 필요와 요구에 기초하여 다양하고 융통성 있
　　게 운영된다.
라) 교사들의 전문적 발달뿐 아니라 개인적 발달, 그리고 학교의 조직적
　　발달까지 도모할 수 있다.

3) 동료장학의 개념

다음의 〈표Ⅲ-9〉는 여러 학자들의 동료장학에 관한 개념을 정리한 것이다.

<표Ⅲ-9〉 학자에 따른 동료장학 정의

학 자	개념 정의 내용
Sergiovanni(1988)	• 둘 이상의 교사가 서로 수업을 관찰하고 관찰한 내용에 관해 상호 피드백을 제공하며, 상호 관심사에 관해 토의함으로써 전문적 성장을 도모하는 공식화된 과정
이윤식(1993)	• 동료교사들간에 그들의 교육활동의 개선을 위하여 공동으로 노력하는 과정
Glatthorn(1994)	• 교사들의 전문성 신장을 위해 함께 일하기를 동의하고, 서로 관찰하고 조언하며 전문적 관심사를 토의해 나가는 협동적 과정
김정한(2002)	• 수업개선을 위하여 교사들이 상호 협력하여 상호의 전문성과 경험을 함께 나눔으로써 교수능력의 향상과 교사 상호 간의 협동적 인간관계를 통해 상호존경과 지지, 이해와 도움을 줄 수 있는 활동

동료장학(peer supervision, collegial supervision)은 교사들이 행정가에 의한 장학활동보다는 동료교사와 협동적으로 장학활동을 하는 것을 선호하기 때문에 동료장학을 통한 수업개선이 충분히 가능하다고 하겠다.

4) 동료장학의 장점

Alfonso와 Goldsberry(1987)는 동료장학을 실시함으로써 얻을 수 있는 장점은 다음과 같다.

첫째, 수업개선을 위해 교사들이 공동으로 협력함으로써 학교의 인적자원을 최대한 활용할 수 있다.

둘째, 교사들에게 수업개선 전략 실천에 대한 책임감을 부여함으로서 교사들로 하여금 수업개선에 크게 기여할 수 있다는 인정감과 성취감을 갖게 할 수 있다.

셋째, 성공적인 수업개선은 적극적인 동료관계를 증진시켜 궁극적으로 학생들의 학업성취에서 긍정적인 영향을 줄 수 있다.

5) 동료장학의 유형

동료장학의 유형은 어디에 초점을 두느냐에 따라 다양하게 분류될 수 있다. 여기에서는 김영식 · 주삼환의 분류와 윤기옥의 분류를 소개하고자 한다.

가) 김영식 · 주삼환의 동료장학의 분류

동료장학은 초임교사와 경력교사가 팀을 이루거나 동학년 · 동교과 단위로 팀을 이루어 공동연구를 통해 문제를 해결하는 등 여러 가지 형태로 이루어질 수 있다. 다음의 〈표Ⅲ-10〉은 김영식과 주삼환(1992)이 제시한 것을 요약한 것이다.

<표Ⅲ-10〉 김영식 · 주삼환의 동료장학의 유형 분류〉

유 형	내 용
비공식적 관찰 · 협의	• 교사의 요구에 따라 수업을 관찰하고 피드백을 제공하여 문제점에 대해 협의하는 방법
초점 관찰－자료제공	• 교사가 관심을 갖는 내용에 초점을 맞추고 수업관찰 도구에 의해 수업을 관찰하여 관찰자료를 수업자에게 전달하여 수업자 스스로 분석이나 평가를 하는 방법
소규모 현직연수위원회	• 3-5명의 교사들이 소집단을 구성하여 집단의 요구를 분석한 후에 교육과정 및 수업을 관찰 · 분석하고, 관찰자료에 근거하여 피드백을 제공하며, 관찰기록을 공유하여 현직연수를 목표를 달성하는 방법

유 형	내 용
팀티칭	• 교사들이 팀을 구성하여 강점을 살리고 약점을 보완하여 수업을 관찰하고 피드백을 제공하는 방법
임상장학에 의한 동료장학	• 교내 동료교사들끼리 임상장학의 방법을 적용하여 실천함으로써 임상장학의 효과를 거두는 방법
동료코치	• 둘 이상의 동료 전문 교사들이 현재의 교육 실천을 반성하고, 새로운 교수 기술을 습득하기 위해, 동료 상호 간에 가르치고 연구하면서 협동적으로 노력하는 방법
동료 연수회	• 교내 직원연수회에 외부 강사를 초청하는 대신 학교 내의 동료 교사를 활용하여 강의, 실기연수를 실시하고 좋은 수업이나 문제의 수업장면을 담은 자료를 구해서 함께 시청한 다음 토의하는 방법

나) 윤기옥의 동료장학의 분류

윤기옥(1995)은 동료장학의 유형을 〔그림Ⅲ-6〕과 같이 연속체 상에 놓고, 학교 발전을 위한 수단으로 수업에 대한 과학적·기술적 접근을 강조하는 동료 코칭을 다른 한쪽에는 자신의 일에 대한 교사의 지식과 이해의 향상을 강조하는 사회적·상호작용적 관계와 반성적 과정의 개발을 강조하는 동료자문을 놓았다.

자율성 자문				처방 코칭
4 조직개발　반성적 수업과 　　　　　개혁	3 수업의 세부 조정과 반성	수업모형	2 교수효과성 기술	1 교수원칙

[그림Ⅲ-6] 동료장학의 유형

위의 〔그림Ⅲ-6〕에서 제시된 연속체는 수업의 의사결정 면에서 교사의 자율성과 관련하여 오른쪽에서 왼쪽 즉 1에서 4로 갈수록 자율성이 증가하는 것을 볼 수 있다.

이는 다시 〈표Ⅲ-11〉과 같이 외국의 사례를 통해 네 가지 형태로 분류할 수 있다. 아래의 외국 동료장학 사례들의 공통점은 성공적인 교직원 개발을 위해서는 교육, 연습, 추수 지도, 수업 시간의 면제 및 다른 형태의 지원이 요구된다는 것이다(윤기옥, 1995). 아울러 이러한 외국의 사례들을 통해 우리나라 상황에 적합한 동료장학 프로그램 개발을 위한 관심과 노력이 필요하다.

〈표Ⅲ-11〉 윤기옥의 동료장학의 유형 분류

유 형		내 용
동료 코칭	교수원칙 중심	• 학습과 교수는 학생용 프로그램의 핵심적인 것을 파악하고, 학생의 행동을 변화시키기 위해 조작하고 원하는 행동을 강화할 것을 교사에게 요구하는 기술적이며 합리적인 행동으로 제시 • Madeline Hunter의 ITIP(Instructional Theory Into Practice)프로그램이 대표적인 예이다.
	교사효과성 중심	• 기술 획득에 초점을 맞추고 교사중심의 수업전략을 강조하여 수업기술을 연습하고 교정 • Carol Cummings의 TET(Teacher Effectiveness Training)프로그램이 대표적인 예이다.
수업모형 중심 동료코칭		• 수업이론을 절충하여 한 교사가 한 모형의 독단으로부터 벗어나 다양한 모형을 습득하여 자신의 특성에 맞는 한 모형을 선택 • Joyce & Beverly Showers가 교직원 개발 모형에 통합한 것이 대표적인 예이다.
동료 자문	수업의 세부 조정과 반성 중심	• 수업에 대한 일반적인 반성과 세부 조정의 기회를 조장 • Jean Rudduck의 파트너 장학(partnership supervision), Illinoise의 교사 대 교사(teacher-2-teacher)프로그램
	반성적인 실천과 개혁 중심	• 동료자문을 전문적인 성장과 조직 개발을 목적으로 교사들이 서로 관찰한 수업에 대해 기술적인 피드백을 제공하고 대화를 나누는 과정을 통해 수업의 전문성 향상을 꾀함 • 캐나다의 British Columbia Teachers' federation의 PQT(program for Quality Teaching)가 대표적인 예이다.
조직개발 중심 동료자문		• 건전한 학교 풍토를 증진할 목적으로 교사 상호간의 생산적인 상호작용, 문제 해결, 집단 의사결정의 발달을 강조하며 2명 보다는 집단을 이용하여 문제를 해결함

6) 동료장학의 모형

학교현장에서 이루어지고 있는 다양한 형태의 동료장학들 중에서 수업연구 중심 동료장학과 협의중심 동료장학 모형을 소개하고자 한다.

가) 수업연구 중심 동료장학 모형

수업연구 중심 동료장학 모형은 임상장학의 일반적인 3단계 모형과 유사하게 〔그림Ⅲ-7〕과 같이 ①계획수립 단계, ②수업관찰 단계, ③환류협의 단계로 구성되었다. 제시되는 모형은 학교의 실정과 교사의 수준에 따라 융통성을 발휘하여 재구성하여 활용될 수 있다.

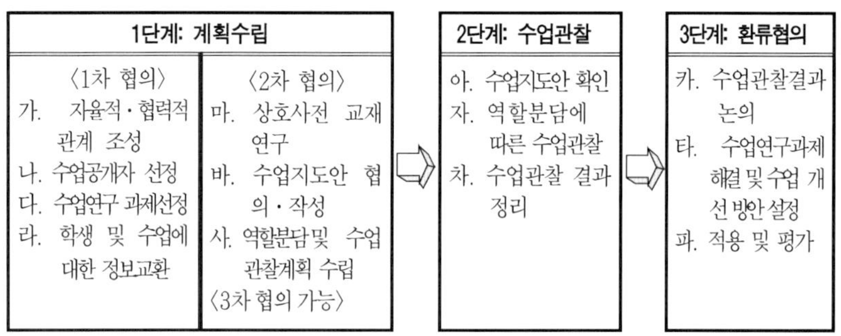

[그림Ⅲ-7] 수업연구 중심 동료장학 모형

① 계획 수립

1차 협의를 통하여 동료교사들 간의 협력적이고 자율적인 분위기를 조성하여 수업공개자 또는 연구발표자를 선정한다. 수업연구 과제를 선정하고, 연구 과제 해결을 위한 방안에 대해 잠정적으로 논의를 하며, 학생을 포함한 수업상황에 대한 정보를 교환한다. 2차 협의에서는 상호 수업관찰 이전의 사전 교재연구를 시작하고, 수업지도안 작성을 위한 협의를 통해 수업지도안을 완성하며, 수업에 필요한 자료를 제작하고, 환경을 조성한다. 마지막으로 수업 관찰 계획을 구체적으로 수립한다.

② 수업관찰

수업공개 교사는 수업지도안에 따라 수업을 실시하고, 수업참관 교사들은 수업 관찰 계획에 의하여 수업관찰을 실시하여 수업개선에 필요한 구체적이고 객관적인 자료를 수집한다. 수집한 자료를 토대로 환류·협의를 위한 자료를 작성한다. 교장과 교감은 필요에 따라 수업관찰에 참여할 수도 있다.

③ 환류협의

수업관찰 결과 동료장학에 참여한 교사들 간에 협력적이고 자율적인 분위기 속에서 논의를 통하여 수업연구 과제 해결을 위한 방안을 설정하고, 설정된 방안을 실제 수업에 적용 및 평가하기 위한 추가적인 계획을 수립하거나 설정된 방안을 일반화하기 위해 교사 스스로 자기평가 및 반성의 기회를 갖는다. 아울러 동료장학의 전과정에 대한 반성 및 평가가 이루어진다. 교장과 교감은 동료장학 협의회에 참석하여 건의사항을 청취하고 지도와 조언 및 지원을 제공한다.

나) 협의 중심 동료장학 모형

동료교사들 간에 주어진 문제에 대해 공식적이거나 비공식적인 협의 과정을 통해 정보를 교환하고, 공동 과업을 추진하는 활동을 말한다. 동학년 협의회, 동교과 협의회, 동부서 협의회 등이 대표적인 협의 중심 동료장학 모형의 예이다.

협의 중심 동료장학 모형에서 다루어질 수 있는 협의 영역은 다양하다. 예를 들면 교사의 발달, 학교의 발달을 포함하여 교과지도, 생활지도, 학급경영, 학교경영, 교육정보, 학부모 및 지역사회와의 관계, 교사의 여가생활, 학년배당 등에 관해 서로 정보를 공유하고 조력 및 조언을 할 수 있다. 특히 학교내 동료교사들 사이에 발생하는 비공식 조직들에 대한 교장과 교감의 이해와 효율적 활용을 위한 노력이 필요하다.

7) 동료장학에서의 장학담당자의 역할

Glickman(1990)은 동료장학에서 필요한 장학담당자의 역할을 크게 (가)목적확인자, (나)훈련자, (다)계획자, (라)문제해결자의 네 가지로 역할을 수행한다고 보았으며, 역할에 대한 구체적인 내용은 다음과 같다(김정한, 2002).

가) 목적확인자

첫째, 경험이 많은 교사가 경험이 적은 교사를 조력하는데 목적이 있는지 혹은 경험이 비슷한 교사가 팀을 구성하여 상호협력하는지에 관한 목적이 분명하게 정립되어야 한다.

둘째, 수업을 관찰하는 교사가 관찰결과를 통해 아이디어를 얻거나 행동변화의 필요성을 인지하는 것인지 행동수정을 하는 것인지 명확히 한다.

셋째, 관찰과 피드백은 수업기술에 초점을 맞출 것인지 교사 개인의 수업문제에 초점을 맞출 것인지를 명확히 한다.

넷째, 수업관찰과 피드백은 교사의 교수에 초점을 맞출 것인지

학생의 학습에 초점을 맞출 것인지 명확히 한다.

다섯째, 코칭의 목적이 높은 반성적 의사결정을 하도록 돕는 것인지 특정한 교수기술을 실천할 수 있게 하는 것인지를 명확히 한다.

나) 훈련자

동료장학을 실시하기 전에 전 교사들을 상대로 동료장학의 목적과 절차에 대한 이해, 참관 전 협의회의 기술, 관찰·분석·해석의 훈련, 행동개선을 위한 지시적·비지시적·협동적 접근법의 활용, 수업개선 계획수립, 장학과정에 대한 기술, 추후 모임에 대한 계획과 실시 등에 관한 훈련을 실시하여야 한다.

다) 계획자

근무시간 내에 교사들이 동료장학을 체계적으로 계획할 시간을 확보하는

것이 중요하며, 경험교사와 신임교사, 유능한 교사와 보통 수준의 교사, 보통 수준의 교사와 힘들어하는 교사와 팀을 구성하여 상호보완적인 교사팀을 구성하도록 한다.

라) 문제해결자

장학담당자는 직접적인 감독이나 지도보다는 비형식적 확인을 통해 동료장학의 실시 상태를 점검하고, 동료장학에 관련된 서적, 도구, 참관 기술과 방법에 관한 연구물 등을 교사에게 안내하여 활용하도록 한다.

8) 동료장학 실시 지침

Sergiovanni(1990)는 교사들이 서로 협력하여 전문성을 개발하려는 학교를 위해 동료장학 실시를 위한 지침을 아래의 〈표Ⅲ-12〉와 같이 제시하였다.

〈표Ⅲ-12〉 동료장학 실시 지침

동료 장학 실시 지침	① 교사 본인과 함께 일하고 싶은 동료를 선택한다. ② 교장은 교사들이 팀을 구성하는데 최종적인 책임을 진다. ③ 동료장학의 구조는 공식성을 띠어야 하며 팀은 동료장학 활동을 언제, 무엇을, 어떻게 했는지를 사실에 바탕하여 비평가적으로 기록해 둔다. ④ 교장은 이 팀이 학교의 정규시간 동안에 활동할 수 있도록 필요한 자원과 행정적 지원을 해 준다. ⑤ 교수와 학습에 대한 정보를 수집하기 위한 평가는 팀에서 이루어져야 하며 교장은 평가에 간여하지는 않는다. ⑥ 교장은 팀의 교사에게 정보를 찾아내려고 해서는 안 된다. ⑦ 교사들은 동료장학의 결과 신장된 전문성을 기록으로 남겨둬야 한다. ⑧ 교장은 1년에 한 번이상 동료장학 팀들과의 접촉을 통해 정보를 교류하고 전체적인 흐름을 파악해야 한다.

다. 자기장학

1) 자기장학의 개념

자기장학(self-assessment supervision)의 개념을 이해하기 위해서는 자기평가체제와 수업의 자기분석에 대한 이해가 선행되어야 한다. 먼저, 자기평가체제란 미국의 HydePark 교육구에서 1972년 MBO(management-by-objective)체제에 의하여 실시하고 있는 자기평가체제를 말한다. 매년 교육구나 학교 교육 목표에 의거하여 교사 개인의 목표, 직무수행 목표, 목적달성 방법, 필요한 자원, 성취 평가 방법 등을 제시하여 계약을 맺고, 정기적으로 진행상황을 협의하고, 최종적으로 총괄평가하는 교사의 자기평가 방법의 하나이다(주삼환, 2003).

다음으로 수업의 자기분석이란 미국 Ohio주의 Maume 교육구에서 개발하여 사용한 것으로 자신의 수업을 비디오테이프나 학생반응 조사 등을 통해 교사 스스로 자신의 수업을 분석하는 방법을 말한다. 교사의 자기분석 방법을 사용한 결과 많은 교사들이 전통적인 평가나 장학보다는 비디오테이프에 의한 자기 평가를 더 선호하는 것으로 나타났다.

자기장학에 대한 개념은 여러 학자가 〈표Ⅲ-13〉과 같이 정의하고 있다. 자기장학에 관한 여러 학자들은 개념을 종합하면 다음과 같이 정의 내릴 수 있다. 자기장학이란 외부의 간섭이나 지도에 의존하지 않고 교사 스스로 자신의 전문적 성장을 위해 계획하고, 실천하며, 결과에 대해 반성적 평가를 해 나가는 과정이라고 정의할 수 있다.

〈표Ⅲ-13〉 학자에 따른 자기장학 정의

학　자	개념 정의 내용
Glatthorn (1984)	임상장학을 필요로 하지 않거나 원하지 않는 교사가 혼자 독립적으로 자신의 전문성 신장을 위하여 연구하는 과정
주삼환(1988)	교사의 자기통제(self-control), 자기지시(self-direction), 자기안내(self-guidance)에 의한 장학
김창걸(1992)	외부의 지도보다는 교사 자신이 전문적 성장을 위하여 스스로 계획을 세우고 실천해 나가는 장학

따라서 자기장학은 교사 자신의 자기 성장을 위한 주체적 노력이므로 경험과 지식이 풍부하고 변화에 대해 민감하게 반응할 수 있는 교사에게 효과적인 장학유형이다.

2) 자기장학의 유형

이윤식(1993)의 자기장학의 유형을 살펴보면 다음과 같다.

가) 스스로 자신의 수업을 녹음 또는 녹화하고 이를 분석하여 자기반성 및 자기발전의 자료로 삼는다.

나) 스스로 평가 체크리스트를 이용하여 자신의 교육활동을 평가·분석하여 자기반성 및 자기발전의 자료로 삼는다.

다) 자신의 수업이나 특별활동 지도, 생활지도, 학급경영 등에 관한 학생들과의 면담이나 학생들 대상으로 한 의견조사를 통하여 자기반성 및 자기발전의 자료로 삼는다.

라) 1인 1과제 연구 혹은 개인 연구 등을 통하여 자기발전을 도모한다.

마) 교직활동 전반에 걸친 전문서적이나 전문자료를 숙독하여 자기발전의 자료로 삼는다.

바) 전공교과 영역, 교육학 영역 또는 관련 영역에서 대학원 과정 수강을 통해 자기 발전을 도모한다.

사) 교직전문단체, 연구기관, 학술단체, 대학 또는 관련 사회기관이나 단

체 등, 전문기관을 방문하거나 전문가와의 면담을 통하여 자기발전의
자료를 수집한다.
아) 교육활동에 관련되는 현장방문이나 견학 등을 통하여 자기발전의 자
료를 수집한다.
자) 각종 연수회, 교과연구회, 학술발표회, 강연회, 시범수업, 공개회 등에
참석하거나 학교상호방문 프로그램에 참여하여 자기발전을 도모한다.
차) 텔레비전과 라디오 등의 방송매체가 제공하는 교원 프로그램이나 교원
연수와 관련된 비디오테이프 등의 시청이나 인터넷을 통하여 자기발전을
도모한다.

이상의 자기장학의 유형은 교사들의 필요와 학교의 실정에 따라 개별 또
는 복합적으로 사용될 수 있으며, 교장과 교감은 자기장학을 위한 교사들의
노력에 대해 격려와 지원을 아끼지 않아야 하며, 필요할 경우에는 교사들에
게 지도·조언을 할 수 있어야 한다.

3) 자기장학의 모형

가) 조병효의 자기장학 모형

조병효(1991)는 자기장학 추진과정을 〔그림Ⅲ-8〕과 같이 제시하였다.

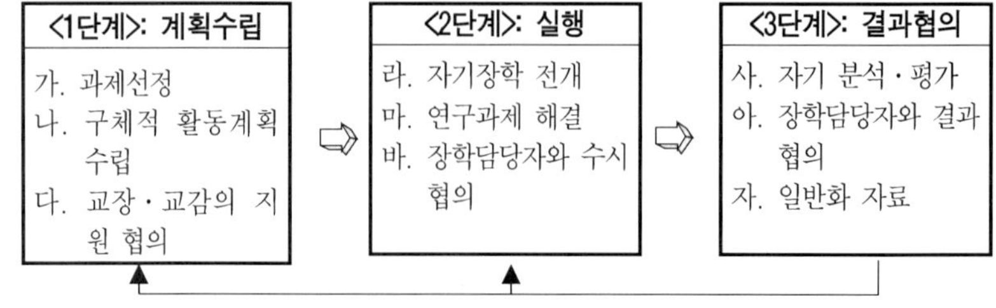

나) 정태범의 자기장학 모형

정태범(1998)은 자기장학의 실제적인 장학활동을 〔그림Ⅲ-9〕와 같이 4단계로 제시하였다.

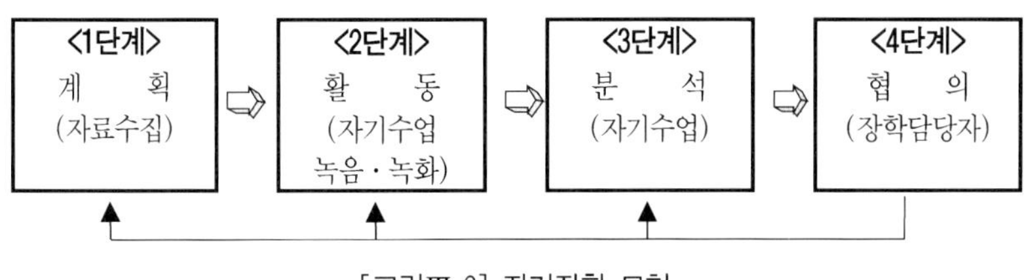

[그림Ⅲ-9] 자기장학 모형

다) 이윤식의 자기장학 모형

이윤식(1999)은 자기장학의 모형을 자기장학 계획수립 단계, 자기장학 실행단계, 자기장학의 결과 협의 단계로 〔그림Ⅲ-10〕과 같이 구성하였다.

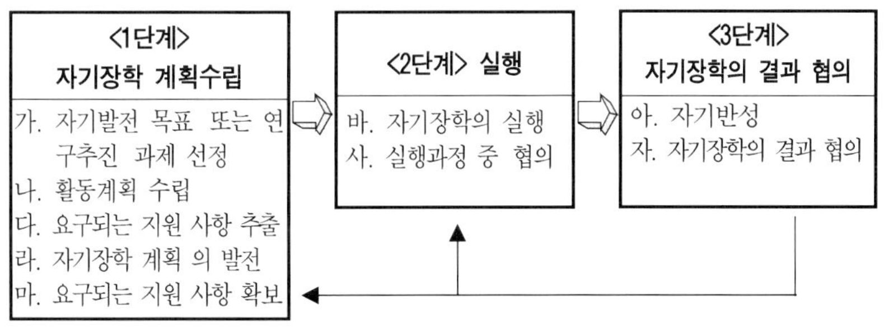

[그림Ⅲ-10] 자기장학 모형

앞에서 제시된 여러 가지 모형들 중에서 이윤식의 모형을 선택하여 자기장학 방법을 구체적으로 알아보고자 한다.

① 1단계: 자기장학 계획 수립

교사가 자신의 필요한 요구를 바탕으로 독립적으로 제반 전문적 영역에서 자기 발전의 목표 또는 자기발전을 위한 연구과제나 추진과제를 선정하고, 이를 해결·달성하기 위하여 수단과 방법 및 일정을 포함한 구체적인 활동계획을 수립한다.

㉮ 자기발전 목표 또는 연구추진 과제의 선정

교사 스스로 전문적 발달 영역에 있어 일정기간(1학기 또는 1년 기간)동안 자기 발전의 목표 또는 연구·추진과제를 선정한다. 이를 위해 자신의 장·단점을 분석해 보고, 자기발전의 목표 또는 연구·추진과제를 포함하여 자기 발전의 방향을 생각해 본다. 자기 발전의 목표 또는 연구·추진과제의 수는 실천 가능한 수준으로 최소화하는 것이 바람직하다.

㉯ 활동계획 수립

정해진 자기장학 기간 동안 수행해야 할 활동의 계획을 월별 또는 주별로 구분하고, 자기 발전의 목표달성 여부 혹은 추진과제의 해결 여부를 평가할 수 있는 기준 또는 방법을 구안한다.

㉰ 요구되는 지원사항

설정된 자기 발전의 목표 또는 연구·추진과제를 달성하기 위해 교장·교감으로부터 지원받기 원하는 기자재, 도구, 서적, 자료, 정보, 비용, 시간적 도움을 구체화한다.

㉱ 자기장학 계획의 발전

교사와 교장·교감은 교사가 설정한 자기발전의 목표 또는 연구·추진과제, 해결을 위한 구체적인 활동계획에 대한 이해를 상호 공유하고, 좋은 아이디어나 정보를 교환하여 자기장학 계획을 보완·발전시킨다. 자기장학에 대한 계획은 서면으로 작성하여 교장·교감 협의시 또는 자기장학의 실천 및 자기반성시 참고하도록 한다.

㉲ 요구되는 지원사항 확보

교장·교감은 가능한 한 교사가 자기장학을 위하여 필요로 하는 녹음·녹화기자재, 전문서적·자료, 정보, 경제적 지원과 시간적 지원을 확보하여 제공한다. 교사가 대학원과정의 수강을 통하여 이를 격려·지원하고, 가능한 수업부담 경감이나 수업시간표 조정 등을 통하여 필요한 시간적 여유를 확보하도록 배려한다.

② 2단계: 자기장학의 실행

수립된 계획에 따라 일정기간 동안 자기장학 활동을 실행해 나간다. 자기장학을 실행해 나가는 과정 중에도 필요한 경우에는 수시로 교장·교감과 협의한다.

㉮ 자기장학의 실행

교사는 정해진 기간동안 수립된 주별, 월별 계획에 의거하여 자기장학 활동을 진행한다. 교사 언어, 자세, 발문, 판서, 동기유발, 판서 등 수업에 직접적으로 관련된 활동에 대해서는 자기장학 초기에 자신의 수업을 녹음·녹화를 통해 분석하고, 나중의 수업장면을 녹음·녹화를 통해 분석함으로써 자신의 발전정도를 비교해 볼 수 있다. 수업이 아닌 연구과제 해결을 위한 자가장학의 경우는 선정된 과제에 관련된 서적, 전문가 면담, 각종 연수회 참석 등을 통하여 얻어진 정보나 아이디어를 기초로 하여 연구 추진 과제에 대한 보고서를 작성할 수 있다.

㉯ 실행과정 중 협의

교사는 자기장학의 과정 중에 처음에 수립한 계획을 수정할 필요가 있거나, 지원이나 도움이 필요할 경우 교장·교감과 협의를 갖는다. 아울러 교장·교감은 이러한 지원을 교사가 요구할 수 있는 허용적인 분위기를 조성하여야 한다.

③ 3단계: 자기장학의 결과 협의

교사가 자기장학의 과정과 결과에 대하여 스스로 분석하고 반성하는 과정이다. 교사와 교장·교감간에 협의를 통해 교사의 자기장학 활동 과정과 결과에 대한 상호 이해를 높이고, 교사의 계속적인 자기장학에 대한 노력을 유도하고, 격려한다. 자기장학을 통하여 얻은 유익한 아이디어나 정보를 일반화하거나 동료교사에게 전달하기 위한 노력과 자기장학의 발전을 위한 기초자료로 활용한다. 다음의 〈표Ⅲ-14〉는 자기장학을 위해 활용할 수 있는 자기장학 계획서 양식이다.

〈표Ⅲ-14〉 자기장학 계획서 양식

자기장학 계획서

교사 (   ) 학년 반 년 월 일

1. 연구과제:

2. 연구계획 :
   가. 연구목적
   나. 연구기간
   다. 연구방법
   라. 요구되는 지원사항

3. 일정계획:

4. 수정계획 :

5. 평가기준 :

본 계획의 추진결과는 일정계획에 따라 장학담당자(교장, 교감)에게 보고한다.

장학담당자 서명
교   장 서명
교   감 서명
교   사 서명

자료: Knoll. M. K.(1987). Supervision for better instruction. New Jersey: Prentic-Hall inc, 172.

라) Beach & Reinhartz의 자기장학 모형

Beach & Reinhartz(2000)은 자기장학의 단계를 7단계로 구분하여 다음의 〔그림Ⅲ-11〕과 같이 자기장학의 과정을 제시하였다.

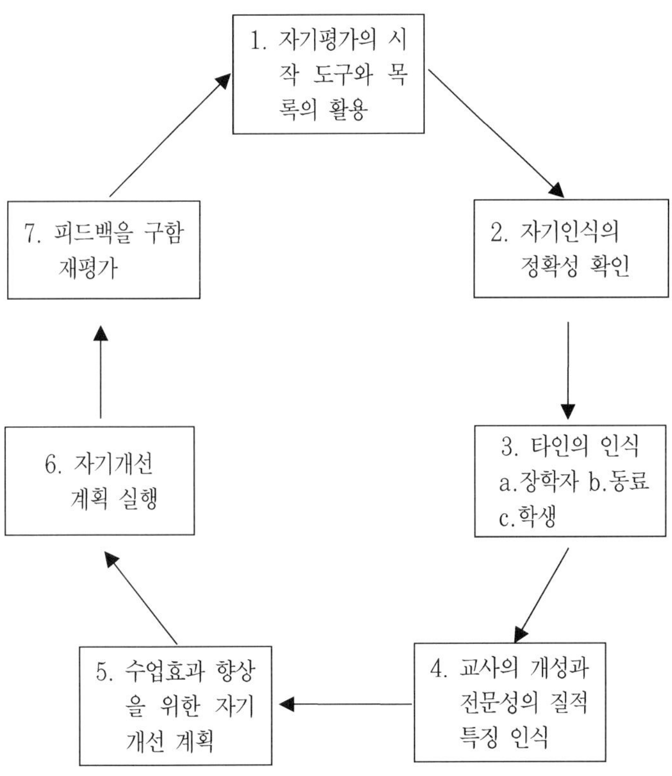

〔그림Ⅲ-11〕 자기장학 7단계 과정

자료: Beach, Don M., and Reinhartz, Judy(2000). supervisory leadership: Focus on ingtruction. Boston: Allyn and Bacon, 146. 김정한(2002)에서 재인용.

① 1단계: 교사가 자신의 교수에 대한 분석과 성찰하는 단계

교사의 교수행위 목록을 통해 자기진단과 자기확인을 하여 수업효능성에 대해 결정을 내린다. 교수행위 목록은 매일 일어난 일들이 무엇이며, 어떻게 느꼈는지를 자세하게 기록해야 한다.

② 2단계: 자기평가의 단계
교사가 기록한 내용을 분석하여 자신의 수행이 효과적인지를 판단하게 된다.

③ 3단계: 교사가 타인으로부터 피드백을 받아 자기를 평가해 보는 단계
오디오나 비디오로 남긴 기록을 통해 교사의 장학담당자, 동료교사로부터 교실행동을 분석하고 피드백을 받는다.

④ 4단계: 타인으로부터 받은 정보의 정확성을 결정하는 단계
교사는 모든 창구들을 통해 모은 자료들을 객관적으로 비교해 볼 수 있는 능력을 길러야 한다. 사람마다 다른 견해와 입장의 차이에서 나올 수 있는 정보의 격차를 발견해 낼 수 있어야 한다.

⑤ 5단계: 개선을 위한 전략의 수립 단계
교사들은 자신들의 수업행위를 향상시키고 전문적 성장을 가져다 줄 수 있는 전략을 모색하게 된다. 물론 장학자에게 자문이나 제안을 받을 수 있다.

⑥ 6단계: 자신이 결정한 수업행위의 변화를 실행에 옮기는 단계
교사들은 새로운 행동을 실천하면서 자신의 달라진 행동을 확인한다.

⑦ 7단계: 피드백을 하고 재평가하는 단계
교사는 변화의 효과성에 대하여 재평가하고 추가적인 변화가 필요한지를 결정한다.

라. 확인(약식)장학

확인장학은 교장, 교감이 간헐적으로 짧은 시간 동안 학급 순시나 수업참관을 통하여 교사들의 학급경영과 수업활동을 관찰하고 교사들에게 지도, 조언을 제공하는 활동으로 약식장학 또는 일상장학이라고도 한다. 이러한 활동은 다음의 몇 가지 이유에서 그 필요성이 높다. 우선, 교사들의 수업 및 학급경영 활동을 포함하여 학교교육 및 학교경영 전반에 걸쳐 개선을 위한 적극적인 의지와 노력, 그리고 지도성의 표현 방식이다. 따라서 수업현장에서 교사와 학생들과 접촉하여 관심과 지도성을 발휘해야 하며 이를 위해 수업참관과 학급순시를 해야 한다.

다음으로 약식장학을 통하여 학교경영과 학교풍토 전반에 대한 정보를 수집하여 개선 방안으로 활용할 수 있다. 약식장학의 취지를 이해하지 못하는 교사들은 거부 반응을 표시하기도 하지만 교장, 교감은 단위학교의 최종적인 교육책임자 및 1차 장학 책임자로서 약식 장학을 수행할 책무성과 당위성이 있다.

1) 확인(약식)장학의 모형

확인(약식)장학의 모형은 이윤식(1999)에 의해 〔그림Ⅲ-12〕와 같이 나타낼 수 있다.

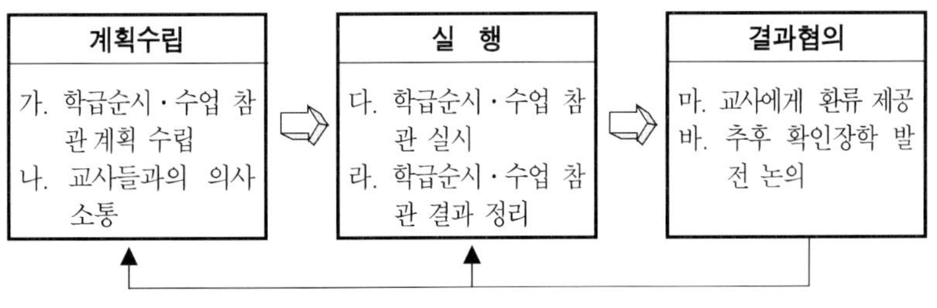

[그림Ⅲ-12] 확인(약식)장학 모형

자료: 이윤식(1999). 장학론: 유치원·초등·중등 자율장학론. 서울: 교육과학사.

2) 확인(약식)장학의 필요성

가) 확인(약식)장학은 교사들의 수업활동과 학급경영 활동을 포함하여 학교 교육 및 경영의 전반에 관련하여 이의 개선을 위한 교장이나 교감의 적극적인 의지와 노력 그리고 지도성의 표현방식이 된다(strong instructional leadership).

나) 확인(약식)장학을 통하여 교장이나 교감은 교사들이 미리 준비한 수업활동이나 학급경영 활동이 아닌 평상시의 자연스러운 수업활동이나 학급경영 활동을 관찰할 수 있으며, 이에 대하여 의미있는 지도·조언을 제공할 수 있다.

다) 확인(약식)장학을 통하여 교장이나 교감은 학교교육, 학교경영, 그리고 학교풍토 등 전반 영역에 걸쳐 학교를 파악하는데 필요한 정보를 수집할 수 있다.

확인(약식)장학은 위에 제시된 것처럼 학교교육의 발전을 위해 중요한 의의를 지닌다. 현실적으로 근래의 학교현장에서는 교장·교감이 실시하는 확인(약식)장학에 대하여 교사들의 거부 반응이 적지 않다고 한다. 이는 확인(약식)장학의 기본 취지나 확인(약식)장학이 교장·교감에 의해서 수행되는 실제적인 방법·절차와 관련하여 교사들이 부정적인 인식이나 경험을 갖고 있는데서 비롯되는 듯하다(이윤식, 1993).

그러나 분명한 것은 대외적으로 학교를 대표하는 위치에 있는 교장·교감은 단위학교 내의 최종적인 교육책임자 및 장학책임자로서 교사들을 대상으로 적절히 확인(약식)장학을 수행해야 할 책무성과 당위성이 있다는 것이다. 교장·교감이 단순히 학교의 재정·시설·사무를 관리하는 관리지도성(Managerial leadership)의 차원을 넘어서, 학교가 존재하는 근본 이유가 되는 수업활동·교육활동에 대한 지도성 즉 수업지도성(Instructional leadership)을 발휘해야 하는 것이다.

이와 관련하여 합리적인 수업지도성의 발휘 및 확인(약식)장학의 수행을 위해 교장·교감은 법적인 권위(Instructional leadership) 또는 지위의 권위(Status authority) 보다는 전문적인 권위(Legal authority) 또는 인간적인 권위(Personal authority)를 교사들로부터 얻도록 부단히 연구·노력해야 할 것이다.

다음의 〈표Ⅲ-15〉, 〈표Ⅲ-16〉, 〈표Ⅲ-17〉는 확인(약식)장학 운영에 필요한 자료들을 예시로 제시한 것이다.

〈표Ⅲ-15〉 교내 확인(약식)장학의 운영 개요(예시)

기본 형태	운영 목표	활동 형태	대상자	회 수	장학 담당자
약식장학	• 학급순시·수업 참관 중심활동 • 대화기회를 갖고 다른 장학의 보완적 역할	• 학급순시 • 수업참관	• 전체 교사	월2회	교장, 교감

〈표Ⅲ-16〉 확인(약식)장학의 일정(예시)

일정	교 장	교 감	비 고
1주	약식장학 대상 학급/교사 선정 및 교사들과 대화		○학교형편에 따라 학년별·교과별 요인을 고려해 다양한 방법으로 중복되지 않도록 교장과 교감이 약식장학 일정을 수립. ○교장과 교감이 단순히 복도를 순회하면서 모든 학급을 관찰하는 것은 일상적으로 함. 특이한 사항이 관찰되거나 필요하다고 판단되는 경우 학급에 입실하여 지도·조언함.
1주	1학년 학급/교사		
2주		2학년 학급/교사	
3주	3학년 학급/교사		
4주		4학년 학급/교사	
4주	약식장학 결과 협의 및 추후 계획 수립		

자료: 이윤식(1999). 장학론: 유치원·초등·중등 자율장학론. 서울: 교육과학사.

<표Ⅲ-17> 확인(약식)장학 결과 카드(예시)

참관대상 교사		참관학급		참관 일시	년 월 일 요일 교시	참관자	
		참관교과					
1. 관찰 내용 〈수업참관시〉 ① 학습 목표는 잘 제시되었는가? ② 교사의 수업 준비는 잘 되었는가? ③ 학생들과의 상호작용은 잘 되고 있는가? ④ 자료의 선택 및 활용은 적절한가? ⑤ 판서는 적절한가? ⑥ 교사의 언어, 발문, 태도는 적절한가? ⑦ 학습 환경 및 학습 분위기는 좋은가? 〈학급순시시〉 ① 담임 교사의 임상지도는 잘 이루어지고 있는가? ② 교실내 환경구성은 학생들에게 적절한가? ③ 학급내 시설이나 비품은 잘 유지·관리되고 있는가? ④ 학생들의 용의와 실내 생활태도는 좋은가?					간단한 의견이나 평점기재		
2. 좋은 점							
3. 개선할 점							

자료: 이윤식(1999). 장학론: 유치원·초등·중등 자율장학론. 서울: 교육과학사.

마. 교내연수

1) 교내연수의 개념

교내연수는 교직원들의 교육활동의 개선을 위하여 그들의 필요와 요구에 의해 학교내·외의 인적·물적 자원을 활용하여 단위 학교 자체에서 실시하는 연수활동을 의미한다. 단위학교에서 교육활동의 개선을 위한 전체 교직원들의 자율적이고 공동적인 노력의 과정을 교내 자율장학이라고 할 때, 자체 연수는 교내 자율장학의 중요한 형태이다(이윤식, 1994).

서정화(1994)에 의하면, 교내연수를 '학교 발전과 아울러 교사들의 전문성 제고를 위해서 학교가 실시하는 교사연수'라 하였고, 정영수(1992)는 '학교 내의 교직원들이 주축이 되어 서로의 필요와 요구를 바탕으로 개인의 전문적 자질과 학교의 조직적 발달을 지향하면서 학교내에서 자체적으로 행하는 일반연수'라 하였으며, 이윤식(1999)은 '교육 활동의 개선을 위하여 교직원들의 필요와 요구에 대해 교내·외의 인적·물적 자원을 활용하여 교내에서 실시하는 연수 활동'을 의미한다. 특히, 수업의 질 개선과 관련된 내용뿐만 아니라 교직원들의 교육활동 개선 및 학교현장의 문제를 직접 해결하고자 하는 그들의 필요와 요구에 대해 학교내·외의 인적·물적 자원을 활용하여 단위학교 자체에서 실시하는 활동이다. 교직원들간의 상호이해와 협조를 높일 수 있다는 점에서 의미가 크다(권오헌, 1998).

권오헌(1998)에 의하면, 〈표Ⅲ-18〉과 같이 교내연수에서 다루어지는 내용을 분류할 수 있다.

〈표Ⅲ-18〉 교내연수 내용의 분류

구 분	연수 내용
정신교육	교사들의 교직관, 국가관, 복무자세 및 교사들의 품위에 관한 연수 (국가 이념과 윤리관을 정립하는 내용)
정부시책 교육	공직자의 풍토조성 및 교사들의 품위에 관한 연수 교권확립에 관한 연수, 경제교육에 관한 연수
직무분야별 전문교육	교과지도, 생활지도, 특별활동 지도 연수 직무수행에 다른 전문지식과 기술향상을 위한 연수
안보교육	당직근무, 민방위, 직장안보 교육, 보안을 생활화할 수 있는 교육

교육행정기관에서도 단위학교에서의 교내연수 강화를 장학의 한 방향으로 보고 있다. 경기도교육청(1989)에서는 교내연수를 현직 교원이 학문과 인격을 연마하여 전문적 자질을 제고함으로써 변화하는 사회에 능동적으로 적응하며, 직무를 보다 효율적으로 수행하고 자기 성장을 도모하기 위하여 교단

현장에서 실시하는 형식적 또는 비형식적 교육과정으로 보고 이를 중요시하고 있다. 특히, 경기도교육청은 교내연수의 발전방향으로서 전문성 제고의 자기장학 분위기 조성, 교과별·학년별·교육 영역별 소집단 연수조직 운영 강화, 자원인사활용의 연수기회 확대, 특정요일·동일시간의 교과 연수계획 추진, 강의·세미나·분임토의 등 다양한 형식과 방법의 연수 추진, 소집단 연수 결과의 발전책 강구, 연수장소·자료의 변화에 의한 연수활동의 활성화, 직무·교양 분야에 우선한 교육학 중심의 집중 연수, 수업연구 담당교사의 안정감 부여 등을 제시하고 있다. 이러한 사항들은 전반적으로 바람직한 교내연수의 발전 방향을 보여 준다.

교내연수의 주제 영역과 연수담당자 및 연수방법에 대해 〈표Ⅲ-19〉에 제시하였다.

〈표Ⅲ-19〉 교내연수의 주제 영역과 연수담당자 및 연수방법

구 분	내	용
주제 영역	전문적 발달 영역	교사의 교육과정 지도와 운영
	개인적 발달 영역	성인으로서 교사 개인
	조직적 발달 영역	학교 조직 전반
연수담당자	교장, 교감, 부장교사, 교내·외 교직원, 외부전문가, 장학요원	
연수 방법	강의식 연수, 토의식 연수, 전달식 연수, 실기·실험·실습 중심의 연수, 현지답사·현장방문, 견학 중심 연수, 초청강연 연수, 제반 장학실천 결과의 전파와 일반화를 위한 연수	

자료: 경기도교육청(1989). 장학의 방향('89 교육계획 별책부록). 경기도교육청. 재구성.

효과적인 교내연수를 실시하기 위해서는 교사들의 연수에 대한 필요와 요구를 존중하고, 연수의 계획에서 실행 그리고 평가의 전 과정에 걸쳐 교사들의 능동적이고 적극적인 참여를 지원·촉진하여야 할 것이며, 연수의 내용과 방법도 가능한 한 다양화되어야 할 것이다(Wiles & Bondi, 1980). 먼저, 이러한 교내연수를 실시하기 위해서는 교원의 주당 수업시수를 줄이는 수업

경감이나 공문서를 최대한 줄이는 업무부담의 경감이 필요하며, 교내연수의 실시와 이에 적극적으로 참여할 수 있는 시간적 여유를 확보하는 것도 무엇보다도 급선무이다.

교내연수는 교직의 전문성을 위해 필요한 것이며 교사의 의무이다. 이러한 교내연수는 학교장의 책임하에 실시되는 연수활동으로 여러 가지 장점을 가지고 있다(김영미, 2003).

첫째, 기관 중심으로 이루어지는 연수기회 부족을 보완할 수 있다. 기관 중심의 연수는 기관중심의 연수는 자격연수, 일반연수, 특수연수로 구분되어 실시되나, 이러한 연수는 교원들에게 연수의 기회가 제한되어 있다.

둘째, 연수의 경비를 절감할 수 있다. 교원의 교육력 제고를 위해서 끊임없이 현직교육이 실시되어야 하는데 기관을 통해서 교원을 재교육시키려면 연수를 위한 시설비, 교육비 등 막대한 경비가 소요되어야 하는데 학교내 자체연수를 활성화한다면 많은 경비를 들이지 않고도 손쉽게 현장에서 교사들의 계속교육을 실시할 수 있다.

셋째, 현장에서 필요한 문제를 현장에서 즉시 해결할 수 있다. 학교 내에서 발생하는 여러 가지 교육사태를 교사들 스스로 지혜를 모아 해결방안을 강구하고, 상호 협동하여 힘을 모은다면 손쉽게 신속히 처리할 수 있는 좋은 점이 있으므로 현장 문제 해결은 현장에서 일하는 교사들에 의하여 연구되고 실현되어야 한다.

넷째, 자율적으로 수준에 맞는 연수를 할 수 있다. 같은 직종에, 같은 목적과, 같은 업무를 다루는 교사로서 공동 목표가 있고 실천해야 할 공통 업무가 있으므로 학교내의 공동 관심사를 선정하여 교사들 요구에 맞는 방향으로 슬기롭게 계획하고 실천한다면 집단의 수준에 맞게 지역적 특색을 살려 좋은 성과를 거둘 수 있다.

2) 교내연수의 유형 및 내용

교내연수를 참가자와 연수내용의 차이를 기준으로 하여 〈표Ⅲ-20〉과 같이 분류할 수 있다(조병효, 1995).

〈표Ⅲ-20〉 교내연수의 유형

구 분	연수 내용
전직원 참가형	일선 학교에서 제일 많이 갖는 형으로 전직원이 일정한 시간과 장소에 모여 공지할 사항 또는 공통과제를 연수
동과목 교사 참가형	동일 교과목의 교사끼리 모여 동과목의 교육과정 운영의 설계 및 검토, 학습지도 방법, 수업연구에 대한 협의, 지도안의 작성, 수업진도 협의, 학습평가의 기준 설정, 평가 결과의 처리 등 여러 측면에서 동교과의 공통점을 연수
동부서 교사 참가형	교무분장에 따른 동일 부서 교사끼리 갖는 연수 유형으로 부서 업무의 통일성과 업무처리의 원칙을 마련하여 업무의 능률을 향상시키고 부서간은 물론 교내 전체 업무와 조화를 이루는데 중점을 두어 담당업무의 전문성을 심화시킬 수 있는 연수
동학년 담임교사 참가형	학년 업무의 통일성과 조화를 추구하고 학년의 특색을 살림 학급간의 보조를 맞추기 위해 담임의 자세와 임무, 학급경영의 기본원리, 학급경영안의 작성, 학생 기초조사, 환경정비, 학급사무의 처리, 교육과정 운영, 학급 지도방법, 학습 지도안의 작성, 수업 진도 협의, 학습 평가의 기준 설정 및 결과 처리 등에 관한 동학년 담임들의 연수
동과제 관련 직원 참가형	학교 급식실 운영의 경우 행정실장, 영양사, 양호교사, 관계 실무자 등 급식 운영위원들이 참가해야 하고, 도서 선정의 경우에는 사서교사, 연구부장, 관계실무자 등 도서 선정 위원회 위원들이 참가하는 연수

자료: 조병효(1995). 현대장학론. 서울: 교육과학사. 재구성.

또, 교내연수 계획에 포함할 수 있는 연수 내용을 교사의 활동 영역별로 분류해 보면 〈표Ⅲ-21〉과 같다(조병효, 1995).

〈표Ⅲ-21〉 교내연수의 내용

구　분		연수 내용
교육과정	교육과정연수	교육과정의 정신, 인간상, 교과별 목표, 내용선정, 지도방법 및 평가에 대한 기본 방향에 대한 연수
	학교교육과정 구성	시·도 교육청 단위의 지역화 교육과정을 구성하고 학교장은 학교 특성을 살릴 수 있는 학교교육과정 구성에 필요한 기초 자료조사, 교육목표 설정, 교육내용 조직, 평가방법등의 작성절차와 방법에 대한 연수
	교육과정 운영계획 작성	학교행사 계획, 학년행사 계획, 교육과정 진도표 작성, 교육과정 심화·보충 발전시간 계획, 월간, 주간 교과 지도 세부계획 작성 방법에 대한 연수
	유·초등학교 연계 교육연수	상·하급 학교의 교육과정에 대한 이해에 대한 연수
교수·학습활동	학습지도	학습자의 학습과정에 대한 이해에 대한 연수
	교수모형	교과와 교육내용에 적합한 모형 선택·활용에 대한 연수
	학습지도안 작성·활용	교수활동에 활용될 수 있는 지도안 작성방법과 교재연구 방법에 대한 연수
	수업연구	수업연구 주제선정, 공개수업, 수업관찰 방법, 수업결과 협의 방법 등에 관한 연수
	학습자료 제작·활용	교수·학습자료의 제작, 투입방법, 활용방법, 외부 자료의 대여 신청방버, 자료의 분류 및 관리 등에 관한 연수
	실기연수	교과실기, 사전 실험, 컴퓨터 조작 및 소프트웨어 활용, 교수활동에 필요한 기기 다루기 등에 관한 연수
생활지도	생활지도의 개념과 지도방법	생활지도 목표 설정 과정, 생활지도 계획 수립 방법, 생활지도의 이론적 배경 등에 관한 연수
	학생 상담활동	학생이해 방법, 상담 방법, 문제학생의 지도 방법에 관한 연수
	각종 심리검사	심리검사의 방법을 생활지도에 활용하는 방법에 관한 연수
	학생 사안처리	학교내 안전사고의 대비방안, 사고처리, 책임문제, 학생의 상벌규정과 적용방법 등에 관한 연수
특별활동지도	행사지도	연간활동 계획, 활동 방법, 프로그램 작성 등에 관한 연수
	특기지도	클럽활동 조직 방법, 교사의 특기신장을 위한 동호인 연수, 클럽활동 발표회 등에 관한 연수
	어린이회활동	학급회의 진행방법, 임원선거 방법, 자치활동 강화 방안 등에 관한 연수

구 분		연수 내용
학사 관리	공부관리	생활기록부, 출석부, 건강기록부 등 공부 기록 방법에 관한 연수
	성적관리	학생 발달 상황 일람표 작성에 관한 연수
	정원관리	입·퇴학 처리 및 정원관리에 관한 연수
교육 과정 및 법규	교육행정기관	조직 및 기능에 관한 연수
	교육관계법규	국가공무원법, 교육공무원법, 교육법 등과 하위시행령 및 규정, 조례에 관한 연수
	학교경영,학급경영	계획 수립 및 평가에 관한 연수
	공문서관리	공문서 작성, 처리, 시설, 재무관리에 관한 연수
교원의 인사 복무	교원 인사	교원자격, 승진, 전보, 승급, 휴직, 연수, 휴가에 관한 연수
	교원 상훈	교원의 징계와 상벌에 관한 연수
	정부의 홍보시책	정보의 홍보시책 전달, 정신교육, 경제교육에 관한 연수
학부모 및 지역 사회와 의 관계	지역사회의 특성	지역사회의 특성, 유관기관과의 관계에 관한 연수
	학부모와의 관계	학부모와의 관계에 관한 연수
	지역 자원인사 안내	지역 자원인사 안내에 관한 연수

자료: 조병효(1995). 현대장학론. 서울: 교육과학사. 재구성.

3) 교내연수의 기본 원리

김영미(2003)는 성인학습의 원리(김종석, 1987)를 교내연수에 적용하여 살펴보면 다음과 같이 교내연수의 기본원리를 정리하였다.

첫째, 교사들은 연수의 목적이 보다 현실적이고 중요하다고 생각할 때 무엇인가를 배우려 한다. 이 말은 교내연수의 그 목적이나 내용이 현실감이 있고, 활용도가 높은 내용을 연수 과제로 삼아야 한다는 뜻이다.

둘째, 교사들은 연수내용이 그들에게 개인적 또는 전문적 필요성을 느끼게 했을 때 그것을 현장에 활용할 것이다.

셋째, 교사들은 연수목적과 내용이 그들의 개인적 또는 전문적 성장에 도움이 되고, 그 결과가 정확하게 피드백으로 나타날 때 학습할 것이다.

넷째, 성인학습은 그들의 자존심에 관련되어 있다. 그러므로 새로운 기술이나 개념은 항상 그들이 이미 갖고 있는 지식 기술에 두고, 그에 따른 세련화 또는 새로운 접근을 부가적인 방향으로 제시하여야 한다.

다섯째, 교사들은 이미 광범위한 경험, 지식, 기능, 자기 방향감, 흥미와 자신감을 가지고 새로운 것을 배운다는 사실을 인식할 필요가 있다. 그러므로 새로운 것을 무조건 받아들이기보다는 이미 그들이 갖고 있는 것을 신장하거나 수정, 보완하는 측면에서 이루어져야 하며, 방법적인 면에서 개별화를 택하는 것이 보다 적절하다.

여섯째, 교사들은 항상 자신의 판단에 따라 자기 학습을 한다. 그러므로 학습목표, 내용, 활동, 평가의 체제를 여러 대안 가운데 선택할 수 있는 기회가 제공되어야 한다.

일곱째, 교사들은 자존심이 강하다. 그러므로 교사들은 자기들의 능력을 과소 평가받거나 다른 사람에 의하여 계획된 학습 내용이나 활동을 무조건 전적으로 받아들이는 것이 그들의 자존심과 관계된다고 여기고 있기 때문에 매우 저항적이다.

여덟째, 교사들의 직무수행과 관련된 학습동기는 두 가지 수준에서 나타난다. 먼저 직무수행과 관련된 학습동기가 그들에 대한 처우 개선, 즉 봉급, 수당, 공평한 대우를 받는 것과 관련되어 있다. 다음으로, 첫째 수준의 동기와 관련되어 안정감, 성취감, 승진의 기회 등과 관련되어 나타나는데 반드시 금전적인 것과 관련되었다기보다는 업무 수행의 보람과 관련되어 있다. 그런데 이와 같은 동기는 학습자 자신의 내적 동기와 관련되어 있기 때문에 그들이 이미 갖고 있는 학습동기를 격려하고 조장하는 분위기의 조성이 무엇보다도 필요하다.

아홉째, 교사들은 현직교육을 통하여 존경, 신뢰, 관심을 받을 수 있을 때 보다 효율적이다.

4) 교내연수와 관련된 선행 연구 분석

교내연수와 관련된 주제의 선행연구를 고찰해 보면 〈표V-22〉와 같다. 선행연구의 분석결과를 종합해 보면, 대체로 교내 연수의 필요성을 잘 인식하고 있으나 과중한 업무와 관리자의 소극적인 태도를 저해 요인으로 지적하였으며 효과적인 자체연수를 위해 계획과 실행이 민주적이어야 하고 소집단 연수의 규모가 적절하다고 보았다. 아울러 교내연수의 문제점으로 교원들의 그릇된 현직연수관과 형식적인 운영, 연수 여건의 미비와 교육행정가의 관심 부족을 지적, 연수의 활성화를 위해 연수자료와 예산의 확보가 중요함을 나타냈다.

〈표Ⅲ-22〉 교내연수와 관련된 선행 연구

연구자	연구 결과
이동혁 (1988)	교내연수에 형식적으로 참여하고 있으며 이를 해결하기 위해 역할담당 제도 필요, 학교장의 연수지원 강구
이순세 (1992)	바람직한 교내연수를 위해 체계적인 연수 계획의 수립과 실천이 중요, 교원 개개인의 능력을 조기에 개발하는 일에 노력
장혁대 (1993)	교내연수가 단위학교의 환경과 실정에 맞는 특색있는 내용보다 획일적인 방법과 내용으로 운영, 교원들의 의견 수렴과 연수방법, 연수운영, 평가 등에 있어 개선할 필요
최호영 (1996)	교내연수 목적 달성을 위해서 교장,교감의 관심이 절대적, 교원들의 요구에 의해 다양한 내용과 방법으로 운영되어야 효과적, 교원들의 잡무경감과 재정적 지원이 필요, 연수의 내용과 대상에 따라 적합한 강사 선정이 중요
안수진 (1998)	교내연수 필요성은 대부분 긍정적으로 인지하고 있는데 연수효과는 부정적인 반응이 높은 편으로 현직 수행능력에 도움이 되는 연수프로그램 운영

5) 교내연수의 모형

교내 연수는 교직원들의 교육 활동의 향상 발전을 목적으로 그들의 필요와 요구에 따라 학교 내·외의 인적·물적자원을 활용하여 단위 학교 자체에서 실시하는 연수활동을 의미한다. 교내 연수는 교직원들의 전문적 발달, 개인적 발달, 학교의 조직적 발달을 지향하여 교직원이나 외부 전문가, 장학요원들이 연수 담당자가 되어 진행된다. 자체연수라는 용어로도 쓰이는데 그 이유는 연수 장소가 교내로 한정된 것이 아니고 야외, 현장견학 및 탐방연수 등과 같이 다양하게 이루어지기 때문이다.

교내연수를 효과적으로 시행할 수 있는 모형은 교내연수의 계획수립, 교내연수의 실행, 교내연수의 결과 평가의 3단계로 〔그림V-13〕와 같이 제시할 수 있다. 그러나, 교내연수 중에서 직원 조회시 또는 직원 종례시 필요에 따라 수시로 실시되는 임시적, 비체계적인 교내연수의 경우는 계획-실행-평가의 3단계를 엄격하게 이행할 수 없고, 이런 경우는 교장, 교감, 그리고 관계 연수 담당자는 상황에 따라 3단계의 과정을 적절히 조정하여 사용할 수 있다.

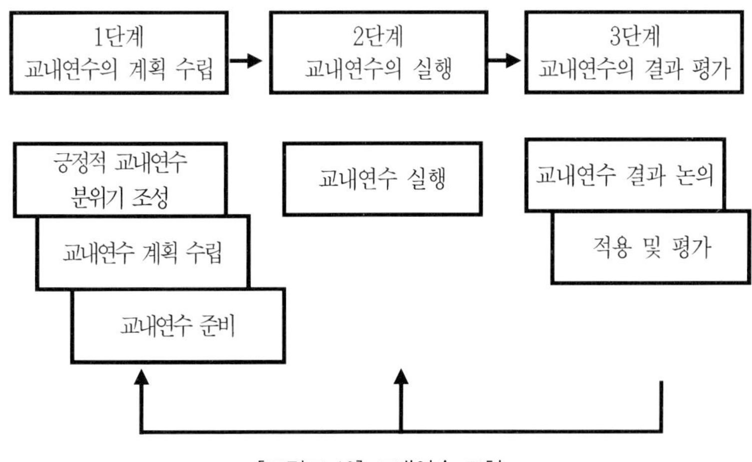

[그림Ⅲ-13] 교내연수 모형

자료: 이윤식(1994). 장학론 논고: 교내 자율 장학론. 과학과 예술. 재구성.

<표Ⅲ-23> 교내연수 담당자, 영역, 방법

담당자	교내 연수 영역	교내 연수 방법
○교장·교감 ○부장교사 ○교내외직원 ○외부인사	○교사의 전문적 발달영역 　-교육철학, 교직관, 교육목표·계획 　-교과지도, 생활지도, 특별활동 지도 　-학부모 및 지역사회와의 유대 ○교사의 개인적 발달 영역 　-교사의 신체·정서적 건강, 성격 　-교사의 가정생활, 사회생활, 취미·흥미 ○학교의 조직적 발달 영역 　-학교경영 계획·평가, 학교경영조직 　-교직원 인사관리, 인간관계, 의사소통, 　 의사결정, 조직풍토, 재정·사무·시설	-토의식, 강의식 -전달식, 실기·실 　험·실습중심연수 -초청강연연수 -제장학(수업·동 　료·자기장학) 실 　천과 전파·일반화 　연수

3. 수업장학의 실제

수업장학을 실시하기 위해서는 (1) 장학여건 조성, (2) 장학을 위한 준비와 계획, (3) 교내수업장학 모형 결정, (4) 교내수업장학의 실시의 단계로 살펴볼 수 있다(주삼환, 1997).

가. 장학을 위한 여건 조성

모든 교사가 장학을 자연스럽게 받아들일 수 있는 장학문화의 형성이 우선적으로 필요하다. 이를 위해서는 다음과 같은 여섯 가지 정도의 접근이 필요하다.

첫째, 교장·교감의 장학의 필요성, 중요성, 그 가능성에 대한 철저한 신념이 있어야 한다.

둘째, 장학담당자의 장학에 대한 지식, 기술 등 능력을 갖춰야 한다.

셋째, 장학을 위해 건전한 학교문화 형성에 노력을 해야 한다. 예를 들면 수직적 팀정신, 결점 보충 대신 명확한 비전에의 확신, 동료관계 의식, 신뢰와 지원 등의 문화가 장학에 도움이 될 것이다.

넷째, 교사의 동기유발, 자율성과 자발성, 능력동기의 발동 걸기는 장학의 성패를 결정하는 중요한 관건이 된다.

다섯째, 교사의 장학에 대한 지식과 기술을 습득할 수 있는 연수가 필요하다.

여섯째, 장학의 지지기반 확충을 위해 호의적인 사람들로부터 점차 다른 사람들로 확대해나가는 전략도 필요하다.

나. 장학을 위한 준비와 계획

장학을 위한 구체적인 준비와 계획 과정을 살펴보면 다음과 같다.

첫 째, 교내장학 위원회의 구성을 고려한다.

둘 째, 학교 교육계획서에 구체적인 장학 계획을 반영해야 한다.

셋 째, 장학에 관한 구체적인 정보를 교사들에게 제공해야 한다.

넷 째, 장학에 관한 실질적인 지원과 자원을 확보한다.

다섯째, 장학에 대한 비전과 목표를 분명하게 제시한다.

여섯째, 다양한 장학 유형을 마련한다.

일곱째, 교육청의 협조와 지원을 이끌어 낸다.

다. 수업장학의 여러 가지 모형

수업장학의 모형은 다음의 〔그림Ⅲ-14〕와 같은 기본적인 과정을 거쳐야 한다.

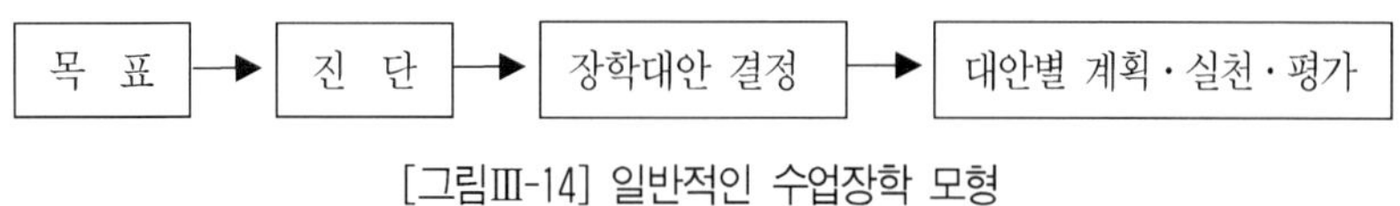

[그림Ⅲ-14] 일반적인 수업장학 모형

위의 일반적인 수업장학 모형은 하나의 예이고, 임상장학, 동료장학, 자기장학, 전통적 장학이 대표적인 것이고, 이밖에도 수업연구, 공개수업, 교사연구, 시범학교·시범수업 참관, 현장연구, 교사상담, 신임교사 연수프로그램, 마이크로티칭, 동교과연구회, 동학년연구회, 직원회 등도 생각할 수가 있다.

1) 임상장학

교사중심 장학이며 (1) 계획협의회→(2) 수업관찰과 분석→(3) 피드백 협의회를 거치면서 교사의 전문적 성장과 교수기술 향상을 돕는 장학이다. 객관적인 교사관찰을 통해 교사의 성장을 돕는 것이 특징이다.

2) 동료장학

구체적인 과정은 임상장학의 방법을 따르며 현재 하고 있는 교육 활동을 반성하고, 새로운 교수기술을 습득하며, 동료교사 상호간에 조력하여 현장의 문제를 해결하기 위해 신뢰를 바탕으로 한 협동적 과정의 장학이다.

3) 자기장학

능력이 있고, 혼자 일하기를 좋아하는 교사에게 적용할 수 있는 장학의 유형으로 스스로 계획을 세워 자신의 수업에 대한 자료를 수집·분석하여 이를 토대로 수업기술을 향상시켜 나가는 장학이다.

4) 전통적 장학

계획협의회가 없이 잠시 교실을 방문하여 수업을 관찰하고 피드백을 제공하는 장학이다. 전통적인 방법이지만 수업에 초점을 맞추어야하며 반드시 피드백이 제공되어야 한다.

라. 수업장학의 실시

　수업장학의 기본은 임상장학의 과정을 따른다. 즉, 계획협의회, 수업관찰과 분석, 피드백 협의회의 과정을 거친다. 계획협의회는 장학을 어떻게 해 나갈 것인가에 대하여 교사와 협의하는 장학계획을 수립하는 것이다. 이 단계는 학습계획 보다는 장하계획에 중점을 두어야 하며 교사와의 합의와 약속의 시간이다. 수업관찰의 목적과 기능, 수업관찰의 특별한 측면, 수업관찰 도구, 수업관찰 시간, 피드백협의회의 목적과 성격 등에 관해 협의해야 할 것이다. 교사의 관심과 문제점, 수업상의 걱정거리를 찾아내어 이를 해결해 주는 방향으로 장학이 진행되어야 할 것이다(주삼환, 1997).

　지시적 장학협의회 보다는 비지시적 형태의 협의회가 바람직하다. 비지시적 형태의 협의회가 이루어지기 위해서는 (1) 적극적 경청과 불필요한 말 줄이기, (2) 교사가 한 말을 인정·의역·사용하기, (3) 명료화 질무하기, (3) 교사의 성과와 성장에 대하여 구체적 칭찬하기, (5) 직접적 조언 피하기, (6) 언어적 지지하기, (7) 교사가 느끼고 있는 것을 인정하고 사용하기 등의 Rogers의 비지시적 상담 원리를 적용하면 된다.

　수업관찰과 분석은 (1) 부분적인 정확한 기록 방법, (2) 좌석표 활용 방법, (3) 일화기록 방법, (4) 녹화와 녹음, (5) 체크리스트와 평정법, (6) Flanders의 언어상호작용 분석법 등 다양한 방법이 있다.

　피드백 협의회는 수업관찰에서 수집한 자료를 수업자에게 피드백해 주는 것이 목적이다. 〔그림Ⅲ-15〕와 같은 과정을 거쳐 진행되는 것이 바람직하다.

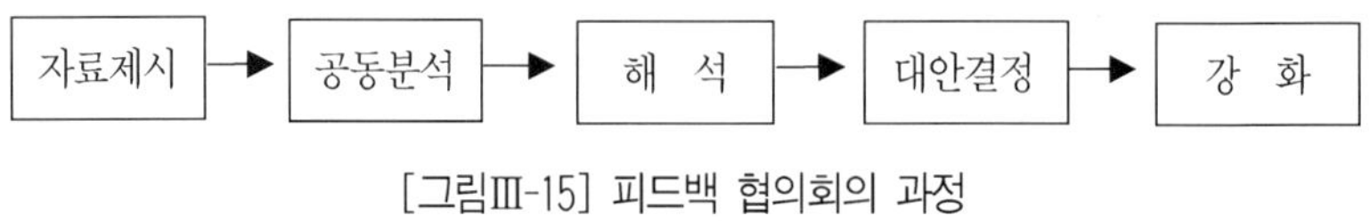

[그림Ⅲ-15] 피드백 협의회의 과정

　수업장학 실시 과정에서도 훈련과 연수는 지속적으로 실시되어야 하며,

다양한 부가 서비스와 교사에게 연습의 기회가 제공되어야 하며, 계속적인 장학에 대한 평가와 검토를 통해 수정을 하여 개선해야 할 것이다.

마. 수업장학의 개선 방향

수업장학의 활성화를 위한 개선 방향은 다음과 같이 제시할 수 있다(이종만, 1992).

첫째, 수업장학은 학교장이 중심이 되어 모든 교원들이 협동적으로 참여할 수 있도록 학교에서의 제반 여건을 조성해 주는 것이 무엇보다 필요하다.

둘째, 수업장학에는 동료교사, 수업담당자 및 학생들 사이에 치밀한 사전계획이 수립되어야 한다. 뿐만 아니라 사후계획도 수립되어 상호협의회를 갖고 수업문제의 해결방안을 모색하여야 한다. 이렇게 하기 위해서는 수업장학의 담당자는 교사와 친밀감이 전제되어야 한다.

셋째, 수업장학에서는 장학의 핵을 학교현장에 두어야 하며, 장학의 민주화와 전문화를 위하여 필요한 연수가 따라야 하고, 수업연구 또는 연구수업을 진지한 자세로 받아들여 사후의 지적사항에 대하여 검토하며 반드시 피드백이 따라야 한다.

넷째, 일반장학에서와 같이 수업장학에서도 내용의 체계화가 이루어져야 한다. 수업활동은 교사의 수업행동, 교재연구 및 수업설계 등과 학생의 학습과제, 학습형태, 학습활동과 학습습관 등이 흥미로운 가운데 수업과정이 전개되어야 하기 때문이다.

다섯째, 수업장학에서는 선택적 장학체제에서 수업에 관련된 장학방법을 적용함은 물론 교사의 자기장학에 바탕을 둔 각성된 장학이 요망되며 학생의 관점에서 여러 가지 현실상황을 이해하고 조장하는 활동이 되어야 할 것이다.

참고 문헌

강영삼(1985). 장학생정 조직의 효율화에 관한 연구. 교육논총, 4.

강영삼(1994). 장학론. 서울: 세영사.

강영삼 외(1995). 장학론. 서울: 한국교육행정학회.

고영희 외(1983). 수업장학 모형개발 및 현장적용 가능성 탐색. 한국교육개발원연구보고서.

경기도교육청(1989). 장학의 방향(89' 교유계획 별책부록). 경기도교육청, 80-81.

권오현(1998). 교내 장학 촉진 및 저해요인 분석. 아주대학교 석사학위논문.

김경이(2004). 장학 개념 적용을 통한 대학 교수·학습센터 방향과 과제 탐색. 교육행정학연구, 22(2), 233-254.

김경현(2004). 컴퓨터보조 자기장학이 초임교사의 교수기술과 교수효능감 향상에 미치는 효과. 한국교원교육연구, 21(1), 53-85.

김동일(1999). 교내 수업장학에 관한 초등교사의 지각과 기대에 관한 연구. 인천교육대학교 석사학위논문.

김이경(1998). 사이버 공간에서 운영되는 컴퓨터를 활용한 원격교육의 가능성과 한계. 사학, 86, 18-27.

김영미(2003). 교내 자체연수 운영 실태 조사 및 개선방안. 전북대학교 석사학위논문.

김영식·주삼환(1992). 장학론. 한국방송통신대학 출판부.

김정란(2004). 중학교 교사의 전문성 신장을 위한 사이버장학 운영에 관한 연구. 한국교원대학교석사학위논문.

김정한(2002). 장학론. 서울: 학지사.

김종석(1987). 교내연수의 활성화 방안. 새교육.(1987.8). 통권394호, 71.

박종렬·신상명(2004). 신교육행정학개론. 서울: 형설출판사.

변영계(1983). 수업개선과 수업장학. 교육개발, 22.

변영계(1997). 수업장학. 서울: 교유과하사.

변영계·박해련(2002). 수업장학에 대한 초등학교 교사들의 인식과 요구분석. 교육연구, 12, 23-43.

서정화(1994). 교육인사행정. 서울: 세영사, 188-189.

안수진(1998). 초등학교 교내 현직연수에 관한 의식연구. 원광대학교 석사학위 논문.

윤기옥(1995). 동료장학의 최근의 동향. 인천교육대학교 논문집, 29(1), 247-256.

윤기옥·최희선(1997). 수업장학탐구. 서울: 교육과학사.

윤기옥(2000). 임상장학: 그 다양한 모형과 학습사회 형성. 교육논총, 17, 199-217.

윤기옥(2002). 현대 수업장학의 심리학적 기초 탐색. 교육논총, 19, 143-173.

윤정일외 (1982). 장학행정제도 개선 연구. 한국교육개발원 연구보고 RR82-22.

이동혁(1988). 교원 현직교육에 관한 연구. 단국대학교 석사학위논문.

이석열·신봉섭(2004). 교사발달의 구성 요인에 기초한 장학의 방향 탐색. 교육행정학연구, 22(3), 35-54.

이순세(1992). 교내 현직연수가 교원능력 개발에 미치는 영향. 동국대학교 석사학위논문.

이종만(1992). 수업장학의 활성화를 위한 발전방향, 10(2), 45-58.

이윤식(1989). 교사의 전문성 신장을 위한 정보 탐색 형태 분석. 한국교육, 16(1), 5-40.

이윤식(1993). 장학론 논고. 서울: 과학과 예술.

이윤식·유현숙·최상근(1993). 교원 연수제도 개선방안 연구. 한국교육개발원, 19.

이윤식(1999). 장학론. 서울: 교육과학사.

이윤식(2001). 학교경영과 자율장학. 서울: 교육과학사.

이윤식·송종규(2002). 인문고 교사들의 사이버 장학에 대한 인식 연구. 한국교원교육연구, 19(1), 215-244.

이인화(2000). 공립중학교 교사와 사립중학교 교사의 자기장학에 관한 인식비교. 인천대학교 석사학위논문.

이종만(1992). 수업장학의 활성화를 위한 발전방향. 교육행정학연구, 10(2), 45-58.

장이권(1983). 임상장학을 통한 교사의 수업개선. 교육행정학연구, 1(1).

장혁대(1993). 초등학교 교내 연수의 실태와 개선방안. 영남대학교 석사학위논문.

정태범(1998). 학교교육의 구조적 개혁. 서울: 양서원.

정태범(2002). 장학론. 서울: 교육과학사.

조병효(1991). 현대장학론. 서울: 교육과학사, 35-41.

조병효(1995). 현대장학론. 서울: 교육과학사, 200-201.

주삼환(1983). 장학론: 임상장학 방법. 학연사.

주삼환(1996). 학교경영과 교내장학. 서울: 학지사.

주삼환(1997). 변화하는 시대의 장학. 서울: 원미사.

주삼환(2000). 지식정보사회에서의 장학의 방향. 교육발전논총, 21(2), 75-88.

주삼환(2003). 장학의 이론과 기법. 서울: 학지사.

최호영(1996). 교내 자체연수의 개선방안에 관한 연구. 관동대학교 석사학위논문.

최희선·윤기옥 역(1997). 수업장학탐구. 서울: 교육과학사.

한민주(1998). 프랑스 교사교육제도 개혁의 특성과 내용에 관한 연구. 비교교
육연구, 8(1), 169-194.

한국교육행정학회(1995). 장학론. 서울: 도서출판 하우.

Acheson, Keith A, & Gall, Meredith D. (1987). *Techniques in the clinical supervision of teachers(2nd ed.)*. NY: Longman.

Alfonso, R. J, & Glodsberry, L (1987). Colleagueship in supervision. *Educational Supervision, 2*, 67.

Beach, Don M., and Reinhartz, Judy(2000). *supervisory leadership: Focus on instruction*. Boston: Allyn and Bacon.

Blasc, J., Blase, J. (2002). The Micropolitics of Instructional Supervision: A Callfor Research, *Educational Administration Quarterly. 38(1)*, 6-44.

Bransford, J. Brown, A. L. (2000). *How People Learn: brain, mind, experience and school*. New York: National Academy Press.

Burden, P. R. (1983). Implications of teacher career development: New roles for teachers, Administrators, and Professors. *Action in Teacher Education, 4(4)*, 21-25.

Cogan, M. (1973). Clinical Supervision. N. Y.: Houghton Mifflin.

Clark, R. W., Hong, L. K., & Schoeppach, M. r.(1996). Teacher empowerment and site-based management. Sikula, J., Buttery, T. J., & Guyton, E.(Eds). *Handbook of Research on Teacher Education(second ed)*. New York: Macmillan, 595-616.

Glatthorn, A. A. (1984). *Diffrenciated supervision. Alexandria*, VA: Association for Supervision and Curriculum Development.

Glickman, C. R. (1990). *Supervision of instruction(2nd)*. Boston: Allyn and Bacon.

Goldhammer, R. (1969). *Climical supervision*. NY: Holt, Rinehart Winston.

Goldhammer, R., Anderson. R. H., & Krajewski, R. J.(1980). *Coimical supervision: Special methods for the supervision of teachers(2nd ed.)*. NY: Holt, Rinehart Winston.

Glickman, C. D.(1990), *Supervision of Instruciton-A Development Approach*, MA: Allyn & Bacon.

Glickman, K.(1993). *Renewing Amercias's Schools*. San Francisco: Jossey-Bass.

Glickman, Carl D., Gordon, Stephen P., and Ross-Gorden, Jovita M. (2001). *Supervision and instructional leadership: A developmental approach*. Boston: Allyn and Bacon. 146-196.

Harris, B., (1975). Supervision Benavior in English, 2nd ed., Englewood Cliffs, N.J.: Prenfile-Hall.

Hersey, P., Blanchard, K. H. (1988). *Management of organizational behavior: Utilizing human resources. (5thed.)*. Englwood Cliffs, NJ: Prentice Hall.

Katz, R. L. (1992). Development stages of preschool teachers. *Elementary School Journal, 73*.

Knoll. M. K.(1987). *Supervision for better instruction.* New Jersey: Prentic-Hall inc.

Kolb. D. A., Rubin, I. M., and McIntyre, J. M. (1980). *Organization psychology: An effective approach to organizational behavior. (4th ed.).* Englwood Cliffs, NJ: Prentice-Hall.

Kozam, R. B. & Schank, P. (1998). Connecting with the twenty-first century: Technology in support of educational reform. Association for Supervision and Curriculum Development 1998 Yearbook: *Learning and Technology,* 3-27.

Lortie, D.(1975). *School teacher: a sociological study.* Chicago: University of Chicago Press.

Lovell, J. T., & Wiles, K. (1983). *Supervision for better schools. Englewood Cliffs,* New Jersey: Prentice Hall.

Morris, L. C.(1961). Supervision at the Harvard-Newton summer school. Cam-bridge, MA: Harvard Graduate School Education, 1961.

Myrick, Robett D. & Sabella, Russell A.(1995). Cyberspace: New place for counselor supervision. *Elementary School Guidande & Counseling, 30(1),* 35-44.

OECD(1982). In-Service Education and Training of Teachers. Paris: *OECD,* 12.

Oravec, Jo Ann (2000). Online counseling and the internet: perspectives for mental health care supervision and education. *Journal of Nental Health, 9(2),* 121-135.

Pajak, F. & Starratt. R. J.(1998). *Handbook of Research on School Supervision.* ed.

Sergiovanni, T, J,. Starratt, R, J.(1973). *Supervision: Human perspectives 2nd.* NY.: Hc GrawHill.

Showers, B.(1985). Teachers coaching teachers. *Educational Leade-*

rship, *42*(*7*).

Showers, J., Joyce, B., & Bennett, B.(1987). Synthesis of research on staff development: A framework for future study and a state of art analysis. *Educational Leadership*, *45*(*3*). 77-87.

Smaby, Marlowe H., Maddux, Cleborne D., Zirkle, Denise S., Henderson, Norma J. (2001). Counselor educaion and supervision: On-line peer review editing, on-line submissions, and publishing articles on the world wide web. *Counselor education & Supervision*, *40*(*3*), 163-169.

Wade, R.(1985). What makes a difference in inservice teacher education? A meta-analysis of research. *Educational Leadership*, *42*(*4*), 8-54.

Wiles, J. & Bondi, J.(1980). *Supervision: A Guide to Practice*. Columbus. Ohio: Charles E. Merrill Publishing Co, 11.

Wise, A., & Darling-Hammond, L.(1985). Teacher evaluation and teacher professionalism. *Educational Leadership*, *42*(*4*), 28-33.

Wood. F., & Kleine, P.(1987). *Staff development research and rural schools: A critical appraisal*. Unpublished manuscript. University of Oklahoma, Norman.

4장 교사의 발달 단계별 장학

1. 교사발달의 개념

발달의 과정에는 신체나 운동기능, 지능, 사고, 언어, 성격, 도덕성 등 인간의 모든 특성들이 포함된다. 인간의 발달적 변화가 일어나는 근본적인 과정과 원리를 설명하는 것이 바로 발달이론이다. 교사발달도 교사가 교직생활을 하면서 교직에 대한 가치관과 지식, 능력에서 변화와 발달의 과정을 거치는 것을 의미한다. 다시 말해 교사들이 교직에 종사하면서 경험하는 일체의 변화를 교사발달이라는 개념을 사용하여 설명하고 있다. 즉, 교사발달이란 예비교사가 교사 양성 기관에서 교직적성을 개발하는 시기부터 교사가 교직생활 전체 기간을 통하여 전문적 지식, 기술, 행동, 태도, 신념, 관심사 등의 교직수행과 관련된 모든 영역에서 변화되어 가는 것을 의미한다(이정욱·최영남, 1992; 윤홍주, 1996; 신현석, 1997; 백승관, 2003: 32; 이석열·신붕섭, 2004에서 재인용). 교사 발달을 유아와 마찬가지로 성인인 교사가 교직 생활을 통하여 교수 기술과 교육관, 직업 관련 제반 사건 측면에서 끊임없이 변화되어 가는 과정으로도 이해되어 진다(이윤식, 1999; Burden, 1990; Hargreaves & Fullan, 1992; Huberman, 1993; Kagan, 1992).

Hargreaves와 Fullan(1992)은 교사의 발달을 지식과 기술, 자기 이해, 그리고 생태적 측면으로 설명하고 있다. 즉, 전문적 지식 및 교수 기술의 측면과 교사 자신의 신념, 관심사, 자아 효능감과 같은 자기 이해의 측면, 그리고 직무 환경 내에서의 인간관계, 직무 만족도, 자신의 업무 환경 조절 능력과 같은 생태적 측면을 통해 교사의 발달을 이해하고자 한 것이다. 이처럼 교사의 발달 과정에서 어떠한 성장과 변화의 특성이 나타나는지는 여러 측면에서 연구되어왔다(조부경·백은주, 2002).

1960년대와 70년대에 이루어진 연구들은 주로 워크숍이나 현직 교육 프로그램에 의하여 교사의 교수 행동을 중심으로 전문성 발달이 어떻게 이루어지는지를 밝히고자 하였다. 이와는 달리 80년대에는 질적 연구 방법을 사용하여 교사의 교수 행동 이면에 내재되어 있는 인지 과정이나 신념 및 사고 과정을 밝히는 데에 관심을 두었으며(Goodson, 1992a), 최근에는 교사의 자아에 대한 개념이나 개인의 생활 및 생애사에 대한 이해(Noddings, 1984; Conelly & Clandinin, 1988; Cole & Knowles, 1994; More, 1996)와 교사 발달을 위한 지원적인 교수 상황을 강조하는 생태적 측면에 관심을 기울이게 되었다. 인간의 발달적 변화가 일어나는 근본적인 과정과 원리를 설명하는 이론적 접근은 학습이론적 접근, 인지론적 접근, 정신분석학적 접근, 생태학적 접근 등이 있다. 이 중에서 인지론적 접근이 최근 교사 발달 연구에서 가장 대표적인 것으로 이루어지고 있다.

교사 교육에 대한 폭넓은 관점과 방향성을 정립하기 위해서는 교사 발달의 여러 측면 즉, 지식과 기술, 자기 이해, 생태적 측면 등에서 교사의 발달을 포괄적으로 이해하는 것이 필요하다(조부경·백은주·서소영, 2001). 특히 자기 이해로서의 교사 발달과 생태학적 변화로서 교사 발달에 대한 접근은 전통적인 장학과는 다른 장학이 필요함을 시사한다. 즉, 모든 교사를 동일하게 보고 어떤 하나의 절대적인 가치나 교수 방법을 배우도록 하는 것이 아니라 각 교사의 독특성을 인정하고 그 수준에 맞도록 개별화시켜야 한다는 것이다.

이와 같은 교사의 발달을 고려한 장학에 대하여 Glickman과 Gordon 그리고Ross-Gordon(2001)은 교사의 직무 수행 수준과 추상적 사고 능력에 따라 장학 유형을 달리해야 한다고 주장한다. 직무 수행 능력과 추상적 사고 수준이 높은 교사는 비지시적 장학 유형으로부터 도움을 얻을 수 있는 반면, 직무 수행 수준과 추상적 사고 능력이 낮은 교사는 지시적 장학으로부터 도움을 받을 수 있다. 한편, 협동적 장학은 열의는 있으나 문제에 초점을 두고 생각하지 못하는 교사나 문제 해결책을 가지고는 있으나 실제 적용시키지 못하는 교사에게 가장 효과적이라고 한다. 이와 유사하게 Glatthorn(1997)은 선택적 장학이라는 용어를 사용하여 교사의 경험과 능력에 따라 임상 장학, 동료 장학, 자기 장학의 유형을 선택적으로 사용해야 한다고 하였으며, Burden(1990)은 교사의 발달 단계를 생존, 조정, 성숙 단계로 나눈 뒤, 단계가 높아질수록 비지적이며 자기장학적 유형이 효과적이라고 제안하였다.

장학의 유형 뿐 아니라 장학의 과정에서 사용되는 반성적 저널쓰기, 교사 이야기 쓰기, 관찰하기, 연수에 참여하기, 전문서적 읽기, 현장 연구, 멘터링(mentoring)의 방법(Caruso & Fawcett, 1999) 또한 교사의 지식 수준이나 경력, 자기 이해 측면 및 기관의 상황을 고려하여 적절하게 계획되어야 한다(조부경·백은주, 2001; 조부경·백은주, 2002에서 재인용).

2. 교사발달의 단계

교사발달은 교사가 교직생활 전체 기간을 통하여 교직생활과 관련된 제반 영역에서의 가치관, 신념, 태도, 지식, 기능, 행동에 있어 보이는 양적·질적인 변화를 의미하며, 교사발달을 도와주는 활동 형태는 교사의 전문적 발달과 교사의 개인적 발달, 학교의 조직적 발달을 모두 포함하는 형태를 지닌다(이윤식, 1999). 교사를 발달하는 성인학습자로 살펴볼 때, 성인발달에는 서로 다른 측면이 있다. 성인발달에 관한 새로운 가정들은 교사의 인지적, 개념적, 인성적인 면의 발달, 교사의 자아발달, 관심발달, 도덕발달에 차이가 있음을 보여준다(최석재, 2001).

교사들이 대체로 유아의 발달 요구나 단계를 중시하는 것과 마찬가지로 교사의 전문적 성장과 발달 과정은 직전교육이나 현직교육에서 매우 중요한 요인이 된다(Katz, 1977). 교사의 관심에 대한 발달적 관점은 경험을 높은 수준의 관심단계로 변화하도록 하는 중요한 요인으로 가정한다(Fuller, 1969).

가. 교사의 인지발달

인지발달의 근거가 되는 기본 가정을 우선 살펴보면 다음과 같다. 첫째, 모든 인간은 인지구조를 통해 경험을 발전시키다. 둘째, 인지구조는 덜 복잡한 상태에서 복잡한 수준으로 향하는 위계적 순서나 단계를 거쳐 조직된다. 셋째, 각 단계로의 이동은 인간 자신의 경험이 단계 구축방법의 중요한 변형 요소로 작용한다. 넷째, 발달은 자동적으로 일어나지 않는다. 다섯째, 행동은 개인의 특정한 발달 단계에 의해 결정되고 예측 가능하다. 연구자들은 단계를 동일하지는 않지만 서로 맞물리는 연속성을 가진 일련의 발달 영역이 있음을 가정하고 있다(최석재, 2001).

Piaget(1970)는 지능의 구조와 요인을 밝히며 지적 능력을 양적으로 측정하려고 하였다. 그러나 인간의 지적 발달은 각 단계에 따라 서로 다르게 일어난다는 것을 관찰하고, 발달이 보다 복잡한 방향과 단계로 진행된다는 것을 밝히고 있다. 개념발달의 과정은 환경과 대인관계의 세계에 보다 관심을 집중한다. 개념수준이란 인간의 상호 작용 속에서 일어나는 문제를 해결하는데 있어서 현재 개인이 가장 선호하는 양식을 말하는 것으로 개념 수준이 높은 교사들은 교수방법에 보다 잘 적응하고 융통성 있게 모호한 상황을 편안하게 받아들인다. 그러나 개념 수준이 낮은 교사들은 구체적으로 사고하며 한 가지 교수 방법만을 선택적으로 사용하는 경향을 드러낸다.

Hunt(1966)는 개념수준의 세 단계를 다음과 같이 제시하고 있다. 첫째, 구체적 수준의 개념수준으로 사고가 구체적인 경향성을 띤다. 교수방법 중 가장 확실한 단 한 가지 방법을 선호하며 구조화 정도가 높은 학습을 매우 좋아한다. 둘째, 구체적, 추상적 개념수준으로 문제 해결을 위한 대안적 전략의 중요성을 인식한다. 셋째, 추상적 개념수준으로 교사들은 대안을 중시하고 협력을 가치 있게 여기고 학생의 요구를 잘 이해하고 적절하게 반응할 수 있는 다양한 교수전략들을 사용한다. 이러한 그의 연구는 Thies-Sprinthall(1984)에 의해 지지되었다. Mckbbin과 Joyce(1981)는 발달 수준이 낮은 단계에 있는 교사들은 1년 후 평가 시 가장 단순하고 구체적인 방법 외에는 어떤 방법도 사용하는데 실패했음을 보고하고 있다.

Peterson(1989)과 그의 동료들은 인지발달 수준이 높은 교사들은 보다 높은 수준의 기술, 즉 문제제시, 적극적 경청, 계속적인 평가, 과업에 대한 자신감과 여러 가지 변화의 필요성을 인지하고 있다고 한다. 반면에 인지발달 수준이 낮은 교사들은 엄격하고 사실에 기초한 기계적인 접근 방법과 단순한 일 처리 등을 나타낸다. Harvey(1967)는 개념수준이 높은 교사는 그

반대 경우의 교사보다 학생들에게 보다 높은 학업성취, 보다 적은 훈육, 보다 많은 협력, 보다 질 높은 학업관리에 몰두하고 있음을 보고하고 있다.

교사의 인지발달을 연구한 연구자들은 교사발달을 인지발달에 의한 인지구조의 변화의 결과로 설명하고 있다. Gregorc(1973)는 교사들을 위한 전문적인 발달 단계를 형성단계, 성장단계, 성숙단계, 원숙단계 등의 네 가지 단계로 구분하여 제시하고 있고, Watts(1980)는 생존단계, 중간단계, 숙련단계 등으로 제시하고 있다. 여기서 생존단계 교사에게는 교직에 대한 확신과 안정감이 필요하며, 중간단계 교사들에게는 교육에 대한 비전과 새로운 사상, 숙련단계 교사에게는 풍부한 교직 경험을 동료들에게 나누어 줄 수 있는 기회를 제공해 주는 것이 필요하다고 한다.

교사의 인지발달 수준에서 높은 수준에 있는 교사는 교육목표, 교육과정, 교수방법, 학생지도 및 학교 경영에 대한 능력이 점차적으로 늘어가고 창조적으로 발달하여 교사로서의 자아실현을 위해 노력한다. 교사의 인지발달 수준에서는 같은 연령이나 같은 경력을 가진 교사도 교사발달 수준이 서로 다르며, 각 수준마다 교사들의 욕구, 교사의 실천력, 사고, 문제 해결력 및 집단 행동 등이 다양하다는 것이다(최석재, 2001).

나. 교사의 자아발달

Loevinger(1976)는 자아발달은 출생에서 성인기까지 10단계로 나뉘어 진행이 되는데 한 단계의 발달이 완성된 후 다음 단계로 진행 할 수 있다고 한다. 여기서 그는 모든 성인들은 첫 세 단계(전사회적, 상호의존적, 충동적)는 순조롭게 통과하나 사람에 따라서 자기 보호적 단계에서 멈추는 경우도 있다고 한다. 그러나 대부분의 성인들은 자아인식 수준과 양심적 단계까지는 도달하게 된다고 한다. 마지막 네 단계(양심적, 개인적, 자율적, 통합적)는 성인발달에서 특별히 중요하다. 자아 기능이 높은 수준에 있는 교사들은 주어진 상황에서 보다 많은 측면을 수용하거나 조화를 이루며, 복잡한 결정을 할 때 모호한 상황을 편안하게 받아들이고, 가능한 한 다양한 대안들을 검토한 후 이를 근거로 행동에 옮긴다. 그리고 자아 기능이 낮은 교사들은 기본적인 교수만을 사용하고, 그 반대의 교사들은 자신의 교수능력을 높이기 위하여 새로운 교수 기술을 계속적으로 실험해 보고자 노력한다.

다. 교사의 관심발달

Fuller(1969)는 교사의 관심발달 연구를 통하여 교사들의 경험의 단계가 높아지면서 교사의 관심도 변화하는 것을 발견하였다. 교직생활을 시작하는 교사는 자신의 생존에만 관심을 두고 타인이 자기를 어떻게 생각하는지, 자신이 교직에 적절 한지의 여부에 관심을 집중한다. 중간 정도의 경험을 가진 교사들은 가르치는 과업에 관심을 두고, 교수자료나 교수방법의 개선을 시도한다. 경험이 많은 교사들은 학생 개인 개인에 더 많은 관심을 집중한다.

일반적으로 교사의 관심발달은 첫째, 자신에 대한 관심에서 둘째, 과업에 대한 관심으로 셋째, 자신이 미치는 영향에 대한 관심으로 변화한다고 볼 수 있다. 신규 교사들은 자신의 생존에 보다 관심을 가지는 것은 두려움을 느끼는 자아상태와 처벌을 피하려는 도덕적 상태와 같은 속성을 가진다. 이들은 자신의 생존과 안전에 보다 관심을 집중하고, 생존과 안전이 보장되면 그들의 관심은 가르치는 과업에 대한 관심으로 이행한다. 높은 수준의 교사들의 관심은 자아 발달 수준의 자율과 도덕적 발달 수준의 원칙적 추리와도 상관이 있다. Glickman(1981)에 의하면 교사들의 관심의 변화는 나에 대한 이기적인 관심에서부터 출발하여 나의 집단에 대한 관심으로 그리고 모든 학생에 대한 관심으로 발전해 간다고 주장한다.

Katz(1972)는 교사발달을 생존단계, 보강단계, 갱신단계, 성숙단계로 구분하고 생존단계는 교직생활 1년 정도의 교사들이 새롭게 부딪히는 문제들에 대하여 두려움을 가지고 탐색하고 생존을 추구해 나가는 단계이며, 보강 단계는 교직생활 2~3년이 되는 교사들이 경험과 지식을 쌓으면서 동료교사나 전문가들의 도움을 받아 전문성을 성장시켜 나가는 단계로, 갱신단계는 새로운 것을 시도해 보기 위하여 다양한 프로그램에 대한 정보와 새로운 방법과 기술을 필요로 하는 단계이다. 성숙단계는 교직생활 5년 이후의 교사들이 자신감을 가지고 교수·학습의 질을 유지하며 계속하여 전문성을 성장시켜 가는 단계를 의미한다. Hall과 Hord(1987)는 교사 관심의 단계를 적응적 관심, 통합적 관심, 숙련적 관심으로 구별하고 있다. 적응에 대한 관심은 새로운 기술에 의한 설명과 정보 제공, 그리고 개인이 받을 수 있는 혜택에 관한 관심이고, 통합적 관심은 새로운 기술이나 내용을 교실에서 어떻게 활용하며 효과적으로 적용시켜 나갈 것인가에 대한 관심이며, 숙련에 대한 관심은 교실의 실제를 개선시키고 동료교사와 함께 교실 상황을 발전시키기 위하여 힘쓰는 관심을 의미한다. 교사 관심의 단계적 변화에 대한 구체적인 연구는 다음의 〈표IV-1〉과 같고, 교사의 경력에 따른 발단 단계는 〈표IV-2〉와 같다.

〈표IV-1〉 교사 관심의 단계적인 변화

발달 영역	연구자	발달단계	행동 특징
교사 관심	Fuller (1969)	자아적합성	생존에 대한 관심, 교직 적합성, 교실통제에 관심
		교사과업	교실활동의 개선, 자신의 과업에 대한 효과성 강조
		교수영향	학생들의 유익과 자신의 평가에 초점
추상적 사고력	Glickman (1981)	구체적 사고	문제에 대한 본실 파악이 어려움, 개선에 내한 도움이 필요
		중간적 사고	개선의 필요성을 인지하나 대안 개발에는 한계
		추상적 사고	자율적, 창의적, 문제 해결력, 융통성 있는 사고
자아 발달	Loevinger (1976)	성인 초기	인상적, 전능적, 꿈과 비전, 충동적
		성인 중기	소속과 순응, 안정추구, 꿈과 비전의 수정, 순응적
		성인 후기	통합추구, 한계의 수용, 반성적 성찰, 자율적

발달 영역	연구자	발달단계	행동 특징
교사 성장 모형	Sergiovanni & Sta-rratt(1993)	현직교육	직무관련 기술 개발에 초점
		교사발달	전문적 식견의 개발
		갱신	인간적 및 자신의 전문성 개발

자료: 김정한(2002). 장학론. 서울: 학지사, 414-418에서 재구성.

효과적인 장학의 방향은 자기 중심적인 동기유발에서 이타적인 동기유발 쪽으로 변해 가도록 지원해 주고, 구체적인 사고에서 추상적인 사고의 발달 단계로 이행하는데 필요한 지원과 여건을 마련해 주는 방향으로 진행되어야 한다.

〈표IV-2〉 교사의 경력에 따른 발달단계

Fuller & Bown	Burden	Katz	Unruh & Turner
교직이전 관심단계	생존단계	생존단계	교직이전단계
생존관심단계	조정단계	공고화 단계	초기교수단계
교수상황 관심단계	성숙단계	쇄신단계	안정구축단계
아동관심단계		성숙단계	성숙시기단계

자료: 최석재(2001). 교사발달 수준에 적합한 장학모형 연구. 동아대학교 석사학위논문, 33.

3. 교사발달 관련 연구고찰

가. 교사발달에 관한 국내의 연구

외국에서 교사발달에 관한 연구가 활발한 것에 비교하여 볼 때, 우리나라에서 교사발달에 관련되어 수행된 연구는 드물지만, 〈표 Ⅳ-3〉과 같이 제시할 수 있다.

〈표Ⅳ-3〉 교사발달에 관한 국내의 연구

저　자	연구결과	제　언
이영희 (1984)	−교직과정 이수와 교육실습 경험은 교사의 직무수행능력에 효과적인 영향을 못 미침 −경력이 많은 교사는 학교의 업무부담, 행정가의 구속적인 간섭에 부정적인 태도 −신규교사는 학교가 교사들에게 권위 행사 부여·기대	−체계적인　연수과정 마련 −교수상황에서 사회적 과정과 관련하여 연구
신인숙 (1991)	−교사발달 과정상 교사가 겪는 특징적인 교직경험 유형에 따라 역할갈등 수준이 달라짐	−종단적 추적 연구 필요
이윤식 (1991)	직선적·순차적발달모형과 순환적·역동적 발달모형을 상호보완적으로 사용	−교사발달에 대한 체계적이고 종합적인 연구 필요
최상근 (1992)	−교사들은 능력구축단계, 안정화단계, 실험주의단계에서 설정하고 있는 속성들을 초임부터 20년까지 지속적·복합적으로 갖고 있음	−자기발전연수 및 집단 연수자료, 학교관리자들을 위한 경영 참고 자료로 활용
박천수 (1994)	−숙련교사와 신임교사가 교내 자율장학의 필요성, 활용도, 선호도에서 높게 나타남	−종단적 연구 필요

저　자	연구결과	제　언
박안수 (1999)	−교직경력이 많은 교사일수록 개인적·조직적 환경에서 저해 요인을 크게 인식	−장기적 연구 필요
강연옥 (2001)	−교사발달에 따른 갈등 요인의 남녀별 차이를 분석한 결과 남교사가 여교사보다 갈등을 더 많이 느낌	−다양한 가설검증 연구와 가설생성연구 필요

나. 교사발달에 관한 외국의 연구

1) 직선적·순차적 발달모형

가) Fuller(1969)의 교사발달 단계

　교사의 발달을 단계별로 주요 관심사를 중심으로 개념화하였다. 그는 교사의 발달단계를 〈표IV-4〉과 같이 3단계로 구분하였다.

〈표IV-4〉 Fuller의 교사발달 단계

단　　계	발달 내용
교직이전단계 (pre-teaching phase)	특별한 관심사가 없는 단계 (non-concern)
초기교직단계 (early-teaching phase)	자기 자신에 대해 관심을 기울이는 단계 (concern with self)
후기교직단계 (late-teaching phase)	아동에 대해 관심을 기울이는 단계 (concern with pupils)

나) Fuller와 Bown(1975)의 교사발달 단계

　기본적으로 교사의 관심사는 '자기 자신의 생존'으로부터 '교수상황' 그리고 '아동들의 학업성취'로 옮겨간다는 것이다. 따라서, Fuller(1969)의 3단계 구분을 수정하여 〈표IV-5〉와 같이 교사의 발달단계를 4단계로 제시하였다.

〈표Ⅳ-5〉 Fuller와 Bown의 교사발달 단계

단 계	발달내용
1단 계	교직이전관심단계(stage of pre-teaching concerns)
2단 계	생존관심단계(stage of survival concerns)
3단 계	교수상황관심단계(stage of teaching situation concerns)
4단 계	아동관심단계(stage of pupil concerns)

다) Katz(1972)의 교사발달 단계별 교사연수 욕구

Katz(1972)는 교사들의 발달단계를 4단계로 구분하고 각 단계별로 두드러진 현직연수 욕구를 〔그림Ⅳ-1〕과 같이 ① 생존단계(survival stage), ② 보강단계(consolidation stage), ③ 갱신단계(renewal stage), ④ 성숙단계(matruity stage)로 구체적으로 제시하고 있다.

발달단계	
4단계 성숙단계	−학술세미나·회의 −대학원 과정 −전문단체·기관 −학술지·서적
3단계 갱신단계	−학술회의·전문단체·기관 −학술지·서적·필름 −시범학교·교원센터 방문
2단계 보강단계	−수업현장에서의 도움 −전문가의 도움 −동료교사·자문인사의 도움
1단계 생존단계	−수업현장에서의 지원 −구체적기술적 도움
(개략적 경력 연수)	1년　　2년　　3년　　4년　　5년

[그림Ⅳ-1] 발달 단계별 교사의 연수 욕구(Katz)

자료: Lilian G. Katz(1972). Developmentals stages of preschool teachers. The Elementary School Journal, (731), 50-54.

라) Unruh와 Turner(1970)의 교사발달 모형

Unruh와 Turner(1970)에 의하면 어떤 교사들은 성숙단계에 이르는 데 15년이 걸리기도 한다고 한다. 따라서, 그들은 교사의 전문적 성장에 있어서 4단계를 〈표Ⅳ-6〉과 같이 제시하였다.

〈표Ⅳ-6〉 Fuller와 Bown의 교사발달 단계

단　　계	시　　기	발달내용
교직이전시기 (pre-service period)	교사양성기관에서 교육을 받는 시기	·
초기교수시기 (initial teaching period)	교직에 첫발을 디딘 후 1년~6년	학생훈육문제, 수업조직문제, 교육과정개발문제, 전체교직원들로부터 인정을 받는 문제 등에 관심
안전구축시기 (building security period)	6년~15년	교직자체에 만족과 안정감 느끼고, 자신의 지식과 배경을 향상시키는 방안 탐색
성숙시기 (maturity period)	15년 이상	교직생활에 있어서 높은 능력과 깊은 안정감을 갖고, 교직 이외의 다른 영역에 흥미와 관심

마) Gregorc(1973)의 전문적 교사발달 모형

Gregorc(1973)은 교사의 전문적 발달모형으로서 형성단계, 성장단계, 성숙단계, 원숙전문단계 순서로 〈표Ⅳ-7〉과 같이 여러 가지 영역에서의 변화를 보여준다. 이 모형에서는 단계별로 구체적인 교직경력 연수가 제시되어 있지 않다. 하지만, 교직과 관련된 다양한 영역에서의 변화·발달을 최초로 체계적으로 제시하였다.

〈표Ⅳ-7〉 전문적 교사발달 모형(Gregorc)

영역	발달단계	형성단계 →	성장단계 →	성숙단계 → 원숙전문단계
가치·신념·욕구	가치 및 신념체계	임시적이고 발달되지 않았음; 일반적인 시류 또는 문화적 경향에 편승함; 독단주의에 기울기 쉬움	가치 및 신념에 대해 의문을 제기하고, 점검하고, 확인 또는 부정함	개인적으로 점검하고, 현실적이며, 실제적인 가치 및 신념 체계; 가치 및 신념에 대한 계속적 재평가
	개인적 욕구	낮은 수준의 욕구(생리적, 안전, 사회적 욕구); 의존적	스트레스 상황 이외에는 독립적	높은 수준의 욕구(존경 및 자아실현 욕구); 독립적
	전문적지향성	자기 자신	자기 자신과 학생	학생과 지역 사회
지식·기술	교육훈련	구체적 기술에 대한 훈련 필요; 모든 상황을 능숙하게 다룰 수 있는 요령 습득에 관심; 외적 동기화; 타인들에 의해 유도되는 현직교육	자기 스스로 학습의 조짐; 즉각적 상황 대처의 경향을 보이기 시작	즉각적 상황 대처성; 예기치 않은 상황에 대한 대처 자신감; 내적 동기화; 자기 자신에 의한 교육 훈련
	교과목에 대한지식	해당 교과목에 제한된 지식	교과 영역에 걸친 깊고 넓은 지식	타영역과 관련한 교과 영역에 대한 넓은 안목; 다학문적 안목
	전문적 교수방법 및 기술	제한적	교수 기술을 교과 목표와 연결시키려고 다양한 방법·기술 사용	이론에 기초하여 여러 가지 방법을 실천함
전문적 행동	전문적 발달수준	비성숙; 동료들에 대한 의존	동료들 뿐 아니라 다른 사람들에게도 개방적임	성숙; 독립성; 상호작용성; 동료들에 대하여 지원적임
	정치적 지향성	상호 이익을 위한 협동	나름의 대안을 고려하나 동료들로부터의 압력에 영향을 받음	독립적인 판단; 각자 나름의 판단
	환경으로부터의 자극 및 피드백에 대한 개방성	제한된 인식; 미약한 지각력; 최소의 반응	확장된 인식 및 반응	정확한 인식; 강한 지각력; 최대의 반응
	평 가	장학 지도자 및 동료 집단이 기대 수준을 정의해 주고 성취에 대한 피드백 제공	상호 납득할 수 있는 기준에 의해 자기 평가를 유도함	책임과 능력에 대한 자기 평가
	직무로부터의 보상	우정; 애착; 집단 소외감; 수입; 기대 수준 충족감	동료 및 다른 사람들로부터 커지는 존중심; 책임감의 증대	성취; 책임감; 품위; 자유
	전문적 관계	통상관례에 의한 정해진 역할기대에 충실	편견 없는 역할 기대의 출현	상호 존중; 동등성
	수월성·자아실현을 위한 노력	———————→	점증되는 수월성	———————→

자료: Anthony F. Gregorc(1973). Developing plans for professional growth. NASSP Bulletin, 57(377), 1-8.

바) Burden(1979)의 교사발달 모형

Burden(1979)은 비교적 다양한 영역에서의 교사 변화·발달을 초등학교 교사들을 대상으로한 면담을 기초하여 ① 생존단계(survial stage), ② 조정단계(adjustment stage), ③ 성숙단계(mature stage)로 〈표Ⅳ-8〉과 같이 제시하고 있다.

〈표Ⅳ-8〉 다양한 영역에서의 교사발달 모형(Burden)

영역 \ 발달단계	생존단계(1차년도)	조정단계 (2차·3차·4차년도)	성숙단계 (5차년도 및 그 이후)
교수활동에 대한 지식	교수방법, 교수계획, 기록유지, 아동 동기유발 및 훈육, 조직 관리기술 등에 있어서 제한된 지식	교수활동의 제 영역에 있어서 증가된 지식 및 기능	교수활동의 제 영역에 있어서 높은 지식 및 기능
교수환경에 대한 지식	아동들의 특징(성격, 행동, 주의집중, 시간, 성취수준 등), 학교교육과정, 학교규정에 대한 학교규정에 대한 제한된 지식	교수환경에 제 영역에 있어서 증가된 지식 및 기능	교수환경의 제 영역에 있어서 높은 지식 및 기능
전문적인 통찰 및 인식	아동 혹은 학교환경에 대한 제한된 통찰; 자신들을 객관적으로 볼 수 없음; 자신들의 행동에 몰입함	교수-학습환경을 포함한 전문 직업적 환경의 복잡성에 대한 통찰력이 점차적으로 증대됨; 아동들을 보다 복합적인 방법으로 관찰하게 되며, 그들의 요구에 더욱 적절하게 부응할 수 있게 됨	
교육과정 및 수업에의 접근 방법	교사중심의 교육과정에의 접근; 아동들과 제한적인 개인적 접촉	아동들의 자아개념에 대한 보다 깊은 관심을 보이는 전환적 시기	아동중심의 교육과정에의 접근; 개개 아동에 대한 교수와 긍정적인 학급환경을 조성하는 데 더 깊은 관심
교수관의 변화	교사가 당위적으로 무엇이 되어야 하는가 하는 이미지를 수용함; 전통적인 방법으로 가르침	점차적으로 당위적 이미지에 동조하지 않게 되며, 그들 자신에게 알맞은 교수방법을 쓰기 시작함; 그들 자신이 개성을 발휘하기 시작함	
전문적 자신감, 안정감 및 성숙도	무능감을 느낌; 교직의 여러 영역에 대하여 불확실하고 혼란감을 느낌; 어떻게 가르쳐야 하는가에 대하여 걱정이 되며, 부정확하게 가르치지 않나 하는 걱정이 됨	가르치는 교과목과 교수방법에 대하여 비교적 안정감을 느낌; 자기 자신에 대하여 더욱 편안함과 자신감을 느낌	성숙한 교사가 되었다고 하는 느낌을 갖게 됨; 자신감과 확신감을 가짐
새로운 교수 기술을 시도하려는 의지	기본적인 교수기술에 숙달하려고 노력하는 한편 새로운 교수기술을 시도할 의지가 없음	기본적인 교수기술에 숙달한 후에 다른 교수기술을 계속적으로 실험해 보고자 함; 아동들의 요구를 충족하기 위해 더 많은 교수 방법을 사용할 필요를 느낌	자신의 교수능력을 높이기 위해, 변화를 수용하기 위해, 혹은 교수가 흥미로운 일이 되도록 하기 위해 새로운 교수기술을 계속적으로 실험해 보고자 함

자료: Paul R. Burden(1983). Implications of teacher career develop: New roles for teachers, administrators, and professors, Action in Teacher Education, 4(4), 21-25.

사) Newman(1978)과 Peterson(1978)의 교사발달 모형

Newman(1978)과 Peterson(1978)은 교직의 전기간에 걸쳐 장기적인 교사의 변화·발달을 연구하여 〈표Ⅳ-9〉같이 나타내었다.

〈표Ⅳ-9〉 Newman(1978)과 Peterson(1978)의 교사발달 모형

단계(기준)	Newman(교직경력)	Peterson(연령)
1단계	최초 10년까지의 시기	20대의 시기
2단계	20년까지의 시기	30대의 시기
3단계	30년까지의 시기	40대의 시기
4단계	·	50대의 시기
5단계	·	60대의 시기

2) 순환적·역동적 발달모형

가) Burke, Christensens과 Fessler(1984)

박은혜 외(1999)는 교직에 영향을 주는 세 가지 영역으로, 개인영역, 조직영역, 교직주기영역 등 〈표Ⅳ-10〉과 같이 세 가지 영역으로 제시하였다.

〈표Ⅳ-10〉 교직에 영향을 주는 세 가지 영역

영　　역	내　　용		
개인 영역	가족이나 개인적 의미 있는 긍정적인 경험과 위기, 발달단계		
조직 영역	전문가 조직, 운영 스타일과 기대, 정책, 공적 신뢰도, 사회적 기대		
교직 주기 영역	경력과 직업 발달의 단계	교직이전	대학에서 교사가 되기 위한 준비를 하는 기간
		교직입문	일반적으로 교직에서 3년차까지
		능력구축	교수 행위 기술 증진에 초점
		열중·성장	높은 수준의 직업 만족도를 갖고 매사에 헌신
		교직좌절	교수행위에 대해 좌절감과 환멸감을 느낌
		안정·침체	교사에게 기대되는 것만 최소한으로 하기

영 역			내 용
교직 주기 영역	경력과 직업 발달의 단계	교직쇠퇴	은퇴 준비 또는 긍정적 경험을 회고하거나 새 로운 직업, 봉사직 등으로 떠날 것을 생각
		교직퇴직	은퇴하거나 교직을 대신할 새로운 일 찾기

자료: 박은혜 외(1999). 교사발달에 적합한 장학의 이론과 실제. 서울: 정민사. 재구성.

이윤식(1999)는 교사발달의 모형을 〔그림Ⅳ-2〕과 같이 제시하였다.

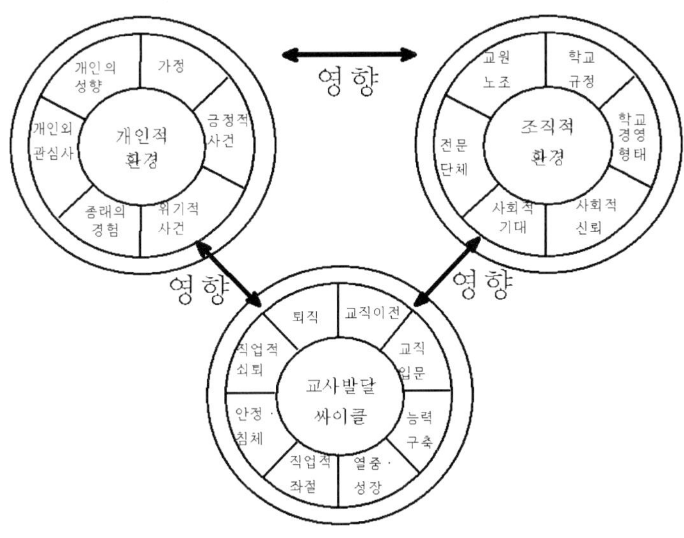

[그림Ⅳ-2] 교사발달 싸이클 모델

자료: 이윤식(1999). 장학론―유치원·초등·중등 자율장학론. 서울: 교육과학사

〔그림Ⅳ-2〕의 교사발달 싸이클 모델에서 보는 바와 같이 환경적 조건은 개인적 환경과 조직적 환경의 2가지로 구분되며, 각각 구체적으로 살펴보면 〈표Ⅳ-11〉과 같이 나타낼 수 있다(Burke, Christensens & Fessler, 1984).

<표IV-11> 개인적·조직적 환경의 내용

개인적 환경		조직적 환경	
가 정	-가정내 지원체제	학교규정	-인사정책
	-가정내 역할기대		-종신임용제도
	-재정상태		-자격요건
	-가족수		-학문의 자유
	-가족들의 특별한 요구		-학급배당
	-가족수		
긍정적 사건	-결혼	학교경영형태	-신뢰분위기
	-자녀의 출생		-검열: 후원
	-재산상속		-구조화: 방임
	-종교적 체험		-철학적 동의
	-상위학위 취득		-의사소통
위기적 사건	-사랑하는 사람의 병환	사회적 신뢰	-후원적인 분위기
	-사랑하는 사람의 사망		
	-자신의 병환		-학교와 교사에 대한 신뢰
	-재정적 손실		
	-이혼		-재정적인 후원
	-법률적 문제		
	-가정내의 핍박		-기대와 포부
	-친구나 친척의 어려움		-교육위원회의 후원
종래의 경험	-교육적 배경	사회적 기대	-교사와 교직에 대한 국가보고서
	-자녀와의 경험		-특수 이해집단의 영향력
	-학교 외부에서의 일		-주민투표의 결과
	-다양한 교직활동		-교직개선을 위한 자원
	-전문적 발달을 위한 활동		-학교의 교수이외의 목표
직업외 관심사	-취미	전문단체	-지도력
	-종교활동		-지역사회에 대한 봉사
	-자원봉사활동		-후원
	-여행		-전문적인 발달
	-스포츠와 체력관리		-연구활동

개인적 환경		조직적 환경	
개인의 성향	−개인의 목표와 포부	교원노조	−후원적인 분위기
	−개인의 가치관		−보호 및 안정감
	−인생에서의 우선순위		−교육위원회 및 교육행정가와의 관계
	−다른 사람과의 관계		−안정의 기회
	−지역사회에 대한 느낌		−부수적인 혜택

자료: Peter J. Burke, et al.(1984). Teacher career stages:Implication for staff development, 12-26. 재구성.

3) 외국 교사발달 모형의 종합

이상으로 교사발달에 관한 외국의 대표적인 연구들을 살펴보았다. 지금까지 살펴본 9개의 교사발달모형을 〈표Ⅳ-12〉와 같이 나타낼 수 있다.

〈표Ⅳ-12〉 외국 교사발달의 모형의 종합

구 분	교사발달 단계	연구자
직선적 · 순차적 발달모형	교직이전 → 초기교직 → 후기교직	Fuller(1969)
	교직이전관심 → 생존관심 → 교수상황관심 → 아동관심	Fuller & Bown(1975)
	생존 → 보강 → 갱신 → 성숙	Katz(1972)
	형성 → 성장 → 성숙 → 원숙전문	Gregorc (1973)
	생존 → 조정 → 성숙	Burden (1979)
	교직이전 → 초기교수 → 안전구축 → 성숙	Unruh & Turner (1970)
	교직경력 최초 10년까지 → 20년까지 → 30년까지	Newman (1978)
	연령20대 → 30대 → 40대 → 50대 → 60대	Perterson (1978)

구 분	교사발달 단계	연구자
순환적·역 동적 발달모형	교직이전→교직입문→능력구축→열중·성장→직 업적 좌절→안정·침체→직업적 쇠퇴→퇴직	Burke, risten- sen & Fessler (1984)

자료: 이윤식(1999). 장학론-유치원·초등·중등 자율장학론. 서울: 교육과학사. 재구성.
주: 순환적·역동적 발달 모형에서⇒표시는 반드시 그전 단계에서 다음 단계로 발달하지 않을 수도 있음을 나타냄.

직선적·순차적 발달모형과 순환적·역동적 발달모형은 〔그림 Ⅳ-3〕과 〔그림Ⅳ-4〕와 같이 각각 비교할 수 있다. 즉, 직선적·순차적 발달모형은 교사들이 교직생활에 입문하면서, 성숙도가 낮은 상태에서 보다 성숙도가 높은 상태로 한 단계씩 차근차근 밟아 성숙한 교사로 발달해 간다는 것을 나타내고 있다. 그리고, 순환적·역동적 발달모형은 교사들이 개인적인 환경과 조직적인 환경에서 경험하는 다양한 요소들간의 복합적이고 역동적인 영향으로 인하여 교사들의 발달이 긍정적인 방향 또는 부정적인 방향으로 순환적이고 복합적으로 이루어짐을 알 수 있다. ㉮형은 〔그림Ⅳ-3〕와 같이 직선적·순차적 발달모형을 보이는 교사를 의미하고, ㉯형과 ㉰형은 초기에 교직현장에서 필요한 가치관, 신념, 태도, 지식, 기능, 행동 등을 발달시켜 나가다 어느 시기에 개인적인 환경과 조직적인 환경(♣ 표시)에 의해 부정적인 방향으로 후퇴하거나 다시 긍정적으로 변해가는 것을 보여준다. ㉱형은 교직생활을 시작하면서 바로 회의·좌절 등을 경험하고 이를 극복하지 못하여 얼마 못가서 교직을 떠나는 형태를 보여준다(이윤식, 1999).

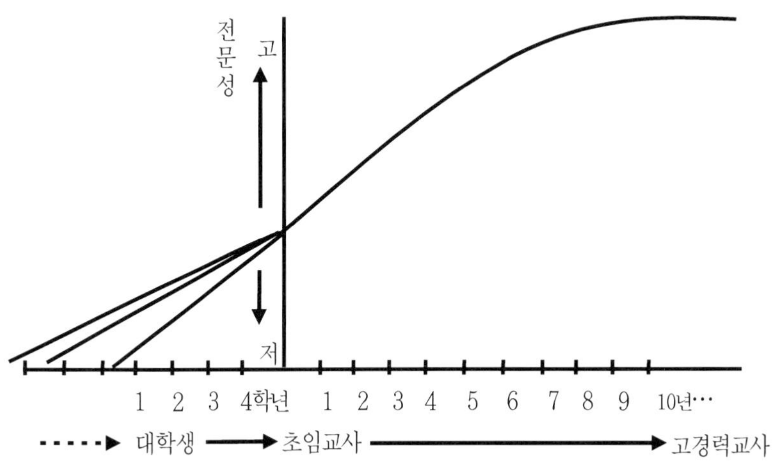

[그림Ⅳ-3] 직선적·순차적 발달모형

자료: 이윤식(1999). 장학론─유치원·초등·중등 자율장학론. 서울: 교육과학사.

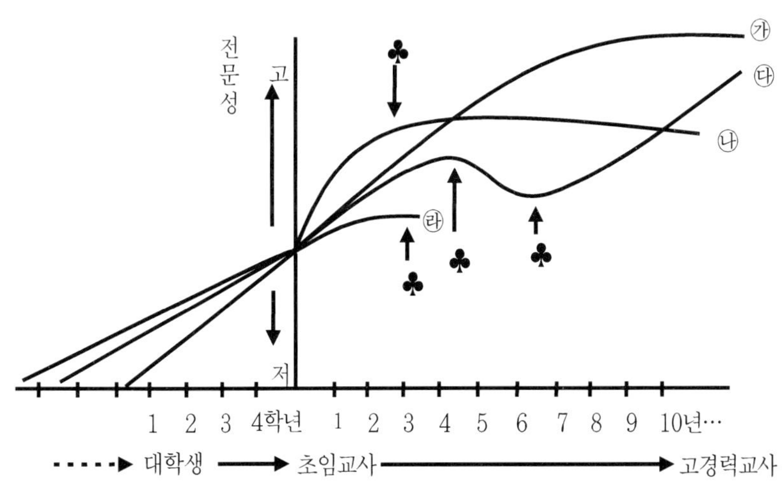

[그림Ⅳ-4] 순환적·역동적 발달모형

자료: 이윤식(1999). 장학론─유치원·초등·중등 자율장학론. 서울: 교육과학사.

위에서 본 [그림Ⅳ-3]과 [그림 Ⅳ-4]에서 알 수 있듯이, 직선적·순차적 발달모형과 순환적·역동적 발달모형은 교사의 발달과정을 설명하는데 있어 서로 보완적으로 활용될 수 있다. 즉, 교직초기의 짧은 기간 동안 일어나는 교사발달을 설명하는 데는 비교적 직선적·순차적 발달모형이 유용할 것이며, 교직의 전체기간 동안 일어나는 교사발달을 설명하는 데에는 순환적·역동적 발달모형이 유용하다.

4. 교사발달 수준에 따른 장학

가. Glickman의 발달적 장학

Glickman(1980)은 상이한 발달단계에 있는 교사들에 대한 장학의 방법
으로서 발달적 장학(developmental supervision)을 제시하였다. 그는 교
사의 발달유형을 교사의 추상적 사고능력과 헌신도의 높음, 낮음을 기준으로
하여 [그림Ⅳ-5]와 같이 네 가지로 구분하였다.

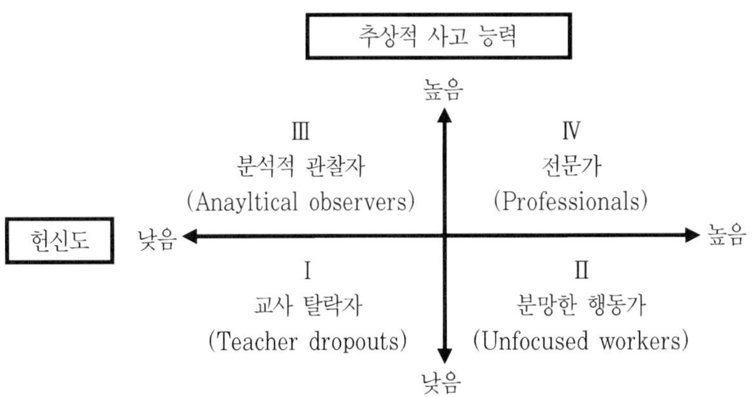

[그림Ⅳ-5] Glickman의 교사발달 유형

자료: Carl D. Glickman(1981). Developmental supervision. Alexandria. VA:
ASCD, 48.

교사발달 유형에 따라 장학에 있어서 지시적 접근, 상호협동적 접근, 비
지시적 접근의 3가지 방법 중 적절히 맞추어 사용하는 것이 효과적이라고

[그림Ⅳ-6]과 같이 나타낼 수 있다.

장학행동	보강	표준화	시범	절충	문제해결	제시	격려	명료화	경청
장학의 책임	교사-적음 장학담당자-많음							교사-많음 장학담당자-적음	
장학의 특징변화	지시적 →→			상호협력적 →→			비지시적 →→		
교사발달 유형	교사 탈락자		분석적 관찰자	분망한 행동가		전문가			
교사의 추상적능력	낮음		높음	낮음		높음			
특징 헌신도	낮음		낮음	높음		높음			

[그림Ⅳ-6] 교사발달 유형에 따른 장학담당자의 행동 특성

자료: Carl D. Glickman(1981). Developmental supervision. Alexandria. VA: ASCD, 49.

나. Burden의 교사의 발달단계별 장학의 형태

〈표Ⅳ-13〉 교사 발달단계별 효과적인 장학형태(Burden)

구 분	생존단계(1차년도)	조정단계 (2차·3차·4차년도)	성숙단계 (5차년도 및 그 이후)
장학의 특징	지시적	상호협동적	비지시적
장학의 담당자	제시·지시·시범·표준화·보깅	제시·명료화·경청·문제해결·절충	경청·격려·명료화·제시·문제해결
장학의 기본방법	장학담당자가 표준을 제시함	장학담당자와 교사 간에 상호협약이 있음	교사가 자기평가를 함
장학담당자의 책임	많 다	보 통	적 다
교사의 책임	적 다	보 통	많 다

자료: Paul R. Burden(1983). Implications of teacher career develop: New roles for teachers, administrators, and professors, Action in Teacher Education, 4(4), 21-25.

다. Glatthorn의 선택적 장학

Glatthorn(1984)이 제시한 선택적 장학은 교사의 경험이나 능력을 포함한 교사발달에 따라 효과적인 장학방법을 선택할 수 있음을 시사하고 있다. 즉, 교사들의 경험과 능력에 따라서, 임상장학, 협동적 동료장학, 자기장학, 전통적 장학의 방법을 선택적으로 사용할 수 있다고 〈표Ⅳ-14〉와 같이 제시하였다.

〈표Ⅳ-14〉 Glatthorn의 선택적 장학

구 분	방 법	대 상
임상장학	교사들의 전문적 성장을 촉진하기 위한 체계적·과학적 장학 프로그램	초임교사, 특별한 문제를 안고 있는 교사
협동적 동료장학	소수 교사들이 모임을 이루어 전문 성향상을 위해 공동으로 노력	모든 교사
자기장학	자신의 전문성 신장을 위하여 스스로 체계적인 계획을 세워 실천	경험이 능숙한 교사 자기분석, 자기지도 기술이 있는 교사 혼자 일하기 좋아하는 교사
전통적 장학	교장 등 학교행정가가 교사들의 교수활동을 관찰하고 피드백을 제공하는 비공식적 과정	모든 교사

특히, 이근선(2002)은 교사발달에 따른 장학 유형별 효과를 〔그림 Ⅳ-7〕과 같이 제시하였다.

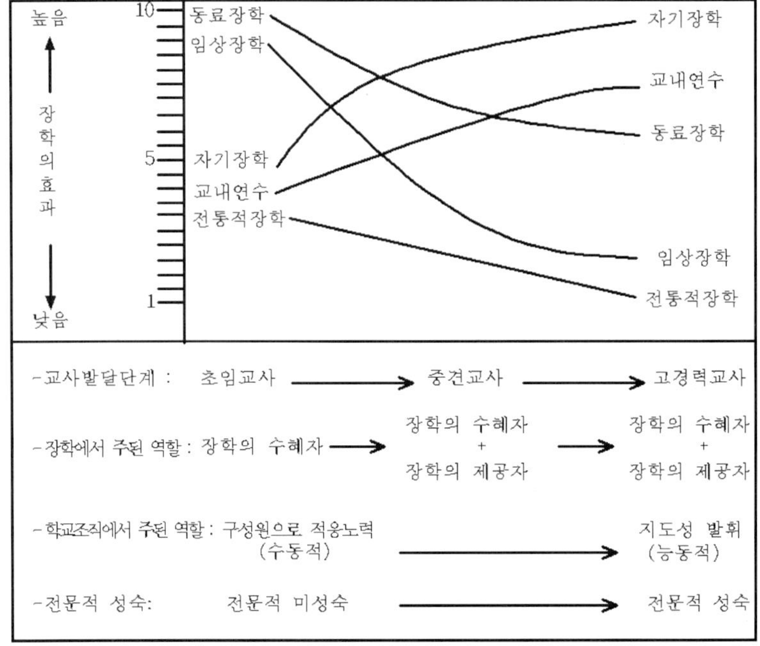

[그림Ⅳ-7] 교사발달 단계에 따른 장학 유형별 효과

자료: 이근선(2002). 교사발달과 선택적 장학의 관계에 대한 연구. 서강대학교 석사학위논문.

라. Glickman의 집단의 상황적 특성별 장학

Glickman(1995)은 집단의 상황적 특성에 따라 현직교육 활동이 선택되어야 함을 강조하면서 집단을 〈표Ⅳ-15〉과 같이 세 가지 유형으로 분류하였다.

〈표IV-15〉 교사발달 수준 집단 유형별 효과적인 활동의 절차

유형 활동 절차	집단 유형 I 적응적 관심 추상적 사고 낮음	집단 유형 II 통합적 관심 추상적 사고 중간	집단 유형 III 숙련적 관심 추상적 사고 높음
활동의 절차	1. 패널 제시 2. 지도자가 돕는 토의 3. 강의 4. 시범 5. 구체적 역할 실연	1. 시범 2. 역할 실연 3. 직접 경험 4. 실행의 안내 5. 지도자가 돕는 토의 6. 교실의 체계적 관찰 7. 지도자가 돕는 토의	1. 분석과 검토 2. 지도자가 없는 토의 3. 구조화된 역할 실연 4. 직접 경험 5. 자유토의 모임 6. 지도자가 없는 토의

자료: 김정한(2003). 장학론—이론·연구·실제—. 학지사.

마. Hall의 교사의 추상적 사고력 수준과 관심수준에 적합한 장학

Hall(1987)은 교사의 추상적 사고력 수준을 높음, 중간, 낮음 등 세 가지 수준으로 나누고, 교사 관심의 단계를 적응적 관심, 통합적 관심, 숙련적 관심 등 세 가지 단계로 〈표IV-16〉과 같이 제시하였다.

〈표IV-16〉 Hall의 교사의 추상적 사고력 수준과 관심수준에 적합한 현직교육방법

사고력 관심	추상적 사고력		
	낮 음	중 간	높 음
적응적	기술의 시범★ 정보 설명	기술의 시범 정보 설명	기술의 시범 정보 설명

사고력 ＼ 관심	추상적 사고력		
	낮 음	중 간	높 음
관심	시범 워크숍 개인적 혜택 제시	시범 워크숍 개인적 혜택 제시	시범 워크숍 개인적 혜택 제시
통합적 관심	교실에서 실행 관찰 직접적 조력 동료장학 기술의 적용	교실에서 실행★ 관찰 직접적 조력 동료장학 기술의 적용	교실에서 실행 관찰 직접적 조력 동료장학 기술의 적용
전통적 장학	기술의 개선 팀활동을 통한 교실 수행 개조 각자 의견 개진 및 집단 문제 해결	기술의 개선 팀활동을 통한 교실 수행 개조 각자 의견 개진 및 집단 문제 해결	기술의 개선★ 팀활동을 통한 교실 수행 개조 각자 의견 개진 및 집단 문제 해결

자료: 김정한(2003). 장학론―이론・연구・실제―. 학지사.
　주: ★표는 현직교육에서 효과적인 방법

　앞에서 제시된 교사발달에 관한 여러 가지 연구들은 요약컨대 대체로 교사들은 그들의 전체 교직기간을 통하여 계속적으로 변화하며, 교사의 관심사 또는 문제는 변화・발달단계에 따라 다르며, 다른 변화・발달단계에 있는 교사들은 다른 형태의 도움을 필요로 하고 있음을 보여 주고 있다. 이러한 연구결과는 교원 양성 및 현직교육, 교원에 대한 장학, 그리고 교원 인사행정에 많은 시사를 주고 있다(Burden, 1987).

　첫째, 교사발달에 관한 연구는 현직교사들을 대상으로 한 현직교육이나 장학활동과 관련하여 보다 의미 있는 프로그램의 내용과 운영 방법을 구성하는 데 중요한 정보를 제공한다. 즉, 교사들의 변화・발달 단계별로 그들이 필요로 하는 내용 및 영역, 그리고 이의 제공방법에 있어 조화를 시도할 수 있다는 것이다.

　이윤식(1989)은 미국 위스콘신주의 초등학교 교사들을 대상으로 그들이 교직생활 중 필요로 하는 사실, 아이디어, 도움 혹은 충고 등을 포함한 정보를 얻고자 하는 행동패턴을 교사발달단계와 관련하여 분석하였는 바, 얻고자 하는 정보의 내용과 정보의 출처에 대한 선호도가 교사발달단계에 따라 변화하는 것으로 나타났다. 이러한 연구 결과는 교사 현직교육과 교사들의 교육활동 개선을 도와주는 지도·조언 활동인 장학활동의 내용 및 방법과 관련하여 많은 시사를 주고 있다.

둘째, 교사발달에 관한 연구는 교육행정가나 장학담당자들이 교사들의 발달과정상의 차이를 고려한 다양한 장학지도 방법을 사용해야 할 필요성에 대한 이해와 인식을 높일 수 있다. 교사의 발달단계에 맞추어 다양한 장학지도의 전략을 세울 수 있다는 것이다(이윤식, 1999).

이상의 예시적 장학 방법이 시사하는 바와 같이 효과적인 장학의 방법은 교사의 경험이나 능력, 필요와 요구를 고려하여 교사의 발달단계에 따라 다양하고 개별적으로 제시되는 방향으로 발전해 나가야 한다.

참고 문헌

박은혜 외(1999). 교사발달에 적합한 장학의 이론과 실제. 서울: 정민사.

백승관(2003). 교사의 발달과정에 관한 탐색모형. 교육행정연구. 21(1), 29-51.

신인숙(1991). 교사발달 과정과 역할 갈등 수준과의 관계 연구. 충북대학교 석사학위논문.

이근선(2002). 교사발달과 선택적 장학의 관계에 대한 연구. 서강대학교 석사학위논문.

이석열·신붕섭(2004). 교사발달의 구성 요인에 기초한 장학의 방향 탐색. 교육행정학연구, 22(3), 35-54.

이영희(1984). 교사의 교직사회화에 관한 일 연구. 연세대학교 석사학위논문.

이윤식(1989). 교사의 전문성 신장을 위한 정보 탐색 형태 분석. 한국교육, 16(1), 5-40.

이윤식(1999). 장학론-유치원·초등·중등 자율장학론. 서울: 교육과학사.

조부경·백은주·서소영(2001). 유아교사의 발달을 돕는 장학. 서울: 양서원.

최상근(1992). 한국 초·중등 교사의 교직사회화 과정 연구. 한국교원대학교 박사학위논문.

최석재(2001). 교사발달 수준에 적합한 장학모형 연구. 동아대학교 석사학위논문.

Burden, P. R. (1983). Implications of teacher career development: New roles for teachers, Administrators, and Professors. *Assction in Teacher Education, 4(4),* 21-25.

Burden, P. R. (1990). Teacher development. In W. R. Houston (Ed.), *Handbook of research on teacher education.* New York: MacMilla Company, 311-328.

Burke, Peter J., Christensen, Judith C., & Fessler, Ralph.(1984). Teacher career stages: Implication for staff development(Fastback No. 214). Bloomington, *IN: Phi Delta Kappa Educational Foundation,*

12-26.

Caruso, J. J., & Fawcett, M. T. (1999). *Supervision in early childhood education*: *A Developmental Perspective* (*2nd ed.*). New York & London: Teachers College Press, Columbia University.

Cole, A., & Knowles, J. G. (1994). *Emerging as a teacher*. New York: Routledge.

Connelly, F. M., & Clandinin, D. J. (1988). *Teachers as curriculum planners*: *Narrative of experience*. New York: Teachers College Press.

Fuller, F. F. (1969). Concerns of teachers: A development of conceptualization. *American Educational Research Journal*, 6(2), 277-226.

Glatthron, Allan A.(1984). *Differentiated supervision*. Alexandria. VA: Association for Supervision and Curriculum Development, 122-125.

Glatthorn, A. A. (1997). *Differentiated supervision* (*2nd ed*). Alexandria, VA: Association for Supervision and Curriculum Development.

Glickman, Carl D. (1981). *Developmental supervision*: *Alternative practices for helping teachers improve instruction*. Alexandria. VA: ASCD, 48-49.

Glickman, C.(1995). *Supervision of instruction*: *A developmental approach*. Boston: Allyn and Bacon, 121-126.

Glickman, C. D., Gordon, S. p.,& Ross-Gorden, J. M.(1998). *Supervision for instruction*: *A developmental approach.*(*4th ed.*). Boston: Allyn & Bacon, 9-11.

Goodson, I. (1992a). Sensoring the teacher's voice: Teachers' lives and teacher development. In A. Hargreaves, & M. G. Fullan (Eds.), *Understanding teacher development*. New York: Teachers College Press, 110-121.

Gregorc, A. F.(1973) Develpoment plans for professional growth.

NASSP *Bulletin, 57(377)*, 1-8.

Hall, G. E., & Hord, S. M.(1987). *Change in schools: Faciliating the process.* Albany, NY: State University of New York Press, 45-49.

Hargreaves, A. & Fullan, M. G.(1992). Understanding teacher development. New York: Teachers College Press, 35-48.

Harvey, O. J.(1967). Conceptual systems and attitude change. In C. Sherif and M, Sheif(eds.), *Attitude, ego involvement and change,* NY: Wiley.

Huberman, M. (1993). Teacher development and instructional mastery. In A. Hargreaves, & M. G. Fullan (Eds.), *Rethinking teacher development.* Toronto: OISE Press, 121-142.

Hunt, D. E.(1966). A conceptual systems change model and its application to education. In O. J. Harvey(ed.), *Experiance, structure, and adaptability,* new york: springer-verlag, 277-302.

Kagan, D. (1992). Professional growth among preservice and beginning teachers. *Review of Educational Research, 62,* 129-169.

Katz, L. G.(1972). Developmental stages of preschool teachers. *The Elementary School Journal, 73(1),* 50-54.

Katz, L. G.(1977). *Talks with teachers, More talks with teachers.* Washington, D.C.: NAEYC.

Loevinger, J.(1976). *Ego development.* san francisco: Jossey-Bass.

Morc, R. C. (1996). Constructing a narrative of teacher development: Piecing together teacher stories, teacher lives, and teacher education. New Orleans: Unpublished doctoral dissertation, University of New Orleans.

Newman, Katherine K.(1978). Middle-aged experienced teachers' perceptions of their career development. Unpublished doctoral dissertation, The Ohio State University, 145-147.

Peterson, Anne R.(1978). Career patterns of secondary school teachers: An exploratory in-terview study of retired teachers. Unpublished doctoral dissertation, The Ohio State University, 121-130.

Peterson, P.(1989). Pedagogical content beliefs in mathematics. *Cognition and instruction*, *6(1)*, 1-40.

Piaget. J.(1970). *Science of education and the psychology of the child.* New York: viking.

Sergiovanni, Thomas, J., & Starratt,, Robert, J.(1998). *Supervision: A redefinition.(6th ed.).* Boston: McGraw-Hill, 15-19.

Thies-Sprinthall, L.(1984). Promoting the development growth of supervising teachers: theory, research program and implication. *Journal of teacher education*, *35(3)*, 53-60.

Unruh, Adolph B., & Turner, Harold E.(1970). *Supervision for change and innovation.* Boston: Houghton Mifflin, 234-237.

Watts, G. E.(1980). *Starting out, moving on, running ahead or how teacher centers can attend to stages in teachers development.* california: california teachers centers, eric, ed 200 604, 1-11.

5장 교사의 기대에 반응할 수 있는 장학의 유형

1. 선택적 장학

　수업자의 수업 기술 개선 및 수업 기술 향상에 초점을 맞춘 수업장학은 1980년대부터 우리나라에 소개되었으며(변영계, 1982; 주삼환·강영삼, 1983), 이후 수업장학의 필요성과 방안에 대하여 논의가 진행되기 시작했다(장이권, 1989; 한국교육개발원, 1990). 이들 연구에서 수업장학이 노리고 있는 주된 관심은 수업자의 수업 기술을 개선시킴으로써 학습의 효과를 제고시키려는 데 있다. 이 수업장학은 교수·학습의 과정에서 수행하는 수업자의 수업 방법과 기술을 어떻게 향상시켜줄 것인가에 그 목적을 두었다. 특히 우리나라의 학교 상황에서는 수업의 효과를 결정하는 데 있어서 교사 변인을 가장 중요하게 지적하고 있다.

　자기의 수업을 전문적으로 하기 위해서는 새로운 수업이론의 지식도 알아야 하고 수업을 전문적으로 하는 타인의 수업을 자주 관찰할 수 있는 기회도 가져야 하고, 또 자기가 하고 있는 수업은 어떠한지를 정확하게 되돌아볼 수 있는 기회도 가져야 한다. 특히, 자기 수업에 대하여 과학적이고 정확한 평가와 분석을 통해 어떠한 점이 강점이며, 어떠한 점이 약점인지에 관한 정확한 피드백을 받을 수 있는 기회가 있어야 한다.

　수업장학의 유형 중에서 가장 교사들의 요구에 부응할 수 있는 유형이 선택적 장학이다. 이 중에서도 동료장학과 자기장학을 가장 선호하는 것으로 나타나고 있다. 선택적 장학은 기본 형태인 임상장학, 약식장학, 자기장학, 동료장학 중에서 교사의 선택과 수준에 맞게 적절한 장학방법을 이용하게 하는 방법이다. 임상장학은 교사들의 전문적 성장을 촉진하기 위한 체계적이고 계획적인 장학 프로그램이고, 동료장학은 소수의 교사들이 모임을 이루어 그들의 전문성 향상을 위하여 공통적으로 노력하는 과정의 장학이다. 자기장학은 개별 교사가 자신의 전문성 신장을 위하여 공동으로 노력하는 과정의 장학이며, 약식장학은 행정가가 간헐적으로 교사들의 교수활동을 관찰하고 그에 대해 교사들에게 피드백을 제공하는 비공식적 과정의 장학을 의미한다. 이용 가능한 선택적 장학체제는 다음의 〈표V-1〉과 같이 요약될 수 있다.

〈표V-1〉 선택적 장학체제

기본형태	개 념	주 장학담당자	형 태
임상장학	교사들의 수업기술 향상을 위한 개별적 체계적 과정	전 문 가	• 수업연구 • 마이크로티칭
동료장학	동료교사들 간에 그들의 교육활동의 개선을 위하여 공동으로 노력하는 과정	동료교사	• 동학년, 동교과, 동부서 협의회 • 동료간수업연구 • 동료간상호작용
자기장학	교사 개인이 자신의 전문적 발달을 위하여 스스로 체계적인 계획을 세우고 이를 실천하는 과정	교사 개인	• 자기수업 반성 • 1인 1과제 연구 • 대학원 수강 • 문헌 연구 • 전문가와 상담
약식장학	교장, 교감이 간헐적으로 짧은 시간 동안의 수업참관을 통하여 교사들의 수업 및 학급경영 활동을 관찰하고 이에 대해 교사들에게 지도·조언하는 과정	교장, 교감	• 학교 순시 • 수업 참관

자료: 박종렬·신상명(2004). 신교육행정학개론. 서울: 형설출판사, 315.

2. 교사의 발달 단계별 장학

Glickman(1990)은 교사의 발전정도에 맞게 장학방법을 적절히 해야 한다
는 발달 장학(developmental supervision)을 제시하였다. 그는 교사의 발달
단계를 교사의 추상적 사고 능력과 헌신도에 기초하여 4가지로 구분하고 있다.
그리고 교사발달 정도에 따라 교사 탈락자는 지시적 접근, 분망한 행동가나 분
석적 관찰자는 상호 협동적 접근, 전문가는 비지시적 접근 등이 효과적이라고
주장하고 있다. 다음의 [그림V-1]은 Glickman의 교사유형 분류 모형이다.

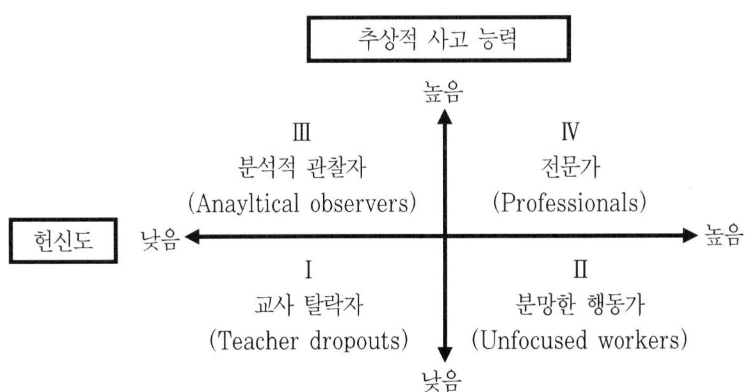

[그림V-1] Glickman의 교사유형 분류 모형

자료: Glickman. C. D. (1990), Developmental supervision. Alexandria, VA:
ASCD, 48; 박종렬・신상명(2004). 신교육행정학개론. 서울: 형설출판사, 316.

Burden(1983)은 교사발달 단계를 3단계로 나누어 교사발달 단계별로

효과적인 장학지도를 다음의 〈표 V-2〉와 같이 제시하고 있다.

〈표 V-2〉 교사의 발달단계별 효과적인 장학지도

구　　　분	생존 단계 (1차 연도)	조정 단계 (2, 3, 4차 연도)	성숙 단계 (5차 연도 이후)
장학지도의 특징	지시적	상호 협동적	비지시적
장학담당자의 행동	제시, 지시, 시범, 표준화, 보강	제시, 명료화, 경청, 문제해결, 절충	경청, 격려, 명료화, 제시, 문제해결
장학지도의 기본방법	장학담당자가 표준을 제시함	장학담당자와 교사간의 상호 협의	교사가 자기 평가를 함
장학지도에　있어 장학담당자의 책임	많　다	보통이다	적　다
장학지도에　있어 서 교사의 책임	적　다	보통이다	많　다

자료: Burden. P. R. (1983). Implications of teacher career development: new roles for teachers, administrators, and professor. Action In teacher Education, 4(4), 21-25; 박종렬·신상명(2004). 신교육행정학개론. 서울: 형설출판사, 317.

3. 컨설팅 장학

컨설팅(consulting)은 일정한 전문성을 갖춘 전문가들이 의뢰인의 요청에 따라 조직의 문제와 기회를 조사, 확인, 발견하며, 이것의 해결, 변화 발전을 위한 방안과 대안들을 제시하고, 필요한 경우 시행을 돕는 활동이다(진동섭, 2003). 이러한 컨설팅의 의미와 원리를 장학에 적용한 것이 컨설팅 장학이다. 컨설팅 장학은 교원들의 전문성 신장을 위해 교원들의 요청과 의뢰에 의해 전문성을 갖춘 장학요원이 교원의 의뢰에 따라 이들이 직무 수행상 필요로 하는 지식, 기술, 능력에 관해 진단하고, 그것의 해결과 개발을 위한 대안들을 마련하고, 그 과정을 지원한다.

컨설팅 장학을 구안하고 실시하고 평가함에 있어 기준으로 삼을 원리로는 첫째, 자발성의 원리. 둘째, 전문성의 원리. 셋째, 자문성의 원리. 넷째, 독립성의 원리. 다섯째, 일시성의 원리. 여섯째, 교육성의 원리 등이 있다. 컨설팅 장학의 특성으로는 첫째, 학교의 자발적인 의뢰에 의해 실시한다. 둘째, 학교별 맞춤형 장학활동이다. 셋째, 장학요원의 구성이 다양하다. 넷째, 장학활동의 영역이 다양하다. 다섯째, 장학 내용에 따라 활동 방법이 다르다. 여섯째, 활동 내용에 따라 장학활동 기간을 다양하게 적용한다(진동섭, 2003).

현장 교사들은 이론적인 것만을 소개하는 연수보다는 실질적으로 학교 현장 및 수업에 활용 가능한 연수를 기대한다. 따라서 연수자(컨설턴트)인 현장의 교사가 직접 수업을 해보고 그에 대한 자료 및 경험 등을 공유할 수 있는 장학활동은 교사들에게 또 다른 수업에 대한 안내 역할을 한다고 할 수 있다. 컨설팅 장학은 모든 영역에 걸친 장학으로써 단지 몇몇의 교사와 장학사의 장학활동으로는 그 실효성을 거두기에는 많은 어려움이 있다. 따라서 컨설팅 장학을 위한 인력풀제를 도입하여 현장의 교사와 장학사가 컨설팅 장학을 위한 컨설턴트 역할을 수행함으로써 각자의 전문 분야에 전문적인 연수 및 장학 활동이 이루어질 수 것이다. 우리 학교 현장에는 상당한 시간과 노력을 투자하여 좋은 수업을 만드는 교사들이 많다. 컨설팅 장학을 통해 이러한 교사들의 좋은 수업을 소개하고 공유할 수 있는 기회가 더 많이 주어짐으로써 우리 교육은 한층 더 발전할 수 있다고 하겠다.

4. 교육정보화를 통한 장학

지금까지 학교 내 교육은 정보통신 기술을 활용한 교육에 중점을 두고 논의되고 추진되었다면, 앞으로는 학교 밖 나아가 전 세계와 교류하는 열린 환경을 중심으로 한 교육정보화 교육에 중점을 두어야 한다. 급변하는 세계 속에서 학생들이 자신들의 삶을 풍요롭게 가꾸어 가기 위해서 필요한 능력을 기를 수 있는 교육이 되기 위해서는 지금과는 다른 내용과 방법을 가지고 학생들을 가르쳐야 할뿐만 아니라, 교사와 학생의 역할도 대담하게 바꾸어야 한다. 지식을 전달·주입하는 교사가 아니라 학생의 학습을 도와주는 조언자, 학습 활동을 지원해 주는 지원자의 역할이 더 중요하며, 학습자도 수동적으로 가르침을 받는 입장이 아니라 스스로 탐구하고, 관찰하고, 조사하며, 문제를 해결해 가는 주체적인 학습자가 되어야 한다.

새로운 학교 교육은 지식 교육 중심에서 학습자의 문제 해결력과 창의력 신장을 중심으로 변화해야 하며, 교사 중심에서 학습자 중심으로, 교실 내의 수업에서 세계의 열린 학습으로, 그리고 고립된 혼자만의 학습에서 함께 하는 학습으로 변해야만 한다. 이를 위해 다양한 정보기술을 학교에 적극 도입하여 활용하는 것이 매우 시급하고도 중요한 일이다.

사이버 교육체제에서는 교사와 학생의 관계가 직접적일 수도 있으며, 간접적일 수도 있다. 더 나아가 학습자가 학습할 때, 반드시 전통적 의미의 교사가 존재해야만 하는 것은 아니며, 학습자를 가르치는 교사가 아니라 학습을 안내하거나 함께 학습하는 동료가 되는 경우도 있다. 예를 들어, 학습자는 사이버 공간에 널려 있는 다양한 학습 자료와 정보를 활용하여 독립적으로 학습할 수도 있고, 다양한 자료와 정보를 활용할 경우 보다 효과적으로 자료와 정보에 접근할 수 있도록 안내해 주는 학습 안내자(꼭 교사일 필요는 없다. 교사 이외에 동료 학습자, 선후배, 전문가도 가능하다)의 도움을 받을 수도 있다. 그리고 전통적인 교육의 모습과 유사하게 교사의 지도하에서 학습할 수도 있다(손병길, 2000).

앞으로 교육 부문에 있어 가장 큰 기회이자 도전은 인간의 새로운 활동 공간으로 등장하고 있는 사이버 공간(cyber-space)을 교육적으로 얼마나 잘 활용할 수 있는가에 성패가 달려있다 해도 과언이 아닐 것이다. 현재와 같은 교육체제의 한계를 극복하고, 진정한 의미에서 평생 동안 필요한 학습을 언제, 어디서나 학습을 할 수 있기 위해서는 사이버 공간을 이용한 교육을 실제 공간에서 이루어지는 현행의 교육체제에 통합하는 새로운 교육체제의 구축이 시급하다. 이를 위해서는 지금까지와는 다른 장학 활동 개념이 요구된다 하겠다.

참고 문헌

박종렬·신상명(2004). 신교육행정학개론. 서울: 형설출판사, 315.

변영계(1983). 수업개선과 수업장학. 교육개발, 22.

손병길 외(1997). 21세기 정보화 사회를 위한 교육정보화, 교육부 학술연구 수탁 연구보고서.

손병길(2000). 디지털 시대의 교수-학습, 학교 교육에서의 교단 선진화 수업 전략-ICT활용 교수·학습 현장 적용. 한국교원대학 부설 교과공동연구소 학술세미나자료집, 19-31.

손병길(2002). 교육정보화와 장학의 변화. 국가전문행정연수원 장학생정전문과정 연수강의원고.

이윤식(1999). 장학론-유치원·초등·중등 자율장학론. 서울: 교육과학사.

장이권(1989). 임상장학의 이론과 실제. 서울: 형설출판사.

진동섭(2003). 학교 컨설팅: 교육개혁의 새로운 접근 방법. 서울: 학지사.

한국교육개발원(1989). 교내자율장학의 활성화 방안 연구.

Burden, P. R. (1983). Implications of teacher career development: New roles for teachers, Administrators, and Professors. *Action in Teacher Education, 4(4)*, 21-25.

Glickman. C. D. (1990), *Developmental supervision*. Alexandria, VA: ASCD, 48

6장 신임교사 수업장학 프로그램 개발

1. 발달 단계별 효과적인 수업장학 모형 구안

교사는 교직활동의 전 기간을 통해 끊임없는 자기노력과 연찬을 통해 교직관, 학교관, 학생관이 변화하며, 교수에 대한 지식, 기술 등의 개인적이고 사회적인 면에서 변화하면서 발달해 간다. 이러한 맥락에서 신임교사의 발달 단계에 따라 적합한 장학모형을 제시하는 것이 장학의 효과성을 결정하게 된다. 따라서 개별 교사의 흥미, 요구, 자질, 발달 단계를 고려하여 교사 개인의 특성에 적합한 장학방법이 필요하다.

신임교사들의 인식과 요구를 토대로 다음의 〈표VI-1〉과 같은 신임교사들을 위한 수업장학 프로그램을 구안하였다. 이것은 앞서 이론적 배경에서 제시한 Kolb(1980)와 Glickman(1981)의 교사의 학습유형 발달 단계에 따른 특징과 장학유형에 근거하여 구안하였다.

가. 신임교사의 발달 단계

Kolb와 그의 동료들(1980)에 의해 구분된 교사의 학습양식은 구체적 경험(concrete experience), 반성적 관찰(reflective observation), 추상적 개념화(abstract conceptualization), 적극적 실험(active experimentation) 등으로 구분된다. 동료장학은 구체적 경험을 지향하는 교사들이 다른 교사들과 함께 일할 기회를 제공하는 데 적합하다. 반성적 관찰자에게는 동료장학과 자기장학이 모두 가능하다. 추상적 개념화를 지향하는 교사와 적극적 실험을 지향하는 교사들에게는 자기장학을 실시하면 목표 지향적 계획을 수립할 수 있어서 적합하다.

<표VI-1> 신임교사들의 발달단계별 수업장학 프로그램

발달단계	생존단계	성장, 조정 및 보강단계		성숙단계
수업장학 프로그램				• 창의성교육 방법 • 교육과정 통합·재구성 • 수업분석 방법 • 형성평가 문항 제작 방법
			• 수행평가 방법 • 각 교과별 수업설계 • 각 교과별 수업모형 • 수준별 교육과정 운영	
		• 수업자료 제작 • 수업형태 및 방법 • 발문 및 판서, 좌석 배치방법 • ICT활용 수업방법		
	• 주의집중 및 동기유발 • 여러 가지 수업 규칙과 기법 • 교수·학습안 작성 방법			
교직경력	1년	2년	3년	4년 이상
장학유형	임상장학 (지시적)	동료장학 (상호 협동적)		자기 및 선택장학 (비지시적)
장학담당자	교장, 교감	경력 교사	경력 교사	경력 교사
수업장학 횟수	연 4회	연 2회	연 2회	연 1회

발달단계	생존단계	성장, 조정 및 보강단계		성숙단계
수업장학 협의회	수시	수시	수시	수시
멘 토	경력 교사	경력 교사	경력 교사	경력 교사
연구교사 수업참관	연 4회 이상	연 2회 이상		
교내수업 공개	없음	없음	연 1회	연 1회

생존 단계의(survival stage) 교사에게는 구체적이고 기술적인 교수 기능적인 면에서의 도움이 필요하여 장학담당자의 지시, 제시, 시범, 표준화 등의 지시적 방법이 효과적이다. 성장, 조정 및 보강 단계의(consolidation stage) 교사에게는 장학담당자와 교사와의 상호 협동적인 장학지도가 효과적이다. 장학담당자와 교사는 수업에 대한 책임을 공동으로 지며 상호협의를 통해 문제를 해결한다. 성숙 단계의(mature stage) 교사들에게는 교사 스스로 문제를 해결하고, 장학담당자는 조력자로서의 역할을 수행하는 비지시적 방법이 효과적이다. 이를 토대로 교사의 발달단계를 고려하여 수업장학 프로그램 및 방법을 구안하였다.

나. 수업장학 프로그램

수업장학 프로그램은 교사의 발달 단계를 고려하여 설문조사를 토대로 구성을 하였다. 설문결과 매년 획일적인 수업장학이 이루어짐으로써 수업장학의 효과에 대해 신임교사들은 부정적인 응답을 보였다. 이에 발달 단계별로 수업에 필요한 최소한의 내용을 구성함으로써 단위학교에서 적용할 수 있도록 구성하였다. 생존단계인 1년 차에는 주의집중 및 동기유발, 여러 가지 수업규칙과 방법, 교수・학습 안 작성 방법으로 구성을 하였고, 성장, 조정 및 보강단계인 2년 차에는 수업자료 제작, 수업형태 및 방법, 발문 및 판서, 좌석배치 방법, ICT활용 수업방법, 3년 차에는 수행평가 방법, 각 교과별 수업설계, 수준별 교육과정, 각 교과별 수업모형으로 구성을 하였다. 4년 차에는 창의성 교육 방법, 교육과정 통합 및 재구성, 수업분석 방법, 성취도 평가 문항 제작 방법에 관해 구성하였다.

여기에서 유의할 점은 위에 제시된 내용은 하나의 기준이므로 장학담당자와 신임교사가 사전에 협의 하에 신임교사의 요구와 필요를 반영하여 얼마든지 수정이 가능하다는 것이다.

다. 장학 유형

신임교사 1년 차에는 교사의 헌신감과 추상적 사고력이 낮으면 지시적 장학인 임상장학을 실시한다. 2~3년 차에는 교사의 헌신성이 높고 추상적 사고력이 낮거나, 교사의 헌신성이 낮고 추상적 사고력이 높으면 협력적 장학인 동료장학을 실시한다. 4년 차에는 교사의 헌신감이 높고 추상적 사고력도 높으면 비지시적 장학인 자기 및 선택장학을 실시한다. 위와 같이 구성한 이유는 신임교사가 발령 후 1년 차에는 교장이나 교감을 통해 수업장학을 받고, 2년 차부터 동학년 경력교사와 멘토를 형성하여 가장 가까운 거리에서 동료장학을 실시하며, 4년 차에는 자율적으로 자기장학이나 선택장학을 할 수 있도록 자율성을 부여하였다.

라. 장학담당자

신임교사들이 선호하는 장학담당자는 동료교사이다. 그래서 1년 차에는 교장, 교감이 장학담당자로서 역할을 수행하며, 2년 차부터는 동료교사인 경력교사가 장학담당자로 역할을 하게 된다. 한 사람의 경력교사가 매년 똑같

은 신임교사를 대상으로 수업장학을 담당하기보다는 매년 다른 경력교사를
장학담당자로 선정하는 것도 좋은 방법 중의 하나이다. 왜냐하면 다른 경력
교사들로부터 다양한 교수방법을 전달받을 수 있기 때문이다.

마. 수업장학 횟수 및 협의회

수업장학 횟수는 1년 차에는 연 4회, 2~3년 차에는 연 2회, 4년 차에는 연 1
회 정도가 적당하다. 설문 결과를 보면 신임교사가 현장에 발령을 받은 후 신임
교사의 필요나 의지와는 상관없이 수업장학이 실시되는 것이 상당한 부담으로 나
타나고 있다. 이를 해소하기 위하여 협의회는 수시로 실시해야하며, 협의회 내용
도 수업장학을 언제 실시한다는 일방적인 장학이 아니라 사전협의를 통해 신임교
사의 요구와 단계를 고려하여 시기 및 횟수를 융통성 있게 조정할 필요가 있다.

바. 멘토(Mentor)

신임교사가 학교 현장에 발령이 나면 동학년 경력교사인 부장교사를 중심으
로 멘토를 형성한다. 신임교사와 경력교사와의 멘토를 통해 수업뿐만 아니라
학교생활 전반에 대한 후견인 역할을 담당하여 신임교사의 학교생활에 적응도
를 높여 보다 질 높은 수업을 할 수 있는 조력자의 역할을 담당하도록 한다.

사. 연구교사 수업참관

설문조사 결과 신임교사들은 처음부터 자신의 수업을 공개하기보다는 능
력 있는 경력교사의 수업을 많이 참관하고 분석함으로써 자신의 수업에 많

은 도움을 줄 수 있다는 요구가 있었다. 이를 반영하여 1년 차에는 연 4회 이상 다른 학교의 연구교사 수업을 참관할 기회를 주고, 2년 차 이상은 연 2회 이상 수업 참관의 기회를 부여한다. 수업참관에서 끝나는 것이 아니라 참관 후 수업분석이 이루어지고 자신의 수업에 적용할 수 있는 시사점을 추출하여 적용할 수 있도록 유도한다.

아. 교내 수업공개

학교 현장에서는 신임교사라는 이유만으로 발령 첫 해부터 교내수업공개를 도맡아 실시하는 잘못된 관행이 있다. 물론 전적으로 잘못된 것은 아니지만 신임교사들에게 공개수업에 대한 부담은 3년 차부터 적용하는 것이 바람직하다. 1~2년 차에는 많이 듣고, 많이 보고, 자신의 수업을 되돌아볼 수 있는 기회를 제공하고, 이를 토대로 3-4년 차에는 교내 수업공개를 통해 다양한 사람들로부터 자신의 수업을 들어내 놓고, 개선점을 찾을 필요가 있다.

2. 자기장학 모형

자기장학은 임상장학을 필요로 하지 않거나 원하지 않는 교사가 혼자서 독립적으로 자신의 전문성 신장을 위하여 연구하는 과정으로, 자기장학은 교사 자신의 자기 성장을 위한 주체적 노력이므로 경험과 지식이 풍부하고 변화에 대하여 민감하게 반응할 수 있는 교사에게 효과적인 장학유형이라 하겠다.

[그림Ⅵ-1]은 자기장학의 7단계 과정을 나타내는 것으로 이를 보다 구체적으로 살펴보면 다음과 같다(김정한, 2002).

첫째, 1단계. 교사가 자신의 교수에 대한 분석과 성찰하는 단계. 매일 기록하는 교사의 교수행위 목록을 통해 자기진단과 자기확인을 하여 수업효능성에 대해 결정을 내린다.

둘째, 2단계. 자기평가의 단계. 교사가 기록한 내용을 분석하여 자신의 수행이 효과적인지를 스스로 판단하게 된다.

셋째, 3단계. 교사가 타인으로부터 피드백을 받아 자신을 평가해 보는 단계. 오디오나 비디오로 남긴 기록을 통해 교사의 장학담당자, 동료교사로부터 교실행동을 분석하고 피드백을 받는다.

넷째, 4단계. 타인으로부터 받은 정보의 정확성을 결정하는 단계. 교사는 모든 창구들을 통해 모은 자료들을 객관적으로 비교해 볼 수 있는 능력을 길러야 한다. 사람마다 다른 견해와 입장의 차이에서 나올 수 있는 정보의 격차를 발견해 낼 수 있어야 한다.

다섯째, 5단계. 개선을 위한 전략의 수립 단계. 교사들은 자신들의 수업행위를 향상시키고 전문적 성장을 가져다 줄 수 있는 전략을 모색하게 된다.

물론 장학자에게 자문이나 제안을 받을 수 있다.

　여섯째, 6단계. 자신이 결정한 수업행위의 변화를 실행에 옮기는 단계. 교사들은 새로운 행동을 실천하면서 자신의 달라진 행동을 확인한다.

　일곱째, 7단계. 피드백을 하고 재평가하는 단계. 교사는 변화의 효과성에 대하여 재평가하고 추가적인 변화가 필요한지를 결정한다.

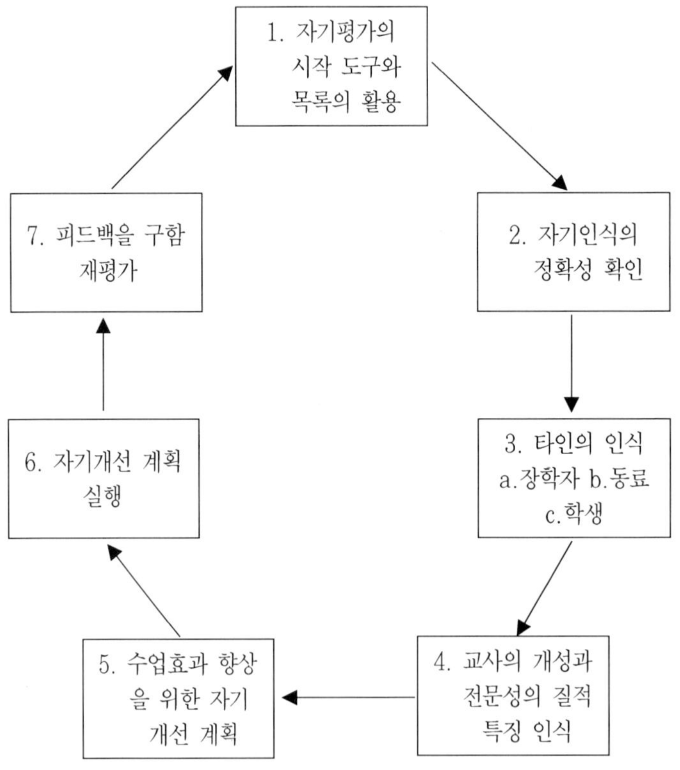

[그림Ⅵ-1] 자기장학 7단계 과정

자료: Beach, Don M., and Reinhartz, Judy(2000). supervisory leadership: Focus on ingtruction. Boston: Allyn and Bacon, 146. 김정한(2002)에서 재인용.

3. 동료장학 모형

학교현장에서 이루어지고 있는 다양한 형태의 동료장학들 중에서 본 연구에서는 수업연구 중심의 동료장학과 협의중심의 동료장학 모형을 제시하고자 한다.

가. 수업연구 중심 동료장학 모형

수업연구 중심 동료장학 모형은 임상장학의 일반적인 3단계 모형과 유사하게 〔그림VI-2〕와 같이 ① 계획수립 단계, ② 수업관찰 단계, ③ 환류협의 단계로 구성되었다. 제시되는 모형은 학교나 지역사회의 실정과 교사의 발달수준에 따라 융통성을 발휘하여 재구성하여 활용될 수 있다.

1단계: 계획수립		2단계: 수업관찰	3단계: 환류협의
〈1차 협의〉 가. 자율적·협력적 관계조성 나. 수업공개자 선정 다. 수업 연구과제선정 라. 학생 및 수업에 대한 정보교환	〈2차 협의〉 마. 상호사전 교재연구 바. 수업지도안 협의·작성 사. 역할분담 및 수업 관찰계획 수립 〈3차 협의 가능〉	아. 수업지도안 확인 자. 역할분담에 따른 수업 관찰 차. 수업관찰 결과 정리	카. 수업관찰결과 논의 타. 수업연구과제 해결 및 수업 개선 방안 설정 파. 적용 및 평가

[그림VI-2] 수업연구 중심 동료장학 모형

1) 계획 수립

1차 협의를 통하여 동료교사들 간의 협력적이고 자율적인 분위기를 조성하여 수업 공개자 또는 연구 발표자를 선정한다. 수업연구 과제를 선정하고, 연구 과제 해결을 위한 방안에 대해 잠정적으로 논의를 하며, 학생을 포함한 수업상황에 대하여 정보를 교환한다. 2차 협의에서는 상호 수업관찰 이전에 사전 교재연구를 시작하고, 수업지도안 작성을 위한 협의를 통해 수업지도안을 완성하며, 수업에 필요한 자료를 제작하고, 환경을 조성한다. 마지막으로 수업 관찰 계획을 구체적으로 마련한다.

2) 수업관찰

수업공개 교사는 수업지도안에 따라 수업을 실시하고, 수업참관 교사들은 수업 관찰 계획에 의하여 수업관찰을 실시하여 수업개선에 필요한 구체적이고 객관적인 자료를 수집한다. 수집한 자료를 토대로 환류(feed-back) 및 협의(feed-forward)를 위한 자료를 작성한다.

3) 환류 및 협의

수업을 관찰한 후 동료장학에 참여한 교사들 간에 협력적이고 자율적인 분위기 속에서 수업에 대한 논의를 통하여 수업연구 과제 해결을 위한 방안을 설정하고, 설정된 방안을 실제 수업에 적용 및 평가하기 위한 추가적인 계획을 수립하거나 설정된 방안을 일반화하기 위해 교사 스스로 자기 점검 및 평가(critical review), 반성의 기회를 갖는다.

나. 협의 중심 동료장학 모형

동료교사들 간에 주어진 문제에 대해 공식적이거나 비공식적인 협의 과정을 통해서 서로 정보를 교환하고, 공동 과업을 추진하는 활동을 말한다. 동학년 협의회, 동교과 협의회 등이 대표적인 협의 중심 동료장학 모형의 예이다. 협의 중심 동료장학 모형에서 다루어질 수 있는 협의 영역은 다양하다. 즉, 교사의 발달, 학교의 발달을 포함하여 교수·학습 지도, 생활지도, 학급경영, 학교경영, 교육정보, 학부모 및 지역사회와의 관계, 교사의 여가생활, 학년배당 등에 관해 서로 정보를 공유하고 조력 및 조언을 할 수 있다. 특히 학교 내 동료교사들 사이에 발생하는 비공식 조직들에 대한 교장과 교감의 이해와 효율적 활용을 위한 노력이 필요하다. 주기적인 동학년 협의회는 학년에서 발생하는 다양한 교육적인 문제들을 서로 심도 있게 논의하고, 발전적인 방안을 계획, 수립하는 의사소통 채널로서 아주 중요한 기능을 수행한다 하겠다.

4. 임상장학 모형

임상장학은 일반적으로 관찰 전 협의, 교실 수업의 관찰, 분석과 전략의
탐색, 장학 협의회, 협의 후 분석의 과정으로 보다 구체적인 모형은 〔그림Ⅵ-3〕
과 같다.

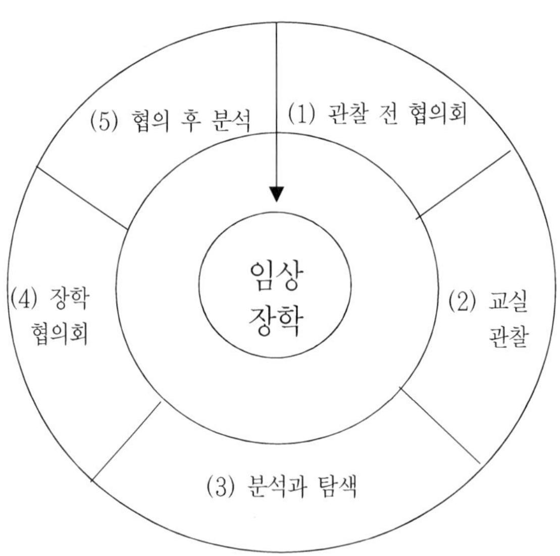

[그림Ⅵ-3] 임상장학 모형

자료: 김정한(2002). 장학론. 서울: 학지사, 288.

가. 계획수립 단계(관찰 전 협의)

　계획수립 단계에서는 장학담당자와 교사간에 상호 신뢰를 토대로 허용적이고 민주적인 관계를 형성하고, 교사의 필요와 요구에 따라 수업연구 과제나 수업개선 과제를 확인·선정한다. 과제 해결을 위한 개략적이고 잠정적인 방안을 논의하며 수업에 관한 정보를 교환하고 수업관찰을 위한 사전계획을 탐색, 수립한다. 임상장학의 특징 및 절차에 관한 이해를 높이고 교사와 장학담당자 간에 신뢰하고 부드러운 관계를 조성하기 위하여 오리엔테이션을 갖는다. 평상시에 자체연수를 통하여 교사들로 하여금 임상장학의 개념·영역·형태·과정 등에 관하여 충분한 이해와 공감을 갖는 것이 보다 중요하다. 장학담당자는 교사에게 편안한 분위기를 만들어 주도록 노력한다. 가능한 한 협의 및 연구할 수 있는 조용하고 안락한 장소에서 협의를 갖는다.

　장학담당자와 교사간의 인간관계와 신뢰가 구축되면 다음으로는 수업연구(개선)과제를 선정한다. 교사가 수업과 관련하여 연구해 보고자 하는 사항이나 수업개선을 위해 도움이 필요한 사항이 있으면 이를 장학담당자에게 설명하고 의견을 서로 교환한다. 교사는 연구과제나 도움이 필요한 사항을 확인하기 위하여 수업활동에 대한 자기평가를 실시해 볼 수 있다. 장학담당자와 교사는 수업연구 추진과제나 수업개선 과제를 보다 구체화하고, 이의 개괄적인 해결과 개선 방안에 대하여 구체적으로 협의한다. 구체적인 협의 주제나 내용은 〈표VI-2〉와 같다.

〈표VI-2〉 구체화한 수업연구 과제

①교재연구	• 교재연구의 심도(연구방법, 연구의 충실도, 학생능력 고려 정도) • 수업안 작성체제 및 내용(학습의 계열화, 학급실정 고려 정도, 체제와 내용) • 본시의 전개안(목표 진술, 시간 배분, 목표 성취)
②기본교수법	• 교사의 태도(언어, 자세, 안정감) • 교사의 지도력(설명, 발문, 시범) • 판서의 요령(필체, 사전계획, 구조화)

②기본교수법	• 교사의 태도(언어, 자세, 안정감) • 교사의 지도력(설명, 발문, 시범) • 판서의 요령(필체, 사전계획, 구조화)
③기본학습법	• 학습용구 준비 및 사용 요령(준비, 사전지도, 사후지도) • 학습자의 자세 및 학습참여(수용적 자세, 성실한 참여, 자진 참여) • 발표력(발표의욕, 발표요령, 발표능력)
④지도과정	• 출발점 행동 고르기(출발점 수준, 개인능력 고려, 배울 내용 제시) • 동기유발 및 문제의식(동기화, 문제해결 촉진, 방법의 적절성) • 교재의 특질에 따른 지도과정(과정의 적정성, 계획의 대안, 학생활동)
⑤학습형태 및 활동	• 집단화와 개별화의 조화(인적 구성, 분위기 적응, 개인학습 속도) • 개인차의 고려(개인의 의욕과 능력, 개인활동, 저해요인 제거) • 집단학습 구성 및 활용(응집력, 목표접근, 협응활동)
⑥자료활용	• 자료의 준비도(색채·질량·형태, 자료의 효과, 안전성) • 자료의 효율성과 활용도(준비, 효율성, 동기유발) • 학습환경의 조성(물리적 환경, 공간 활용, 수업 분위기)
⑦정리발전	• 본시학습 내용의 환류 및 정리(학습성취 고려, 개인차 고려, 강화 정리) • 차시학습 계획 및 발전(학습흥미 유발, 학습자료 계획, 학습사항의 발전방법) • 예습과제 및 발전적 과제 제시(능력, 해결시간, 과제의 적절성)
⑧학력정착	• 형성평가(시기, 측정의 정확도, 결과 환류) • 학력의 성취도와 정착도(도달수준, 성취도의 분석, 결과 활용) • 전이가가 높은 지식 및 기능 획득(지식, 기능, 전이 확인)

자료: 한국교육행정학회(1995). 장학론. 도서출판 하우. 137.

나. 수업 및 교실관찰 계획수립

교사와 장학담당자는 관찰할 수업의 목표, 내용, 방법 등을 포함한 수업계획에 관해 심도 있게 협의한다. 수업관찰의 시기는 수업지도안 작성에 필요한 시간적 여유를 고려하여 1-2주 정도의 시차를 고려한다. 교사와 장학담당자는 관찰내용(무초점 관찰, 초점관찰, 관찰내용의 우선순위 등), 관찰 기록 방법(서술식 기록, 약어 부호 사용 기록, 체크리스트 기록, 녹음기·녹화기 사용 등), 관찰시기·시간, 관찰장소, 관찰위치 등에 관해서 협의한다. 수업관찰 계획은 서면으로 정리하여 상호 확인토록 하고 수업 관찰시 장학담당자는 이를 참고한다. 녹음기나 녹화기(VTR 카메라)를 사용할 경우에는 관련 기자재와 보조요원의 확보에 대하여 협의한다.

다. 수업 및 교실관찰(분석과 탐색)

수업 및 교실 관찰의 과정은 다음의 〈VI-3〉과 같다.

〈표VI-3〉 수업 및 교실관찰의 구체적인 내용

수업지도안 검토

장학담당자는 계획 수립 이후 교사가 구체화시킨 수업지도안을 검토하고 필요한 경우 교사의 설명을 듣는다. 장학담당자와 교사는 계획 수립단계에서 작성한 수업 관찰 계획을 재확인한다.

⇕

수업 및 교실관찰

수업관찰 계획에 따라 장학담당자는 수업을 관찰·기록한다. 관찰방법은 관찰내용을 중심으로 할 때 무초점 관찰과 초점 관찰로 구분된다. 무초점 관찰에서는 수업의 전반적인 사항에 대하여 관찰을 하게 된다. 반면 초점관찰에서는 사전에 협의된 몇 가지 사항을 중점적으로 관찰하게 된다.

⇕

수업관찰 결과 정리

장학담당자는 관찰한 결과를 정리하여 향후 환류 협의회에 대비한다. 그리고 장학담당자는 교사의 수업연구(개선) 과제와 관련하여 추가적인 정보나 자료를 준비한다.

수업 및 교실 관찰에서는 교사와 장학담당자가 작성된 수업지도안을 검토하여 전개될 수업활동의 전반적인 과정에 대한 이해를 높인 후, 교사는 수업지도안에 따라 수업을 실시하고, 장학담당자는 이미 수립된 수업관찰 계획에 따라 수업을 관찰하여 연구과제 해결 또는 수업개선을 위한 구체적이고 객관적인 자료를 수집한다. 장학담당자는 수업관찰 결과를 분석, 정리하여 향후 환류 협의회를 위한 자료를 작성한다.

라. 협의회 및 분석

협의회 및 분석의 구체적인 내용은 〈표VI-4〉와 같다.

협의회 및 분석에서는 수업관찰 결과를 중심으로 하여 장학담당자와 교사 간에 상호 협동적인 논의를 통하여, 수업연구과제의 해결, 개선 또는 수업개선을 위한 방안을 설정한다. 그리고 설정된 방안을 실제 수업에 적용 및 평가해 보기 위하여 2차 수업관찰을 계획하거나, 혹은 교사 스스로 자기적용, 자기평가의 노력을 하도록 유도하고 격려한다. 더불어 설정된 방안의 일반화를 위한 노력과 수행된 장학활동에 대한 평가도 함께 실시한다.

〈표VI-4〉 협의회 및 분석의 구체적인 내용

수업관찰 결과 논의
교사는 장학담당자와 수업관찰 결과에 대한 논의를 시작하기 전에 우선 자신의 수업에 대한 개략적인 자기평가와 자기반성을 함으로써 수업관찰 결과 논의를 위한 의제를 정리해 본다. 장학담당자와 교사는 수업관찰 자료(기록물, 녹음테이프, 녹화테이프)를 중심으로 상호 협동적이고 동료적인 분위기에서 수업의 만족스러운 점과 개선이 요구되는 점에 관해 논의한다. 보다 많은 환류가 가능하도록 학생들을 대상으로 수업내용, 수업방법, 교사의 강의 스타일 등에 관한 의견조사를 실시할 수도 있다. 장학담당자는 교사 스스로 자신의 수업개선을 위한 아이디어를 끌어내도록 도와주고 격려한다.

⇕

수업 연구과제 해결 및 수업개선 방안 설정

장학담당자와 교사는 수업 연구과제의 해결·개선 또는 수업개선을 위한 방안을 설정한다. 그리고 장학담당자는 교사의 수업 연구과제의 해결·개선 또는 수업개선과 관련하여 교사에게 계속적인 도움을 제공할 수 있는 방법에 대하여 의견을 서로 교환한다.

⇕

확대 적용 및 평가

수업 연구과제의 해결 또는 수업개선을 위해 설정된 방안을 실제 수업에 적용, 평가해 보기 위하여 가능하면 2차 수업관찰을 계획하거나, 교사 스스로 자기적용·자기평가의 노력(자기장학의 노력)을 하도록 유도하고 격려한다. 설정된 수업 연구과제 해결 및 수업개선 방안의 일반화를 위한 노력 즉, 자료 정리의 배포, 자체 연수, 각종 교외 연수회나 연구대회 참석 등과 수행된 장학활동의 전체 과정에 대한 평가와 반성을 한다. 더불어 논의된 내용 즉, 계획협의 내용, 수업관찰 결과, 수업 연구과제 해결, 수업개선 방안, 적용·평가의 계획 및 결과 등은 서면으로 정리하여 향후 수업개선이나 장학활동 개선에 참고하도록 한다.

참고 문헌

김정한(2002). 장학론. 서울: 학지사.

한국교육행정학회(1995). 장학론. 서울: 도서출판 하우, 137.

Beach, D. M., & Reinhartz, J.(2000). *Supervisory leadership: focus on instruction*. Boston: Allyn and Bacon. 146.

Glickman, Carl D. (1981). *Developmental supervision: Alternative practices for helping teachers improve instruction. Alexandria*. VA: ASCD, 48-49.

Kolb. D. A., Rubin, I. M., and McIntyre, J. M. (1980). *Organization psychology: An effective approach to organizational behavior. (4th ed.)*. Englwood Cliffs, NJ: Prentice-Hall.

7장 효과적인 수업을 위한 장학

1. 교수 · 학습의 성격

가. 수업의 개념

수업 또는 교수는 영어의 instruction을 번역한 것으로 teaching은 교사의 수업활동을 의미하는 것으로만 한정하고, instruction은 수업 전·중·후의 모든 활동을 의미한다. 즉, 교사 한 개인에 의해 전개되는 사상이 아니라, 인간 학습에 직접적인 영향을 끼칠 수 있는 모든 사상을 기술하기 위해 teaching보다는 instruction 용어를 사용한다(Gagne & Briggs, 1979).

수업에 대한 정의는 다양하다. 그중에서 대표적인 정의는 두 가지 정도로 제시할 수 있다.

첫째, Corey(1971)는 '개인이 구체적인 조건하에서 또는 구체적인 상황에 대한 반응으로서 특정 행동을 나타내게 하거나 그 행동에 관여할 수 있게 하기 위하여 그의 환경을 의도적으로 조작하는 과정'으로 정의하였다.

둘째, Gagne(1975)는 학습자의 내적 학습과정을 지원하기 위해 의도적으로 설계·정렬된 외적사상의 집합으로 정의하였다.

따라서, 수업은 목표와 수단과의 관계에서 이해해야 한다. 목표와 수단은 상호의존적이기 때문에, 어떤 방법의 효율성에 대한 평가의 준거는 당연히 목표 달성도가 될 것이며, 또한 목표는 그를 달성시켜줄 최선의 수단, 즉 방법을 요구하게 된다. 성취하고자 하는 목표에 따라 그 방법이 다를 수 있으며, 어떤 방법을 특정 목표를 달성하는데 더 효과적인 것으로 될 수도 있을 것이다(김철주, 1999).

나. 학습의 개념

수업과 마찬가지로, 학습(learning)이라는 개념도 매우 다양하게 정의내리고 있다.

첫째, 학습은 "연습이나 경험의 결과로 발생하는 비교적 영속적인 행동상의 변화"로 정의된다(Morgan, King & Robinson, 1979).

둘째, 학습은 "개체가 주어진 상황에서 경험을 반복함으로써 그 상황에 대한 개체의 행동과 행동잠재력이 변화하는 것으로, 이 같은 행동변화는 개체의 생등적 반응경향이나 성숙 또는 일반적 상태(가령, 피로, 마취, 만취, 충동 등)에 의하여 설명될 수 없는 것"으로 정의된다(Bower & Hilgard, 1981).

따라서, 김호권(1977)은 학습의 정의에 포함된 공통적인 개념들을 이끌어 내, 학습에 의한 행동이 무엇인가를 〔그림Ⅶ-1〕과 같이 제시하였다.

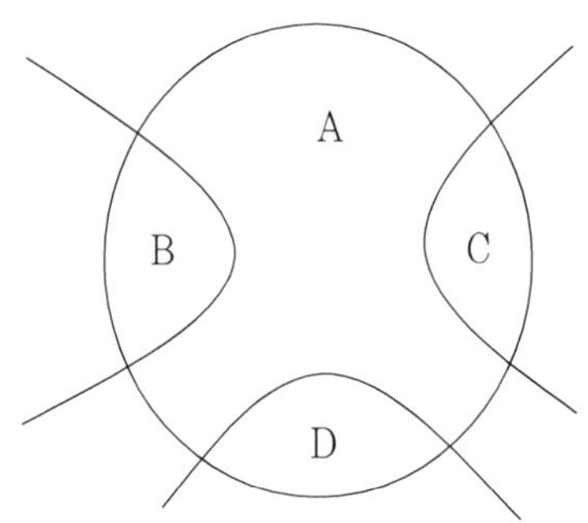

[그림Ⅶ-1] 학습에 의한 행동 변화

따라서, 인간에게 일어나는 모든 변화를 〈그림Ⅶ-1〉과 같이 나타냈을 때, 학습에 의한 변화는 다음과 같은 공식으로 나타낼 수 있다.

학습된 행동(L) = A-(B + C + D)

결국, 학습이란 경험(훈련이나 연습 등)을 통하여 학습자에게 일어나는 비교적 지속적인 행동이나 인지의 변화라고 정리할 수 있다. 이와 같은 학습의 정의에 따르면 타고난 반응 경향에 의한 행동과 성숙으로 말미암아 자연적으로 일어나는 변화, 질병이나 사고 등으로 인한 일시적인 변화는 학습이 아닌 것으로 보고 있다(변영계, 1984).

다. 수업과 학습의 관계

수업과 학습은 [그림Ⅶ-2]와 같이 세 가지 정도로 관계를 나타낼 수 있다 (변영계, 1999). 즉, A는 가장 바람직하지 못한 관계, B는 현실적 관계, C 는 이상적 관계로 나타낼 수 있다.

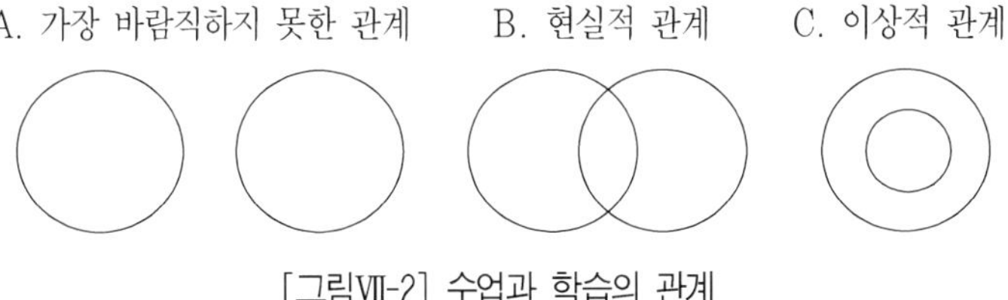

[그림Ⅶ-2] 수업과 학습의 관계

그러면 수업과 학습의 관계가 이상적인 형태가 아닌 현실적인 형태로 나타나는 원인을 변영계·김영환(1996)는 다음과 같이 설명하였다.

첫째, 학습이 반드시 수업의 결과로만 발생하지 않는다는 것이다. 정도의 차이는 있지만, 학습은 수업 없이도 환경과 상호작용함을 통해서 발생할 수도 있다는 사실을 부정할 수는 없다.

둘째, 수업과 학습이 이루어지기까지의 전 과정이 얼마나 충실했는가의 문제다. 즉 교육과정부터 교수 설계 그리고 수업과 학습에 이르는 과정의 충실도를 얼마나 장담할 수 있느냐는 것이다.

셋째, 수업과 학습 상황에서 계획에 없는 돌발사태가 발생할 수도 있다는 것을 간과해서는 안 된다. 이것 때문에 수업이 의도했던 대로 이루어지지 않거나 수업 준비 시 상정했던 학습자의 상태가 변화하거나 수업상황이 돌발적으로 변화할 수도 있다.

다음으로, 수업과 학습의 차이점을 살펴보면 〔그림Ⅶ-3〕과 같이 나타낼 수 있다(강이철, 2000).

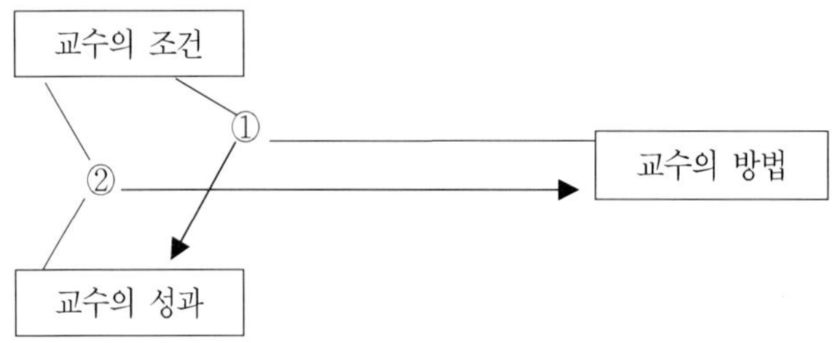

① 기술적 이론: 독립변인(조건과 방법)−종속 변인(성과)
    : a라는 조건하에서 A라는 교수방법을 실행하면, α라는 성과가 나타날 것이다.
② 처방적 이론: 독립변인(조건과 성과)−종속 변인(방법)
    : α라는 조건하에서 α라는 성과를 얻으려면, A라는 교수방법을 사용해야 한다.

[그림Ⅶ-3] 기술적 이론과 처방적 이론

즉, 수업은 처방적(prescriptive)이론이지만, 학습은 기술적(descriptive) 이론이다. 따라서, 수업은 학습이라는 목표 달성을 위하여 여러 대안적인 방법들 중에서 가장 적합한 것을 선택하여 그것을 제공하는 활동이고, 학습은 학습자에게 나타나는 학습의 과정과 결과를 있는 그대로 기술하는 것이라 할 수 있다.

그러나, 실제로는 학습의 과정과 문제점이 잘 기술되고 진단되면 이에 맞는 처방을 해서 좋은 학습 결과를 가져올 수 있기 때문에 수업과 학습은 아주 밀접한 관계가 있다고 본다. 이처럼 수업과 학습의 관계는 목표와 이 목표를 가장 효율적으로 달성할 수 있도록 하는 수단이라고 할 수 있다(변영계, 1999).

라. 학습과 발달

Vygotsky는 아동의 발달과 학습간의 관계에 대해 언급한 학자들의 입장을 다음의 세 가지로 설명하고 있다(Vygotsky, 1978)

첫째, 학습과 발달은 독립적인 관계라는 입장이다. 즉, 발달은 지배적인 과정이고, 학습은 발달 이후에 이루어진다는 것을 뜻한다. 학습은 아동의 사고의 구조나 성숙에 거의 영향을 미치지 않는다는 것이다. 이런 견해를 보면 발달은 주로 내적으로 조절된다.

이 입장을 지지하는 사람들에게 교수는 어린이들이 세상에 대한 기초적인 이해와 해석하는 방법에 실제적인 도움을 주지 않는다(전성연, 2001)

둘째, 학습이 곧 발달이라는 입장이다. 즉, 학습자의 학습 결과가 누적되어 발달을 이룬다는 것이다. 따라서, 교육은 획득된 수행 습관과 행동 경향의 조직 이상으로 더 잘 기술되어 질 수 없다고 주장한다(William James, 1958).

셋째, 학습과 발달을 결합한다는 입장이다. 즉, 학습과 발달은 교수가 발달을 주도하거나 이끌어 가는 것처럼 복잡하고 상호관련된 방식으로 연결된다(전성연, 2001).

그러므로 교육을 통해서 학습이 발달을 유도할 수 있으며, 학습으로 인하여 발달이 촉발될 수 있다고 주장한다(한성희, 2003).

이러한 3가지 관점을 종합적으로 정리하면 〈표Ⅶ-1〉과 같이 제시할 수 있다.

<표Ⅶ-1> 학습과 발달의 주요 관점

구　분	관　점	학습자관	관련이론
학습과 발달은 독립적 관계	발달은 주된 과정	능동적인 학생	Piaget 인지발달 이론
학습과 발달은 동일한 관계	발달은 학습의 결과	수동적인 학생	Pavlov와 Skinner 행동주의 이론
학습이 발달을 주도하는 관계	학습은 발달의 필수 조건	능동적인 학생과 능동적 사회환경의 협력적인 관계	Vygotsky 사회·문화적 이론

자료: 홍용희 역(1995). 어린이들의 학습에 비계설정-비고츠키와 유아교육 서울: 창지사. 재구성.

2. 수업모형의 유형

가. 가상 체험 모형

가상 체험 모형은 교실에서 주로 이루어지는 교과 수업의 한계를 극복하고 학생들로 하여금 충분한 간접 체험을 통해 실제의 도덕적 상황에서 도덕적 문제 해결 능력을 발휘할 수 있도록 기회를 제공하는 수업 모형을 말한다.

가상 체험의 대표적인 기법인 시뮬레이션(simulation)은 우리가 실제로 세계의 어떤 현상들을 직접 체험할 수 없지만, 그 현상 속에서 경험할 수 있는 무수한 행동들을 모의 상황으로 설정한 것이라고 할 수 있다. 특히, 컴퓨터 시뮬레이션은 교육 목적을 위해 만들어진 컴퓨터 프로그램으로 조작이 가능한 실제 상황의 모델과 이론적인 체제로 구성되어 학습자가 주어진 상황을 여러 방식으로 조작하여 특정 목표에 도달할 수 있도록 도와주는 프로그램이다. 이와 같이 볼 때, 컴퓨터 시뮬레이션은 현실의 모방이나 재생이라는 수단을 통하여 실세계의 여러 측면들을 가르칠 수 있는 강력한 교수 기법이며, 이를 통해 학습자는 동기 유발이 가능하며 실제 상황에 대한 반응과 유사한 방식으로 학습할 수 있게 된다. 도덕과 수업에서 가능한 가상 체험 모형을 간략히 제시해 보면 다음과 같다.

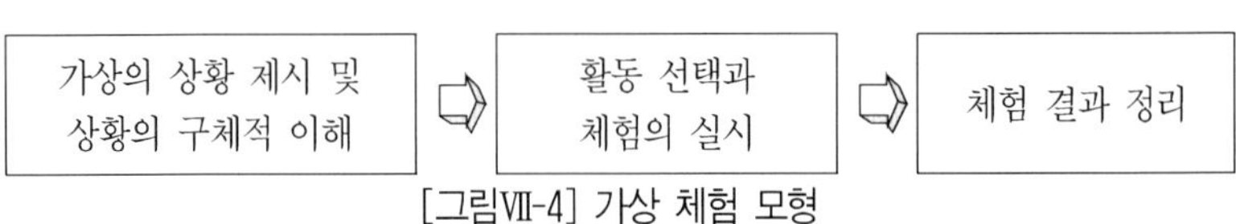

[그림Ⅶ-4] 가상 체험 모형

나. 가치 갈등 모형

우리가 도덕 생활에서 지켜야 할 규범들은 대개 각각 별개로서 의미를 가지는 것이 아니라, 서로 관련된 것으로 이해되어야 한다. 그리고 규범의 체계는 매우 복잡하고, 또 명백하게 인식되기 어렵기 때문에, 가치의 우열이 쉽게 분별되지 않는다. 또, 일상 생활의 구체적인 장면에서는 흔히 둘 또는 그 이상의 규범들이 적용되기 때문에, 우리는 어느 것을 준수해야 하느냐로 인한 갈등을 경험하기도 한다. 이 경우에 어떤 가치가 더 중요하다고 판단을 내리는 일은 매우 어려운 일이다. 이와 같은 상황에 대비하여 학생들로 하여금 올바르게 선택하고 판단하는 능력을 길러 주는 것은 매우 중요한 일이다.

따라서, 가치 갈등의 해결을 위한 수업은 그 자체의 목적을 위해서뿐만 아니라, 내면화한 규범들이 실제의 상황 장면에서 어떻게 적용되고 있는가를 구체적인 실례와 더불어 검토하여 이해할 수 잇게 하는 데 도움을 줄 것이다. 가치 갈등 모형을 도덕과 수업에 전개시키면 다음과 같다.

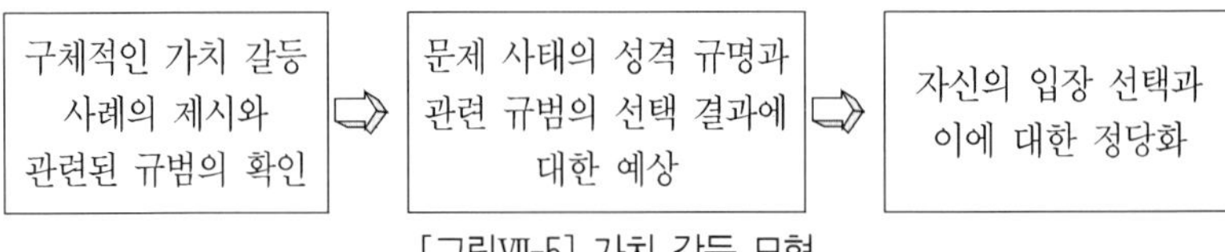

[그림Ⅶ-5] 가치 갈등 모형

다. 개념 학습 모형

개념은 일반 표상을 의미한다. 즉, '여러 표상 중에서 공통적인 내용을 뽑아 낸 총괄적인 표상으로서 비슷한 표상들의 전 계열을 대표하는 것'을 개념이라고 한다. 한 개념을 다른 개념과 구별 지우는 특징이 속성이다. 개념의 속성 수는 개념마다 각기 다르다. 사회과에서는 학교, 시장, 지역 사회, 의식주, 자연, 민주주의, 공동생활, 도시, 농촌, 그림지도 등과 같은 사회 현상과 관련된 여러 개념을 학습하게 된다.

따라서 사회과 수업의 많은 부분이 새로운 개념을 학습하는 것으로 볼 수 있다. 사회과 학습 내용에 있는 여러 개념의 학습이 잘 되지 않으면 후속 학습에 많은 어려움이 따르게 된다. 개념 학습의 단계를 8단계로 제시하면 다음과 같다.

〔제1단계〕 개념 학습의 결과로서 학습자의 성취 목표를 기술한다. 이 단계에서 성취 목표와 진술은 학생이 개념을 학습한 후 기대되는 성취 행동을 기술하는 것이다. 이 성취 행동은 어떤 개념을 언어로 정의하는 것이 아니라, 그 개념에 해당되는 새로운 보기들을 정확하게 구분할 수 있는 것이다. 개념의 정의로 중요하지만, 정의를 잘 기억하고 있는 학생도 개념의 예나 보기를 구분하거나 찾지 못하는 수가 있다.

〔제2단계〕 복합 개념을 학습시킬 때에는 개념의 속성 수를 감소시키고, 지배적인 속성을 부각시킨다. 이 단계에서는 교사가 교수 목표와 관련지어 학습시킬 개념을 분석한다. 교사는 가르치기 전에 개념 속성의 가치와 수를 결정하고 지배적인 속성이 무엇인가를 분석해 두어야 한다. 복잡한 개념의 속성 수를 줄이기 위해서는, 첫째로 여러 속성 중 어느 것은 무시해 버리고, 중요하다고 생각되는 속성에 초점을 두거나, 둘째로 여러 속성을 두서너 개의 형태로 분류시키는 방법을 활용할 수 있다. 지배적인 속성을 찾은 후 개념 학습을 위한 방법을 찾는다. 이 단계의 개념 분석에서는 속성간의 관계 즉 관계 개념도 밝혀 두어야 한다.

〔제3단계〕 학습시킬 개념과 관련이 많은 유용한 언어 매체를 학습자에게 제공한다. 1, 2단계는 교수 목표와 관련된 것이고, 3단계는 학생들의 출발점 행동에 관련된 단계이다. 개념 학습을 하기 전에 선행하는 개념에 대한 언어 학습이 새로운 개념 학습의 출발점이 된다. 언어 학습과 개념 학습은 밀접한 관계를 가지고 있다. 그러므로 만약 학생들이 아직도 개념 학습에 필요한 언어를 학습하지 못했다면, 사전 학습으로서 개념과 관련된 언어를 학습해야 한다.

〔제4단계〕 학습시킬 개념의 사례를 제공한다. 개념 학습에 있어서는 긍정적인 사례와 부정적인 사례를 제공하는 것이 개념 학습의 필요조건이 된다. 긍정적인 사례란 그 개념의 속성들이 내포된 것이며, 부정적인 사례란 속성이 포함되지 않은 것을 말한다. 이 때 긍정적 및 부정적 사례를 함께 제시하는 것이 좋다. 가령, 개'란 개념을 학습시키려 할 때 제시되는 여러 종류의 개들은 긍정적인 사례이며, 오리, 호랑이, 토끼, 쥐 등은 부정적인 사례가 된다.

〔제5단계〕 개념과 관련된 사례를 계속적으로 또는 동시에 제공한다. 사례를 제공할 때에는 사례들을 접근시켜 거의 동시에 제공하는 것이 좋다. 케이츠와 유딘은 한 사례를 보여 주고 20초 후에 또 한 사례를 보여 주는 식의 연속적 제시법과 두 사례를 동시에 보여 주는 식의 집중적 제시법, 그리고 이미 제시한 사례들을 학생이 볼 수 있게 하면서 새로운 사례를 제시하는 동시 제시법을 사용하여 각 방법의 학습 효과를 조사한 결과, 동시 제시법이 집중적 제시법보다 좋고, 집중적 제시법이 연속적 제시법보다는 유리하다는 결과를 얻었다. 동시적 제시법이 효과적인 이유는 앞 사례에 대한 기억을 할 필요가 없기 때문이다.

〔제6단계〕 개념 학습의 결과를 검증한다. 다음과 같은 두 가지 방법을 사용하여 개념 학습이 얼마나 잘 이루어졌는지를 확인하다.

첫째, 여러 가지 긍정적 사례를 보여 주고, 새로운 긍정적 사례를 보여 주이 이 사례가 같은 개념에 속히는 것인지 구분히게 한다.

둘째, 새로운 긍정적 사례와 부정적 사례를 제시하여 긍정적 사례만을 찾을 수 있는지 알아본다.

〔제7단계〕 개념에 대한 정의를 내린다. 개념 학습의 대부분은 언어 획득 이전에 일어나며, 언어를 사용하지 않고 일어나기도 한다. 학생들은 개념에 대한 적절한 정의를 내릴 수는 없으나, 개념적 반응, 즉 **변별과 일반화**를 통해서 유목에 대한 반응을 한다. 지금까지의 지도 단계는 언어적 정의를 요구한 것이 아니라 여러 자극 중에서 정확한 자극을 선택시킴으로써 어떤 개념을 식별하도록 한 것이다. 물론 개념에 대한 정확한 정의를 학습하지 않아도 개념은 학습할 수 있으며, 또 개념을 언어로 정확하게 정의지울 수 있다 하더라도 반드시 개념 학습이 완전히 이루어졌다고는 할 수 없다. 그러나 개념 학습은 개념을 통한 의사소통의 능력까지도 포함하기 때문에 개념 정의 학습이 필요하다.

〔제8단계〕 개념 학습에 있어서 학습자의 반응에 상응하는 강화를 충분히 제공한다. 강화의 일차적인 목적은 학생 반응의 정확성 여부에 대한 정보를 제공하는 것이며, 이것은 다시 학습 동기의 기능을 갖게 한다.

라. 놀이 학습 모형

도덕과 수업은 가치와 당위에 관한 학문을 다루게 되므로, 학생들의 흥미와 관심을 끌기가 다소 어렵다. 그러므로 도덕과 수업이 효과적으로 이루어지도록 하기 위해서는 학생들의 관심과 흥미를 끌 수 있고, 학생들이 적극적이고 자발적으로 수업에 참여하면서 학습할 수 있는 지도 방법이 도입될 필요가 있다. 이러한 필요성에 부합되는 한 접근법이 바로 놀이 학습 모형이다.

이 모형은 학생들이 흥미 있게 놀이를 즐기는 과정 속에서 자연스럽게 지도하고자 하는 내용을 학습할 수 있도록 체계적으로 계획된 학습 활동 모형이다. 단, 이 모형은 목적이 분명하고 합목적인 놀이가 되도록 교사의 세밀한 계획과 지도가 필요하다. 그렇지 않으면 수업으로서의 성격이 크게 희석화될 수 있기 때문이다. 그리고 놀이 학습 모형은 학생들의 언어 지능만이 아니라, 논리 수학적 지능, 공간적 지능, 개인 내 지능, 대인 간 지능, 음악적 지능, 신체 운동 감각적 지능 등 다중 지능(multiple intelligence)을 계발하는 데는 매우 유용하다. 도덕과 수업에서 가능한 놀이 학습 모형을 간략히 제시해 보면 다음과 같다.

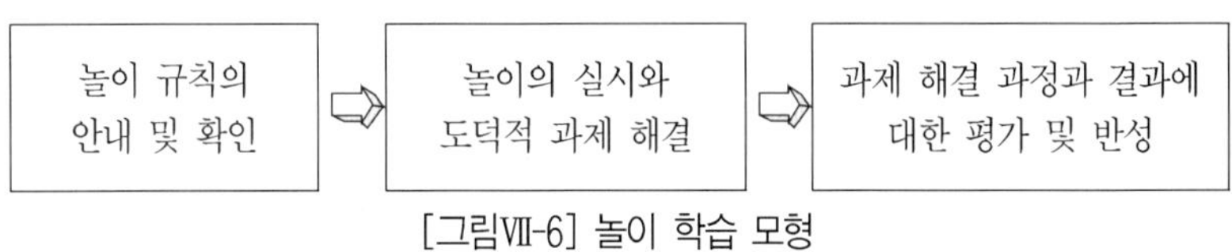

[그림Ⅶ-6] 놀이 학습 모형

마. 목표기반 시나리오 수업 모형

목표기반 시나리오 수업 모형은 학생들이 어떤 것을 이해하는 방법으로서 실제 생활에서 하지 못하는 것을 해보도록 한다는 점에서 아주 인위적인 교육방법이다. 예컨대 이순신 장군에 대해서 알고자 할 때는 이순신 장군이 되어 보는 것이 가장 이순신 장군을 잘 이해하는 것일 것이다. 학습이라는 것은 학생들이 알아야 할 것을 스스로 알고자 하는 마음을 갖도록 하는 방법을 찾는 것이다. 이러한 목표기반 시나리오 모형의 특징은 다음과 같다.

첫째, 동기를 유발할 만한 도전적인 최종 목표가 학습자에게 제시된다. 둘째, 최종 목표는 미리 설정된 일련의 핵심 지식과 기술로 구조화된다. 셋째, 학습 환경은 총체적인 풍부한 학습 맥락으로 이루어져 있으므로, 이들 지식과 기술은 단편적이지 않는 통합된 전체 속의 부분으로서 습득된다. 넷째, 경험, 문화적 배경, 흥미, 동기 등에 있어서 학습자들의 다양성을 인식하므로 이들 다 양성을 수용할 뿐만 아니라, 긍정적인 방향으로 활용하고자 한다. 다섯째, 학습자는 이미 선정된 핵심 지식과 기술을 단지 습득하는데서 그치는 것이 아니라, 새로운 지식과 기술을 탐색하고 개발할 수 있다고 간주된다. 여섯째, 최종 목표를 달성하기 위해 학습자는 자유롭게 자신의 전략을 선택한다. 일곱째, 학습 과정에서 발생하는 긴장은 반성적 사고, 진정한 의미에서의 학습에 대한 강조, 그리고 사용하기 쉽게 만들어진 학습 보조 자원들에 의해 적절하게 조절된다. 여덟째, 학습자들은 필요할 때는 즉시 그 학습 자원들을 활용한다. 아홉째, 학습 환경의 구성 요소로는 실제와 매우 유사한 과제, 팀 활동, 교육내용과 교육과정에 모두 정통한 코치, 인쇄물 및 온라인 학습 지원 시스템이 있다.

바. 문제중심 학습 모형

구성주의 이론에 근거한 문제중심학습 모형은 실생활의 문제 사태를 중심으로 교육과정과 수업을 구조화한 교육적 접근으로 학습자들에게 문제를 해결해 나가는 과정을 통해서 비판적 사고 기능과 협동 기능을 신장하도록 하는 학습 형태이다.

따라서, 문제중심학습은 문제 상황에서 학습이 시작된다. 문제 상황이 주어지면 학생들은 교실에서 그들이 해결해야 할 문제에 관련된 지식들의 목록을 작성하는데 그것은 문제 상황을 더 잘 이해하기 위하여 필요한 것이 무엇인지를 찾아내는 것이다. 그리고 나서 각자에게 학습 과제를 부여하고, 개개인은 부여된 학습 과제를 해결한 후 협동 학습 과정을 거치게 된다.

특히, 협동학습에서는 단순히 각자의 문제 해결안을 보고하는 것이 아니라 문제를 재검토하고 문제 해결과 관련하여 여러 사람의 의견을 통하여 수정되고 보완되어 발전된 결과를 얻고자 하는 것이다.

이러한, 문제중심 학습 모형의 특징은 다음과 같이 네 가지로 요약할 수 있다.

첫째, 비구조적 문제(Ill-structured Problems)를 다룬다.

학교에서 다루어지는 문제는 구조적인 문제들로서, 학생들은 문제가 무엇인지 알고 있으며 정답이 주어졌을 때 그것이 정답이라는 것도 안다. 그러나 비구조적 문제는 구조적 문제 해결과는 달리 문제를 찾아내고 필요한 정보를 검증하며 실행 계획을 세우는 과정을 필요로 하는 것이다.

둘째, 실제성(Authenticity)을 가지고 있다.

문제중심 학습 환경에서 문제는 실제 생활과 관련된 문제가 제시된다. 학생들에게 세부적이고 아주 구체적인 맥락의 문제가 주어지면 주제에 대한 정의를 내리고, 가설을 설정하고, 자료를 찾고 경험하고, 해결안을 개발하고, 문제 해결 과정의 효과성에 대하여 평가한다.

셋째, 자기 주도적 학습(Self-directed Learning)을 한다.

소집단 또는 학급 전체 집단으로 학습하기 위하여 학생들은 정보를 찾고 학습하기 위한 책임 분담을 하며, 문제 해결 과정과 전략을 통하여 자신들에게 맞는 방법을 선택해야만 한다.

넷째, 협동 학습(Cooperative teaming)을 한다.

집단으로 문제를 해결해 가는 과정에서의 갈등은 개인적 사고를 개발하는 데 도움이 되고, 차이점이 발생했을 때 학생들은 각자의 관점에서 정당화하고 협력하게 되며 이러한 과정을 통해 오개념을 찾아내고 바람직한 해결안을 도출하게 된다.

사. 문헌조사 학습 모형

문헌 조사는 모든 분야의 연구에서 기본적으로 사용되는 방법이다. 문헌 조사 학습의 목적은 여러 가지 사회 및 역사적 사실에 대한 기록 자료의 수집, 정리, 분석, 해석, 비판 능력을 신장시켜 주는 데 있다.

이러한 문헌 조사 학습의 과정은 학습의 목표, 내용, 조건에 따라 다양하게 전개될 수 있다. 문헌의 조사를 통한 학습은 학생들로 하여금 문제와 관련된 문헌 자료를 찾고, 이들의 내용을 비판적으로 음미하고 해석해 보는 활동에 직접 참여하도록 도와주어야 한다.

특히, 일반적인 문헌 조사 학습 과정 및 과정상의 유의점을 제시하면 다음과 같다.

첫째, 문제를 제시해야 한다. 조사할 문제를 확인하고, 어떤 곳에서 , 어떤 자료를 보아야 하는지를 모색하며, 문제의 해결과 관련되는 문헌 자료를 수집하는 단계이다.

여러 사람에게 문의한 다음에, 어떤 곳에 가서 어떤 종류의 자료를 수집해야 할지 계획을 세운 후에 자료를 수집하는 것이 좋다. 그렇지 않으면 쓸데없는 노력과 시간을 낭비하게 된다. 3학년 학생들은 아직 어리므로 교사가 미리 자료를 찾을 수 있는 곳, 자료의 종류, 자료를 찾는 방법 등에 대해 사전 정보를 제공해 주는 것이 좋다. 자료를 수집할 때는 어느 곳에서 수집한 자료인지를 기록하게 한다.

둘째, 자료의 정리와 해석을 해야 한다. 수집한 자료를 검토한 다음에 문제 해결에 필요한 자료를 선정, 요약하는 단계이다.

여러 자료 중에서 문제 해결에 꼭 필요한 자료를 선정하는 일은 매우 중요하나, 이러한 능력은 교사의 끊임없는 지도와 학생 스스로의 오랜 노력을 통하여 시간이 흘러야만 제대로 키워질 수 있다. 어떤 자료에서 어떤 내용을 보았다는 것을 간단한 양식을 통해 정리, 기록하게 되고, 가능하다면 이에 대한 자신의 생각도 적게 하는 것이 좋다. 자료를 인용하는 경우에는, 가급적 최신의 것으로, 정책이나 통계 자료 등은 정부 간행물을 선택하도록 한다.

셋째, 결과 발표 또는 보고서를 작성해야 한다.

문제 해결에 적용한 최종적인 결과를 발표한다. 결과를 발표할 때에는 어느 곳에, 어떤 자료의 어떤 내용을 인용하였는지를 밝히도록 한다.

아. 인지적 도제 학습 모형

인지적 도제 학습 이론은 점차 늘어나고 있는 저명한 수업 모델이다. 이 것의 발달은 단순한 기술이나 부적합한 지식에 대한 교육적 문제를 해결하 는데 잠재적으로 공헌하고 있다.

인지 과학에서 상황인지 패러다임으로의 변화에 대처하는 학습에 대한 최 근의 연구에서 보면 학습과 인지의 본질과 학습을 지원하기 위해 공학을 어 떻게 사용해야 할지에 대한 재인식을 하고 있다. 새로운 학습 패러다임과 구 성주의 입장을 반영한 교수—학습 상황을 설계함에 있어 전통적 설계이론은 한계가 있다.

인지적 도제 학습 모형은 기존 교수 설계에서 경시되었던 현실과 유사한 상황에서 학습, 실제적 과제 수행 경험, 교사와 학생의 밀접한 상호 작용, 토론을 통한 역동적 학습 등을 중시한다. 이는 교수 설계 방법의 새로운 방 향을 제시하며, 차세대 교수 설계의 실체를 반영하고자 하는 최근의 연구 동 향과도 그 맥을 같이 한다.

옛날에는 교수와 학습이 도제 방법을 통하여 수행되었다. 아이들은 말하 고, 곡식을 기르고, 장식품을 만들고, 옷을 만드는 방법을 어른들이 하는 것 을 보고 도우면서 배웠다. 도제 방법은 그림, 조각, 법률 분야에서 전문가가 되기 위해 필요한 지식을 전수 받기 위한 방법이었다. 오늘날 도제 방법은 어린이들이 언어 학습을 제외하고는 대부분 학교 교육으로 대체되었다. 전형 적인 교실 수업의 틀에 대한 대안으로 제시되는 것이 학교 교육의 요소가 통합된 옛날의 도제의 방법으로 돌아가자는 것이다. 인지적 도제 방법은 이 러한 전통적 방법을 현 사회에서 요구하는 교수 방법의 형태로 적용, 변화시 킨 것이다. 즉, 도제 방법의 장점을 살려 현실과 괴리되지 않은 실상황에서 전문가의 과제 수행 과정을 관찰하고, 실제로 과제를 수행해 보는 가운데 자 신의 지식 상태의 변화를 경험할 수 있도록 하는 것이다.

인지저 도제 모형에서 학습이란 특정사회 집단의 전문가들이 지닌 지식과 사고 과정을 학습하는 것을 말하며, 학습자가 전문가의 수행에 요구되는 다양한 기능을 확인하고, 이들이 적용되는 조건을 발견하여 이를 내면화하는 과정을 통해 이루어진다. 이는 결국 학습이 점차적으로 복잡한 과제, 상이한 문제 해결 상황으로 계열화되는 것을 의미한다. 인지적 도제 학습 모형의 단계는 [그림Ⅶ-7]과 같다.

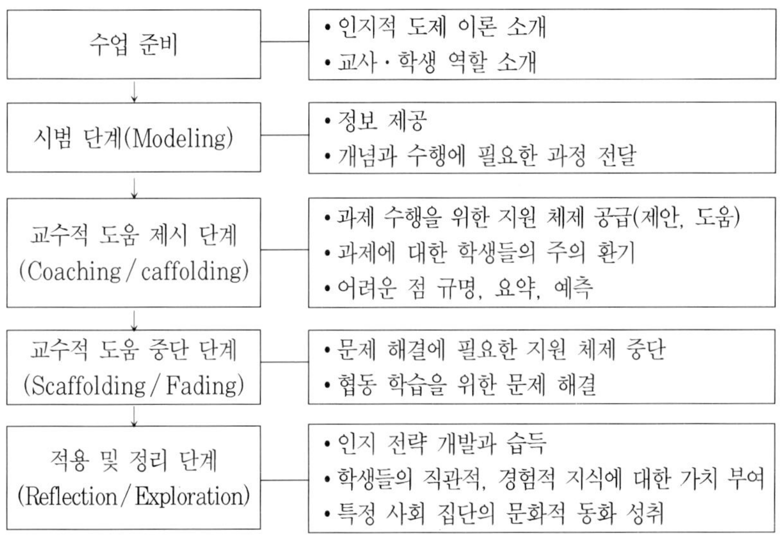

자. 자원기반 학습 모형

오늘날의 사회는 정보화 시대의 엄청난 영향을 경험하고 있다. 정보는 너무나 빨리 변화하고 있기 때문에 학교의 교육과정으로서 내용(content)에만 초점을 맞추는 것은 더 이상 불가능하다.

특히, Rakes(1996)는 학생들에게 급변하는 변화에 성공적으로 대응할 수 있도록 평생학습의 습관을 길러주고 미래의 바람직한 직장인이 될 수 있도록 교육하기 위해서는 정보 문해 능력(information literacy)과 정보를 전달하는데 컴퓨터와 같은 도구를 활용하는 기술을 습득시켜야함을 강조한다. 그는 미국에서 현재 제공되는 직장의 60% 이상이 일하는 과정에서 다양한 형태의 네트워크 활용이 필수적임을 지적하고 있다.

따라서 미래의 대부분의 근로자는 정보를 습득하고 이를 평가할 수 있어야 하고, 정보를 조작하고 이를 관리하며, 정보를 해석하고 커뮤니케이션 하며, 정보를 처리하기 위해 컴퓨터를 사용할 수 있는 능력을 갖추어야 한다.

이와 같은 능력을 Rakes는 '정보 문해 능력'이라 부르면서, 이 능력을 기르는데는 인터넷을 이용한 '자원기반학습(Resource-Based Learning)이 상당히 효과적이라고 주장하였다.

자원기반학습은 학생들이 진정으로 관심이 있는 문제나 질문에 직면했을 때 가장 학습효과가 좋다는 Richard Suchman의 탐구학습 모델에 기초를 두고 있다.

따라서, 교사는 학습 목표를 규명한 후 학습 목표에 적합한 주제를 선정하여 학생들에게 의미 있는 질문을 제시한 후 학생들이 인터넷상에서 관련된 자료를 탐구하여 해결 방법을 제시하도록 유도한다.

Rakes가 제시한 인터넷을 이용한 자원기반학습 모형에서는 교사가 먼저 적합한 인터넷 사이트를 검토 선정하여 학생들에게 제시하고 학생들로 하여금 자료를 수집 및 기록할 때마다 자료의 출처와 검색과정을 밝히도록 요구한다.

학생들은 수집한 자료를 중심으로 가능한 해답의 초안을 작성하게 되는데 이때 학생들은 자신들이 채택한 정보를 평가함으로써 해결방안의 타당성을 논해야 한다. 이런 일련의 자료 탐색, 자료 평가 및 활용 과정은 개인 또는 소집단 프로젝트로 실시할 수 있다.

따라서, 자원기반학습은 특별히 설계된 학습 자원과 상호 작용적인 매체와 공학 기술을 통합함으로써 대량 교육 상황에서 학습자 중심의 학습을 증진하기 위한 일련의 통합된 전략이라고 정의할 수 있다.

특히, 자원기반학습에는 전자우편과 컴퓨터 컨퍼런싱, 게시판 등의 컴퓨터를 통한 의사소통과 온라인을 통한 코스 전달, CD롬 자료, 그 밖의 멀티

미디어 자료들이 포함된다.

자원기반학습은 정보 창고에 접근하는 수단으로 뿐만 아니라 상호작용적인 독자적, 그리고 협동적 학습을 촉진하는 도구로서 공학을 이용하는 것으로서 다음과 같은 특징을 지니고 있다.

첫째, 학생들은 그들의 학습에 능동적으로 참여한다.

둘째, 학습 경험은 교수 목표에 근거하여 계획된다.

셋째, 학습 전략과 기술은 관련된 전후 관계(맥락)내에서 구체화되고 가르쳐진다.

넷째, 광범위한 자료들이 활용된다.

다섯째, 학습이 이루어지는 장소가 다양하다.

여섯째, 교사들은 많은 다양한 교수 기술을 활용한다.

일곱째, 교사들은 학습의 촉진자로서 역할을 하게되며, 계속적으로 학생의 학습 진전 상황을 안내, 점검(monitering), 평가한다.

여덟째, 교사들은 학년과 교과 영역을 넘어서 자원기반학습을 실시하기 위해 함께 활동한다.

차. 정보처리 모형

자료를 수집하고, 문제를 인지하고, 개념을 형성하고, 문제를 해결하며, 언어적 비언어적 상징 체계를 사용하는 방법과 관련되고, 학습자의 문제해결 능력과 관련되어 생산적 사고력을 강조한 학습 모형이다.

정보처리 모형의 종류에는 귀납적 사고 모형, 탐구훈련 모형, 과학적 탐구, 개념 획득, 인지 발달, 상위 조직자 모형, 기억 모형 등이 있다.

이러한 모형들은 학문적인 원리에서 도출된 개념과 정보 지식을 강조하나 사회적 관계를 통합적 관점에서 학습에 반영하여 가치 명료화가 도출되도록 할 수 있다.

1) 귀납적 사고 모형

제한된 경험을 통해 얻은 개별적이고 구체적 사실로부터 보다 일반적인 지식을 이끌어내는 논리로서 귀납 논리의 전제는 어떤 집합의 구성요소 일부에 관해 말하고 결론은 그 집합의 구성요소 전체에 대하여 말한다. 따라서, 결론은 항상 전제에서 주장한 것보다 더 많은 것을 주장한다.

2) 탐구 훈련 모형

탐구 모형은 학생들이 탐구하려는 질문에 도움을 주려는 수업 모형이다. 집단 과정의 교육적 가능성을 강조한 텔렌은 학생들은 교과목의 내용을 학습 할 뿐만 아니라, 소집단 학습을 통해 협동적인 학습 태도도 학습 할 수 있어야 한다고 보았으며, 이러한 경험을 통하여 학생들이 낱낱의 정보를 수집, 분석, 종합, 일반화함으로써 지식이 도출된다고 하였다.

3) 과학적 탐구 모형

탐구란 지금까지의 방식으로는 해결할 수 없는 새로운 사태를 만났을 때. 그것에 호기심을 가지고 설명해 가는 과정을 말한다. 탐구학습의 과정에는 여러 가지 유형이 있지만 마시알라스의 탐구수업 과정을 안내하면 다음과 같다.

안내 → (용어 정의) → 가설 설정 → 탐색 → 입증 → 일반화

4) 개념 획득 모형

학습 활동의 대부분은 개념학습 모형과 밀접히 관련되어 있고 인간의 인지적 능력의 발달 정도는 개념학습 능력 수준과 비례한다고 할 수 있다.

개념학습이란 단순한 명칭이나 지식의 획득이 아니라 문제 해결 능력이다. 즉 고등정신 기능의 육성에 전제 조건이 되므로 개념학습은 학습 활동의 핵심과제이다.

따라서, 개념학습 기능의 발달을 돕기 위해서는 교사는 아동의 개념 획득 과정을 충분히 이해해야 하며, 상위의 개념이나 추상적 개념보다는 하위개념이나 구체적이고 기본적인 개념을 분명하고 체계 있게 제시해야 한다.

5) 선행 조직자 모형

학습자 개개인이 자기 스스로 자신의 학습을 구조화하도록 도와주는 것을 수업 조직자라 한다.

조직자는 학생들의 배경 지식을 활성화시키는 것을 돕는 것으로, 글을 읽기 전에 자신의 지식 상태를 인지하고, 글의 내용에 대한 지식을 활성화시키도록 촉진한다.

이러한 수업 조직자에는 선행 조직자, 도해 조직자 등이 있다. 조직자 중에서 가장 잘 알려진 것이 Ausubel의 선행 조직자이다.

특히, Ausubel은 불확실성을 줄이고 기억을 강화하기 위하여 이미 입력되어 있는 지식과 새로운 지식을 이어주는 교량 역할을 하는 선행 조직자의 개념을 강조하였다.

선행 조직자를 강조함으로써 중요한 내용에 초점을 두게 하고, 여러 개념들 간의 관계를 파악하게 하며, 새로운 내용을 만날 때 이미 알고 있는 것을 적절히 연결지을 수 있는 방법을 터득하게 한다는 것이다.

카. 협동 학습 모형

학생들 간의 협동을 이용하는 대부분의 수업 전략을 협동학습이라고 할 수 있다. 협동학습은 집단을 조직하고, 공동의 목표를 설정하며, 설정된 목표를 달성하기 위하여 공동으로 노력하고, 구성원들끼리 도움을 주고받는 학습 방법이다.

전통적인 소집단 학습과 비교할 때 협동학습은 긍정적인 상호 의존과 개별 책무성, 그리고 동등한 성공 기회 등의 요소가 포함된 학습방법이다.

따라서, 협동학습이란 학습자 개인의 목표 달성은 그가 속한 집단의 목표가 성취되었을 때만이 가능하며, 집단의 목표는 집단 구성원 각자의 성취 수준에 의존하도록 목표 구조를 설정해 놓음으로써 집단 구성원 각자가 열심히 공부하는 한편 집단의 다른 구성원을 도와주게 하는 수업 방법이다.

이러한 협동학습의 장점을 정리하면 다음과 같다.

첫　째, 협동학습은 교사에게 다양한 수업 전략을 제공해 준다.

둘　째, 협동학습은 아동이 수업 중에도 신체를 많이 움직일 수 있게 한다.

셋　째, 협동학습은 아동에게 타인을 배려하는 태도를 길러 준다.

넷　째, 협동학습은 문제를 해결하거나 의사 결정하는 능력을 길러 준다.

다섯째, 협동학습은 아동에게 많은 사회적 상호작용을 경험하게 한다.

여섯째, 협동학습은 아동에게 지적 모험을 할 수 있는 기회를 제공한다.

일곱째, 협동학습은 아동이 구체적 사고에서 추상적 사고로 이행할 수 있는 기회를 제공한다.

여덟째, 협동학습은 아동에게 긍정적 자아개념을 가지게 한다.

아홉째, 협동학습은 아동에게 소속감을 심어준다.

열　째, 협동학습은 동료들의 숨은 재능들을 밝혀 낸다.

3. 수업 목표 분류의 방법

수업 목표 분류의 방법은 다양하다. 그리고, 분류학(taxonomy)은 사물이나 현상을 단계적으로 정돈하는 분류체계이다. 즉, 분류의 최상위 용어는 더 일반적이고 포괄적이거나 복합적이고 하위 수준의 용어를 포함한다. 따라서, 처음에는 더 쉽고 하위 수준의 기능을 나타내고, 그 다음에는 더 어렵고 더 상위 수준의 학습성과로 옮겨가는 연속성을 중요하게 생각한다.

특히, Bloom의 인지적 영역의 목표 분류, Gagne 학습 성과 분류, Merrill의 내용요소 제시이론, Leith의 학습 분류 등은 하위 수준에서 상위 수준으로의 이동을 〈표Ⅶ-2〉와 같이 제시할 수 있다.

〈표Ⅶ-2〉 수업 목표 분류(인지적 영역)

Bloom	Gagné	Merrill	Leith
지 식	언어 정보	기 억 사 실	자극식별 반응학습
이 해	구체적 개념	개 념 원 리	반응통합 연상
	정의된 개념	원 칙 개념 활용	계열학습／ 변화
적 용	원리학습	원리 활용 원칙 활용	학습집합 형성 개념학습
분 석	고차원리학습		개념통합
평 가	인지전략	개념, 원리, 원칙 발견	문제해결 학습설계

가. Bloom의 목표 분류

1) 지식수준

이해하지 않고 다만 사실, 용어, 방법론의 기억을 포함하는 지식수준에서의 학습 가끔은 지식수준 행동이 복합적인 것처럼 여겨지나 이해력은 기대하지 않는다.

〈예　시〉
▶ 자이레의 수도는 무엇인가?
▶ 특정의 범용 소프트웨어 제품의 작동을 위해 요구되는 기억용량을 말하라.
▶ 등급 6의 유독 화학물질을 폐기하기 위한 순서를 말하라.

2) 이해 수준

이해력은 기초적인 이해와 번역이나 해석과 같은 지식의 사용을 포함한다.

〈예　시〉
▶ 신문의 1면에서 실용주의의 예를 확인하시오
▶ 기계의 조립을 위한 사용법을 프랑스어로 옮기시오.
▶ 막대그래프와 원그래프에서 선호순위를 결정하시오.

3) 적용 수준

적용은 원리의 추상성이나 지식으로부터 일반 원칙을 요구한다. 학습자는 그러므로 관련성 있는 문제를 풀기 위하여 이 원리나 법칙을 응용한다.

〈예 시〉

▶ 정삼각형의 사변을 결정하시오.

▶ 조사자료의 분석에 사용할 적절한 非母數 통계를 선택하시오.

▶해발 7,500피트에 있는 정원에 사용하기 위한 화단의 나무를 결정하시오.

4) 분석 수준

분석은 지식영역을 조사하고, 분석하고, 그 영역의 내용요소 및 내용요소
와 영역요소간의 관계를 확인하는 것을 포함한다. 분석은 구조나 일련의 개
념의 조직을 결정하는 것을 요구한다.

〈예 시〉

▶ 도심지에서의 교통의 유동계획에서 지역적 흐름을 결정하라.

▶ 어법 표준에 근거하여 20세기의 소설가들이 이 부분을 어떻게 썼을 지
  를 결정하라.

▶ 과정 중에 오염된 반응물의 원인을 결정하라.

5) 종합 수준

분석한 지식은 의사소통의 새 형태로 재조립될 수 있다. 이전 계획의 요
소에서 새 계획을 끌어내는 것이 종합이다.

〈예 시〉

▶ 안정성과 신뢰성을 알리는 광고캠페인을 개발하라.

▶ 최근의 최고법정 원칙에 근거하여 의뢰인을 위한 법정 변호를 개발하라.

▶ 조직의 가장 중요한 문제를 확인할 요구 분석을 설계하라.

6) 평가 수준

평가는 인지 활동중 가장 높은 수준이다. 평가는 내부에서 생겨나서 외부로 제공되는 표준에 근거한 몇 가지 내용에 관한 판단을 포함한다.

〈예 시〉
▶ 장기적 성장의 표준을 사용하는 조사 자료철을 평가하라.
▶ 당신 자신과 당신의 회사를 위한 선택적 건강 계획서를 평가하라.
▶ 노균병 방염성과 내구성에 근거하여 가장 알맞은 지붕공사를 선택하라.

나. Gagne의 학습 분류

Gagne(1970)는 연속적 학습의 목적을 위하여 학습의 여러 다른 수준을 확정했다. 그는 수업이 단순한 기능에서 시작하여 단계적으로 난이도가 높은 쪽으로 진행되어 가야 한다고 믿었다. 그의 분류에 대한 다음의 설명은 학습의 6단계를 포함한다.

1) 언어 정보

언어적 정보는 블룸의 지식수준과 비슷하다. 언어적 정보는 학습자에게 이해나 적용을 요구하지 않고 기억 정보의 암기만을 요구한다.

〈예 시〉
▶ 권리법안의 수정조항을 말하라.
▶ 응용 소프트웨어의 각 부분에 요구되는 기억 용량을 말하라.
▶ 전기회로의 구성코드를 암송하라.

2) 구체적 개념

구체적 개념은 분류를 위한 기초에 대한 광범위한 인식을 제외하고 개념 요소와 비 요소 사이의 구별에 기초를 두고 있다. 구체적 개념은 특성상 전형적으로 물질적이다.

〈예 시〉
▶ 색상표에서 초록색의 모든 색조를 확인하라.
▶ 잡다한 형의 모음 속에서 원형을 고르라.
▶ 부품상자에서 저항기와 축전기를 구별하라.

3) 정의된 개념

정의된 개념은 개념의 정의를 통하여, 즉 개념의 정의적 특성을 통하여 이해된다. 정의된 개념은 대부분의 이해의 기초가 된다.

〈예 시〉
▶ 자동차 전시회에서 "스포츠카"를 확인하라
▶ 그림 제목을 읽지 않고 화랑에서 전에는 보이지 않던 피카소의 그림을 확인하라.
▶ 나뭇잎 생김새와 나무껍질의 색을 보고 낙엽활엽수 종류를 확인하라.

4) 원 리

원리는 둘 또는 그 이상의 개념 사이의 관계를 말하는 것이다. 흔히 원인-결과의 관계이다. 학습자가 새로운 상황에서 그런 원리를 적용하는 것을 '원리를 이용한다'고 말한다.

⟨예 시⟩

▶ 잘 모르는 장소를 찾거나 그곳으로 차를 몰고 가기 위하여 시내지도를
이용하라.

▶ 물을 산소와 수소로 바꾸기 위하여 전기분해를 이용하라.

▶ 2차 방정식을 풀어라.

5) 고차원적 원리

고차원리란 관계에 대한 더 일반적인 진술인데 대개는 원칙이라고 말한
다. 고차원리를 이용하는 것은 문제를 해결하는 것과 비슷하다. 고차원리는
학습자가 적당한 원리를 골라서 해석하고 적용하는 것이 필요하다.

⟨예 시⟩

▶ 경쟁적 이익을 얻기 위하여 계약서의 허점을 이용하라.

▶ 정성분석을 선택, 이용하여 새로운 화학적 화합물의 구성을 결정하라.

▶ 경기 후퇴의 영향을 중화하기 위한 투자전략을 개발하라.

6) 인지적 전략

인지전략은 문제해결이나 새 정보를 획득하기 위하여 기술이나 체계를 개
발하는 것이다. 어떻게 학습할 것인지를 배우는 것이 인지전략이다.

⟨예 시⟩

▶ 덴버중심가를 위한 교통계획을 설계하라.

▶ 전류를 더 능률적으로 전달하는 새로운 반도체 물질을 개발하라.

▶ 새 언어습득을 위한 리허설 기법을 개발하라.

다. Merrill의 내용요소제시이론

내용요소제시이론(CDT)의 기초적인 가정은 다른 학습성과는 다른 학습 조건이 필요하다는 것이다. Merrill은 수년간 학교에 기본을 둔 학습성과를 분석하여 자신의 고유한 학습이론을 발전시켰다. 거의 모든 학습활동은 사실, 진행절차, 개념, 원칙을 포함한다고 그는 결론지었다. 대부분의 분류가 단지 한 차원에서의 학습성과를 기술함에 반해, Merrill의 분류는 내용(정보의 유형)과 성취 수준(내용에 대하여 학습자가 취한 행동) 둘 다를 기술하고 있다. 사람들은 내용을 기억할 수 있고, 내용을 사용할 수 있고, 그리고 나중 버전에서, 내용을 찾을 수 있다.

1) 내 용

CDT는 사실, 개념, 진행과정, 그리고 원칙이라는 용어로 내용의 수준을 분류한다 사실은 독단적인 연상이다. 개념은 목적이나 사건의 등급이다. 진행절차는 계속해서 일어나는 반복적 행동이다. 원칙은 둘 또는 그 이상의 개념을 연관짓는 일반화된 설명이고 예언하거나 설명하거나 추론하기 위해서 사용된다.

2) 기 억

기억 수준 성취는 Gagné의 언어 정보 범주나 Bloom의 지식수준과 유사하다. 다른 분류는 모든 지식수준 행동을 단 하나의 범주에 넣어버리는 경향이 있다. CDT이론은 기억된 내용의 유형을 구분한다.

〈예시 – 사실의 기억〉
▶ 인디아나폴리스의 인구는 얼마인가?

▶ 거래명세서에서 차변을 나타내는 기호는 무엇인가?

▶ 미국의 제 16대 대통령의 이름을 말하라.

〈예시 – 개념의 기억〉

▶ 자산이란 무엇인가?

▶ 이성체(異性体)의 화학적 특성은 무엇인가?

▶ 변성암의 주요 특성을 나열하라.

〈예시 – 진행절차의 기억〉

▶ M 16 라이플총을 분해하는 법을 기술하라.

▶ B 737의 비행 전의 체크리스트(점검표)의 절차를 진술하라.

▶ 35mm 카메라에 필름 넣는 법을 기술하라.

〈예시 – 원리의 기억〉

▶ 오옴(Ohm) 법칙의 공식을 진술하라.

▶ 증가한 이율에 대한 연방준비국의 반응을 말하라.

▶ 실내장식품에서 윤활유 얼룩을 지우기 위해서는 어떤 용제를 사용해야
  하는가?

〈예시 – 원칙의 기억〉

▶ 순환시스템에 끼치는 유독화합물의 영향을 설명하라.

▶ 의회체제와 미 정부체제의 차이점을 기술하라.

▶ 항공단이 양력을 공급하는 법을 설명하라.

3) 활 용

활용 수준의 성취는 새로운 상황에 개념을 적용하는 행동을 나타낸다. 사

실이 사용되거나 발견될 수 없음을 주목해야 한다. Merrill에 따르면 사실
은 기억될 수만 있을 뿐이다. 사용수준은 Gagné의 지적 기능, Bloom의 학
습의 이해나 적용 수준, Leith의 학습집합과 문제 해결의 등급과 비슷하다.

〈예시-개념 활용〉
▶ 이 그림이 바로크 양식인지 인상파인지 분류하라.
▶ 이 구름들은 권운인가, 적운인가?
▶ 이것은 수성암인가?

〈예시-진행절차 활용〉
▶ 고도 1011의 플랩(부익: 副翼)을 이륙 위치로 낮추라.
▶ 교대 근무시간을 끝낼 때는 금전등록기를 잠그시오.
▶ 컴퓨터 프로그램을 작동시켜라.

〈예시-원리 활용〉
▶ one-stop 노출증가를 근거로 음화농도의 증가백분율을 예측하여 말하라.
▶ P&L 시트(팸플릿)의 정보에서 얻은 가격의 총액을 계산하라.
▶ 암호에 명시된 피치의 총계를 제공하는데 필요한 외벽의 높이를 정하라

〈예시-원칙 활용〉
▶ 인사과의 업무수행상의 문제점을 추론해 보라.
▶ 주입된 촉매의 양을 배가시킬 효과를 예측해 보라.
▶ 핵 조약이 세계평화에 기여하지 못할 수도 있는 이유를 설명하라.

4) 발 견

성취의 발견 수준은 유도, 새 개념의 발견 혹은 발명, 원칙 또는 적용을

언급한다. 이 수준은 Gagné의 인지 전략과 Bloom의 종합 수준에 대충 해당한다.

〈예시-개념 발견〉
▶ 모든 기재사항을 설명할 문서 분류체계를 개발하라.
▶ 품목별 인기도와 판매가능성에 따라 재고품을 재배치하라.

〈예시-진행절차 발견〉
▶ 연체카드를 없애게 될 새 연체관리체계를 개발하라.
▶ 영수증을 기록하고 분류하기 위한 컴퓨터 프로그램을 쓰시오.

〈예시-원리 발견〉
▶ 이 물리문제를 풀기 위해서 뉴튼(Newton)의 어떤 법칙을 사용할 것인지를 결정하라.
▶ 새 쇼핑몰 주변의 교통혼잡을 완화시킬 새 주차규정을 만들어라.

〈예시-원칙 발견〉
▶ 이 과정에서 아황산가스의 방출을 없애기 위한 가설을 고안하여 시험하라.
▶ 계산조직단위와 컴퓨터의 CPU의 관계 모의실험을 설계하라.

라. Leith의 학습 분류

Leith의 학습분류는(Leith, 1970, 1971) 인지 행동에만 관련이 있다. 그는 인지 행동 10 가지 수준을 확인한다.

1) 자극 식별

인지 행동의 가장 낮은 이 수준은 다른 소리나 형태, 목적 등등을 지각하는 것만 필요로 한다. 학습자가 적절한 상황에서 반응하는 능력은 그가 상황에서 차이를 깨달을 수 있는 능력을 통하여 확언할 수 있다.

〈예 시〉
▶ 새로운 언어에서 언어적 소리(예를 들면, 음절)를 구분하라.
▶ 트랜지스터에서 저항장치를 분리하라.
▶ 교통정리 표시기의 형태를 익혀라.

2) 반응학습

새로운 학습은 보통 반응학습이다. 주어진 특정한 자극에 반응하기 위한 학습이다. 반응학습은 강화에 수반하는 실습에 의해 만들어진다.

〈예 시〉
▶ 스페인어에서 'll'과 만났을 때의 'y'를 발음해 보라.
▶ 저항기는 저항기로, 트랜지스터는 트랜지스터로 각각 부르시오.
▶ 밸브를 시계바늘 반대방향으로 돌려라.
▶ 새 컴퓨터의 점멸 스위치를 켜라(활성화하라)

3) 반응통합

다른 단서를 사용하여 실수를 없애면서, 이미 학습된 반응을 특정의 방법으로 조합하는 것이 반응통합이다.

〈예 시〉

▶ 신용카드를 신용카드 조회기에 올바르게 넣어라.

▶ 구두끈을 매어라.

▶ 영어단어 철자법에서 'c' 다음에 오는 경우 이외에는 'e' 앞에 'i'를 사용하라.

4) 연 상

연상은 자극과 반응 간의 안정된 연결고리가 된다. 연상은 자극과 외부 도움 없이 적절하게 반응하는 것을 구분하도록 요구한다.

〈예 시〉

▶ 북캐롤라이나의 수도를 말하라.

▶ 조합원의 전화번호 1개를 기억해 내시오.

▶ 지역외판원의 보수공식을 말하라.

5) 계열학습 / 연쇄적 처리

계속해서 일어나는 연상의 연쇄적 처리는 계열학습이 된다. 계열학습에서는 반응이 다음 반응을 위한 동기가 되는 상황을 만들어 내고, 그 반응은 또 다음의 반응에 신호를 보내는 일이 계속된다.

〈예 시〉

▶ 당신의 차를 출발시켜라.

▶ 'A' 디스켓의 파일을 'B' 디스켓으로 복사하기 위한 일련의 단계를 적용하라.

▶ 컴퓨터를 프린터 기기에 연결하시오.

6) 학습집합 형성

학습집합 형성은 특별한 문제를 해결하는데 적절한 연쇄적 행동의 적용을 포함한다. 이런 문제들은 전형적으로 예외가 없으며 거의 비슷한 방법으로 성취된다.

〈예　시〉
▶ 뺄셈을 하라.
▶ 신용카드 판매를 새 금전등록기에 기록하라.
▶ 전화를 받아 해당 부서에 연결하라.

7) 개념학습

개념학습은 모범적인 보기와 아닌 것의 구별과 개념의 새로운 실례를 정확히 분류할 것을 요구한다.

〈예　시〉
▶ 하늘에서 권운을 찾아보라(확인하라).
▶ Bull market을 인정하라(승인하라).
▶ 이 학습분류에 따라 학습수준을 정확하게 분류하라.

8) 개념통합

개념통합은 개념 집합의 학습을 말한다. 또한 개념들간의 관계를 이해하는 것도 필요하다. 개념은 서로 대등하고 부가적인 혹은 분리적인 관계에 있을 수 있다.

〈예 시〉

▶ 커크모형과 양자의 관계를 기술하라.

▶ 식물의 일생을 수준별로 분류하고 분류학으로 분류하라.

▶ 공급과 수요의 관계를 기술하라.

9) 문제해결

문제해결은 개념통합에 뿌리를 두고 있다. 학습자에게 그 문제에 적절한 개념(과 개념이 형성한 원리)을 활발하게 하여 가설을 세우고, 자료를 모으고, 가설에 대한 결론과 추론을 끌어낼 것을 요구한다.

〈예 시〉

▶ 우울증에 새 약품을 처방하라.

▶ 화학적 반응에서 생기는 부산물을 줄이기 위하여 새 시약을 시험적으로 사용해 보라.

▶ 판매고를 높이기 위하여 진열장의 상품 진열에 새로운 기법을 시도하라.

10) 학습설계

학습설계는 개념을 네트워크와 원칙과 문제상황 속에 혼합하는 것을 포함한다. 주제 내용 지식은 설계에 기초하고 있는데, 설계란 함께 통합된 유형과 학습수준의 조합이다.

〈예 시〉

▶ 공급자 측면의 경제학에 근거한 정책을 추천해 보라.

▶ 사막폭풍전술에 근거한 공격전술을 하나 고르라.

▶ 미래 무역을 위힌 전술을 고안히리.

4. 교사효과성과 수업 효율성

가. 교사효과성 개념과 특성

교사효과성에 대한 개념은 바람직하게 교사 본연의 업무를 원만하게 수행하고, 업무 수행에 필요한 지식과 자질, 역량을 갖춘 교사를 의미한다. 이러한 효과적인 교사는 교사에게 요구되는 자질들을 체계적으로 선정하여 이를 효과적으로 단련함으로써 교사효과성을 고양할 수 있다.

그래서, 교사는 교수와 학습에 대한 끊임없는 자기성찰과 물음을 통하여 분명하고 뚜렷한 나름의 신념과 태도가 형성되어 있을 때 학습자로 하여금 성취하기를 원하는 학습 결과에 도달할 수 있도록 조력할 수 있는 능력을 구비할 수 있게 된다.

교사효과성의 개념에 대한 접근은 크게 두 가지로 대별된다.

첫째, 수업에 초점을 두는 교사효과성으로 교사의 인성과 성품, 전공 분야의 지식과 기능 등과 수업 효과성과의 관계에 관심을 집중한다.

둘째, 교사가 수업 중에 수행하는 수업행위와 수업기법이 수업의 효율성에 미치는 영향관계에 초점을 두는 시각 등으로 구분할 수 있다. 여기서 교사효과성의 개념정의에는 수업, 학습자의 학업성취라는 두 가지 변인이 반드시 등장한다.

이러한 효과적인 교사의 수업행동들은 수업 상황이나 학생들의 특성에 따라서 그 효과성은 가변적이고, 항상 변화되어질 수 있는 여지를 내포하고 있다.

Wright와 Nuthall(1970)은 28개의 효과적인 교사수업행동 변인을 확인하고, 이 변인들을 다섯 가지 범주로 개념화하여 교사와 학생의 발언, 교사가 학생의 반응을 유도해 내려는 언어적 활동, 수업내용의 구조화, 반복과 복습, 학생에 대한 교사의 반응 등으로 제시하고 있다.

Anderson(1982)은 효과적인 교사의 수업행동을 학습관리와 학생의 행동 관리로 구분하고 있다. 학습관리 행동에는 학생을 파악하고 학생에게 적절한 과제를 부여하는 행동, 학습자 안내하기, 학생을 감독하고 학습에 몰두시키기 등을, 학생의 행동 관리로는 교실 규칙 마련, 부적절한 행동에 신속하게 대처하기 등으로 밝히고 있다.

그의 이러한 개념화 작업은 교사의 수업행동 전체를 관리적인 차원에서 바라보았다는 점에서 새로운 시각을 제시해 주고 있다. 이러한 개념화는 실증적이고 경험적인 연구를 통해서 효과적으로 판명된 수업행동을 기능 면이나 특성 면에서 유사성을 보이는 행동들로 개념화하였다는 점에서 효과적인 수업행동을 개념화하는 데 있어 유익한 틀을 제공하고 있다.

그러나 다양하고 수많은 교사의 행동들 중에서 효과적으로 확인된 행동들만 포괄하여 제시하고 있어 교사의 교수활동을 전체적이고 포괄적으로 바라볼 수 있는 틀을 제시하는 데는 부족하다.

교사 본연의 핵심활동과 책무성은 수업에 있다. 교사효과성의 결정요인은 이러한 수업요인과 관련한 요소들이 대부분을 차지하고 있다.

효과적인 교사의 특성은 연구자들이 제시한 요인을 충실히 수행하는 교사라 하겠다. 이러한 결정요인에서 드러난 효과적인 교사는 열성과 책임감을 (인성적 요인) 가지고 수업의 효과를 최대화하기 위하여 사전에 철저한 준비와 계획, 체계적이고 조직적인 수업의 실행과 관리, 수업 개선을 위한 꾸준한 평가 등을 지속적으로 실천하는 특성을 지닌 교사를 일반적으로 효과적인 교사로 바라보고 있다.

나. 수업효율성의 개념과 평정

1) 수업 효율성의 개념

수업은 분명한 목표를 가지고 모든 활동이 이를 성취하려는 노력으로 집약되어지며 일반적으로 우수한 수업방법의 탐색은 학습자 특성, 능력, 적성, 수준에 적합한 수업이 되어야 한다.

따라서 수업효율성은 교사와 학생의 상호작용의 결과라고 볼 때, 교사의 학습 촉진, 제시범위, 열성, 성적평가, 언어적 소통, 솔직성, 지식의 참신성, 친절성 등과 같은 제반 특성은 수업의 효율성을 결정짓는 중요한 교사의 특성이 된다(박희분, 1998).

일반적으로 교사의 특성은 인지적 특성, 정의적 특성, 지도 유형, 기대 수준 등 다음과 같이 네 가지로 요약할 수 있다.

첫째, 인지적 특성으로서, Solomon, Rosenberg & Bezdek의 연구에 의하면 명확하고 유창한 표현은 효과적인 피드백을 가능하게 해주며 학습의 내용을 분명하고 효율적으로 전달해 주게 된다.

특히, Harvey, Hunt & Schrode의 연구를 살펴보면, 인지 양식 즉, 추상적으로 사고하고 상대적인 사고 경향을 가지고 있는 교사, 사고에서의 독창성과 독립성을 보여주는 교사는 학생들을 보다 잘 이해하고 있었으며 학습에서의 탐구를 안내하는 능력에서 보다 뛰어났음이 지적되었다.

둘째, 정의적 특성으로서, 지적호기심을 유발하고 학습의 내적 동기를 유발해 주는 능력을 지적하면 교과나 학습내용에 대해 생동적이고 풍부한 상상력을 가지고 있으며 그에 대한 열망과 흥미를 가진 교사들은 교장이나 다른 경험 많은 관찰자들에 의해 보다 성공적인 수업을 전개하고 있다고 판단되고 있다.

특히, Gagne의 연구에서 효율적인 수업과 관련된 교사 특성으로서 지적 능력과 교과에 대한 지식을 포함한 인지적, 온정적인 태도, 비지시적이며 융통성 있는 태도, 온화함, 문제해결력 등을 들고 있다.

셋째, 교사의 지도 유형으로서, 교사에 의해 지배적인 학급은 교사와 학생간의 갈등이 많았으며 반면에 통합적 행동을 보이는 교사와 학생들은 협동적으로 활동하며 바람직한 인간관계를 보여 주고 있다.

넷째, 교사의 기대 수준으로서, 교사와 학생간의 상호작용은 수업의 형태, 학생들의 개인차, 교사의 특성 또는 기대 등에 따라 달라진다. 특히, 행동이나 성격, 지능 등에 대한 교사의 태도와 신념은 매우 중요한 요인이 되고 있다.

2) 수업 효율성의 평정 목적

수업 효율성을 평정의 목적을 교사 능력 수행의 효율성 정도를 알아내기 위한 것과 수업방법을 발전시키기 위한 것으로 분류하고 있다.

교사를 평정하는 목적을 교사 자기 개선을 위한 것과 승진, 인사 등과 같은 교사의 장래에 대한 결정을 내리기 위한 것으로 들고 있으며, 평가기능의 특징으로 〈표Ⅶ-3〉과 같이 제시하고 있다.

〈표Ⅶ-3〉 평가기능의 특징

특 징	인사결정을 위한 평가	개선을 위한 평가
주요 목적	기관의 책무성	개인의 발전
일차적 활용자	의사 결정자	교직원
주요 정보 유형	질의 판단	행동 기술
주요 평가전략	전반적, 통합적 평가 공식적, 표준화된 법적평가	진단적, 구체적 평가 비공식적, 수시 평가
평가에 참여하는 주요 인사	행정가	신뢰할 만한 동료 자문가
전달되는 주요 정보유형	기관에 대한 공적과 가치의 판단	대체 방안에 대한 제안

자료: 박희분(1998). 수업효율성에 대한 학생평정과 교사 자기평정과의 관 계. 경성대학교 석사학위논문, 11.

위에서 살펴본 바와 같이 수업 효율성을 평가하는 주요 목적은 수업의 질

개선이라는 형성적 측면과 인사결정을 하기 위한 총합적 측면에서 찾아 볼 수 있고, 이외에도 교수와 관련된 연구를 하기 위해 실시하는 평가 등이 있다.

이러한 평가의 목적은 실제 평가가 이루어지기 전에 설정되어야 하고 이를 바탕으로 평가 절차나 방법을 결정해야 한다(박희분, 1998).

3) 수업 효율성의 평정 방법

수업 효율성을 평정하기 위해 자료를 수집하는 방법과 출처는 다양하지만, 평정의 목적에 가장 적합한 방법과 출처를 선정하는 것이 가장 중요하다.

또한, 하나의 정보원이나 자료수집 방법을 이용하는 것보다는 여러 정보원으로부터 여러 가지 방법으로, 다양한 준거를 반영하여 정보를 수집하는 것이 교사의 수업능력을 타당하고 신뢰롭게 측정할 수 있는 보다 이상적인 접근법이다.

그 중에서도 수업 효율성을 평정하는 대표적인 방법으로, 학급 관찰, 동료 교사 평가, 교사 자기 평가, 학생 평정 등이 있다.

첫째, 학급 관찰은 상황적 요인과 수업과정의 역동성을 파악하면서 수업과 관련된 제반 변인들을 폭넓게 관찰할 수 있는 유용한 방법이다.

그러나 단기간의 학급 관찰에 의해서 관찰한 행동은 학급에서 일반적으로 일어나는 행동이라고 확신할 수 없기 때문에 관찰시간을 늘려 대표적인 행동표본을 얻도록 해야 한다(박희분, 1998).

학급 관찰에서 이용할 수 있는 대표적인 관찰도구로는 Flanders, Galloway, Kounin, Goldhammer 등이 있다.

Flanders의 방법은 학급에서 교사와 학생간의 언어적 상호작용을 알아볼 수 있는 도구이며, Galloway의 방법은 교사와 학생간의 비언어적 상호작용을 살펴볼 수 있는 도구이다.

그리고 Kounin의 방법은 학생의 학습참여와 해설 및 교사의 학급경영 기법을 관찰할 수 있는 도구이다.

특히, Goldhammer의 방법은 학급에서 일어나는 모든 행동을 그대로 기술하는 방법으로서, 관찰기록물에서 교수-학급과정에서 있었던 행동을 이끌어 내고, 이를 유목화시켜 행동유형을 파악하는 분석방법을 활용한다.

둘째, 동료 교사 평가는 주로 학급 관찰과 학습자료의 검토로 이루어진다. French-Lazovik(1981)은 동료교사는 학과에 대한 지식을 가지고 있고 학습자료를 평가한 경험을 가지고 있기 때문에 이들의 평가가 유용하다고 주장한다.

그러나 동료평가는 너무 주관적이고 업무와 관련되지 않은 요소에 바탕을 두고 판단을 한다는 점을 들어, 평가의 신뢰성에 의문을 제기하고 있다.

이러한 문제점을 해결하기 위한 방안으로서, 최소한 3명 이상의 동료교사가 평가에 참여할 것을 제안하고 있다(French-Lazovik, 1981).

셋째, 교사 자기 평가는 교사의 자기이해와 수업개선에 도움을 주기 때문에 가치가 있다. 교사의 자기 수업평가는 '교사가 자신의 수업기술, 능력을 개선시키기 위해서 자신의 수업을 체계적으로 분석, 평가하는 부단한 과정'이라고 주장하고 있다(배호순, 1987).

넷째, 학생 평정은 행정가의 인사결정, 교사 자신의 수업 개선, 효율적인 교수와 학습을 알아보기 위한 한 방법으로써 널리 이용되고 있다.

특히, 수업효율성을 평가하기 위해 가장 널리 이용되고 광범위하게 연구되는 것이다. 그리고 학생 학습은 수업효율성에 대한 중요한 기준으로서, 학생 평정의 타당성 문제를 다루는 연구에서는 학생의 학습을 하나의 준거로 사용한다(Cohen, 1981).

다. 수업효율성 관련변인

교사효과성에 대한 초기의 연구는 주로 교사의 성격특성과 학생의 학업성취간의 관계 탐색에서 출발하였다.

1940년대에는 교사특성과 학생들의 장기적인 성장과 변화와의 관계 파악에서 후반에는 교사가 지닌 일반적, 추상적인 포괄적 특성에서 교사의 수업행동을 중심으로 한 구체적인 행동 차원으로 변화되어 왔다(Good, 1996).

1950년대에는 교사의 수업행동과 학업성취와의 관계성을 밝히려는 과정-산출 연구가 등장하여 교사의 수업행동(과정변인)과 그로 인한 학생의 학업성취(산출변인) 간의 관계를 통하여 효과적인 수업행동과 효과적인 교사변인들을 밝히는데 치중하였다.

1980년대에 오면 수업 중에 발생하는 교사의 사고과정(교사의 계획, 사고 및 의사결정, 이론과 신념)과 교사의 행동으로 인한 학생의 학업성취간의 관계를 밝히는 관점으로 그 연구의 패러다임이 변화해 왔다.

효과적인 교사를 밝히기 위해서 보다 중요한 것은, 실제로 교사가 수업에서 어떠한 수업행동을 하며, 이러한 수업행동과 학생의 학업성취와의 관계를 통해 효과적인 교사를 규명(Wright & Nuthall, 1970; McDonald, 1976; Anderson, Evertson & Brophy, 1979; Evertson et al., 1984)하는 요인을 파악하는 것이 무엇보다 필요하다.

이상의 논의를 통해 교사효과성 연구가 가정하고 있는 효과성의 의미는 점차 그 기준을 선행 변인, 과정 변인, 산출 변인, 상황 변인들을 포괄하는 방향으로 나아가고 있다는 것을 알 수 있다.

특히, 교사의 인성 특성이나 자질과 같은 선행 변인보다는 교사의 수업행동을 연구하는 과정-산출 연구가 광범위하게 이루어진 것을 볼 때, 교사의 효과성은 수업활동에서의 교사의 행동이 중요한 판단기준이 된다는 것을 알 수 있다(주동범·안우환, 1999; 안우환, 2004).

결론적으로 말하자면, 교사효과성의 하위 개념으로서 교사의 수업효율성 개념은 교사에 의해 수행된 수업행위에 따른 학생의 학습결과와 관계된 개념이다.

따라서, 학생의 학습 결과에 영향을 미치는 교사의 수업행동을 말한다(안우환, 2004). 그리하여 교사의 이러한 수업효율성은 학교 교육과 관련하여 대단히 중요한 의미를 가진다.

특히, Borich(2000)는 교사의 수업효율성에 관한 지표를 핵심적 교수행동과 촉진적 교수행동으로 구분하면서, 핵심적 교수행동으로 수업의 명료성, 다양성, 수업 몰입, 학생의 적극적인 참여, 학생의 학습성공률 등을 제시하고, 이러한 핵심적 교수행동을 보조해주는 촉진적 교수행동에는 학생의 의견과 기여 활용, 체계적인 요약 및 정리, 질문하기, 교사의 태도 등으로 제시하고 있다.

교사의 효율적인 수업행동에 대한 다양한 요인을 〈표Ⅶ-4〉와 같이 연구자들은 제시하고 있다.

〈표Ⅶ-4〉에서 살펴보는 것처럼, 교사의 수업효율성 요인 중 명료성, 구조화, 설명능력, 다양화, 동기화, 온정성, 일탈 행동 대처, 상호작용 등의 요인들이 가장 많이 수업의 효율성 요인으로 연구자들은 지적한다. 이러한 요인들은 수업 내용 차원(명료성, 구조화)과 수업의 전략 차원(다양화, 동기화), 수업관리 차원(일탈 행동 대처) 등으로 구분할 수 있다.

따라서 교사의 수업효율성에 관계된 지도성 발휘는 어느 한 차원에 국한하지 않고 세 가지 차원 모두를 적절히 조합하여 구사하는 교사가 수업에 있어서 보다 효율성을 나타낸다고 하겠다(안우환, 2004).

〈표Ⅶ-4〉 교사의 수업효율성 행동 요인

연구자 / 요 인	Brown & Howard (1972)	Rosenshine & Furst (1973)	Tuck-man (1976)	Sarahan (1978)	McDonald & Coker (1979)	Evertson et al. (1980)	Borich & Medley (1988,1987)	Borich (2000)
명료성	○	○		○	○		○	○
열 성		○				○	○	○
설명능력		○		○	○	○	○	
내용의 구조화	○	○		○	○	○		
다양화	○	○		○	○		○	○

연구자 요 인	Brown & Howard (1972)	Rosensh ine & Furst (1973)	Tuck- man (1976)	Sarahan (1978)	McDonald & Coker (1979)	Evertson et al. (1980)	Borich & Medley (1988,1987)	Borich (2000)
질문활용		○		○				○
온정성	○	○	○	○		○		○
동기화				○	○		○	
학생의견 격려·활용		○	○		○	○	○	○
학업지향 적 태도						○	○	
공정성	○			○	○	○	○	
일탈행동 대처						○	○	
상호작용	○	○			○	○	○	○

자료: 안우환(2004). 교사의 수업효율성과 학업성취와의 관계 탐색. 교육행정학연
구, 22(2), 45-63.

라. 교사효과성의 재개념화

1) 전통적 교사효과성 개념의 한계

교사효과성 연구는 교육목표에만 초점을 두기에 두 가지 제한점을 지닌다
(조영남, 2001).

첫째, 외재적 과제에 대한 성취에만 초점을 두기 때문에 내재적 과제에 대한
관심이 부족하고, 학생의 지식과 태도상의 변화와 같은 직접적인 교수효과에 초점
을 두기에 부모의 정치, 경제적인 측면의 간접적인 효과에는 관심을 두지 않는다.

둘째, 교사의 특성이나 교사의 수업 행동 모두를 고려하기보다는 어느 하
나에 중점을 두어 왔다.

최근 수년간 교사효과성에 대한 주제는 연구자나 교육자, 정책가 등에게

있어 계속적인 관심과 주목을 받아왔었다. 그러나 교사효과성에 대한 잘못된 개념정의는 오히려 교사효과성을 연구하는데 있어 장해 요인으로 작용하였다(Ornstein, 1991).

그리하여 연구자마다 개념이 달리 정의되었다. 이것은 교사효과성에 대한 접근 시각이 교사의 인성, 특성, 행동, 태도, 가치, 능력 등에 초점을 두느냐, 교수양식, 교사-학생의 상호작용, 교실풍토 등의 교수과정에(teaching process) 관심을 집중하느냐, 아니면 교수결과(teaching outcomes) 즉, 학생의 학업성취, 학생의 발달과 학습경험 등에 초점을 두느냐에 의해서 그 개념정의가 서로 상이하여(Ryan, 1986; Cheng, 1995), 교사효과성의 복잡성을 설명하고 분석하는데 많은 제한된 시각을 드러내고 있다(Ryan, 1986; Needles et al., 1991; Cheng, 1995).

그래서 Ornstein(1991)는 효과적인 교사에 대한 개념에는 교수를 위한 본질적인 지식의 실체와 그것을 적용하는 방법을 내포하는 개념이어야 한다고 지적한다.

이상의 논의를 종합하여, 효과적인 교사는 교수와 관련된 전문적인 지식, 기술, 태도의 소유와 더불어 학습목표를 달성하기 위하여 이러한 것을 적절하게 활용할 수 있는 능력의 소유자라 하겠다. 교사효과성 개념은 교사의 능력(competence), 교사의 실행(performance)과 교육적인 성과의 기대나 목표설정 간에 유기적으로 연결된 개념이어야 한다. Medley(1982)[1]는 교사의 능력, 교사의 실행, 학생의 학습경험과 교육성취간의 관계를 종합적으로 설명하는 즉, 교사의 특성, 행위, 과정-산출 등을 통합한 교사효과성의

---

1) Medley(1982)는 9가지 교사효과성의 구조로 ① 교사특성. 교사훈련 연수에 임하기 위해 소유한 지식, 능력, 신념 ② 교사능력. 교사훈련 연수의 완성을 위한 실제적인 교수환경과 교사가 소유한 일단의 지식, 능력, 신념 ③ 교사실행. 교수환경의 변화에 따른 교사의 교수행위 ④ 학생의 학습경험. 교수-학습 과정에서 교사와 학생간의 상호작용과 경험 ⑤ 학생의 학습결과. 교육적 목표 달성을 위한 학생의 진보 정도 ⑥ 교사교육. 교사의 능력 향상을 위한 교육 ⑦ 외적인 교수맥락. 학교의 조직구조, 경영, 문화, 교수시설 및 자원, 교육과정, 학교 교육목표 등 ⑧ 내적인 교수맥락. 학급의 크기나 구성, 학생의 능력, 교실풍토, 교사-학생의 관계 등 ⑨ 개인 학생의 특성. 학생들의 선행 학습경험, 지적능력, 학습양식과 개인적 특성 등을 제시하고 있나.

구조를 제시하고 있다(그림Ⅶ-8 참조).

더불어 Cheng(1995)은 Medley의 교사효과성 구조에 교사평가와 전문적 개발을 추가하여 〔그림 Ⅶ-8〕과 같이 제시하고 있다.

특히, 〔그림Ⅶ-8〕은 교사효과성 구조의 요소들간의 절차적인 구조를 나타내고 있다. 여기서 학생의 학습결과는 학생의 학습경험과 개인 특성들간의 상호작용의 결과를 나타내며, 학생의 학습경험은 교사의 실행과 내적인 교수맥락에 의하여 영향을 받는다.

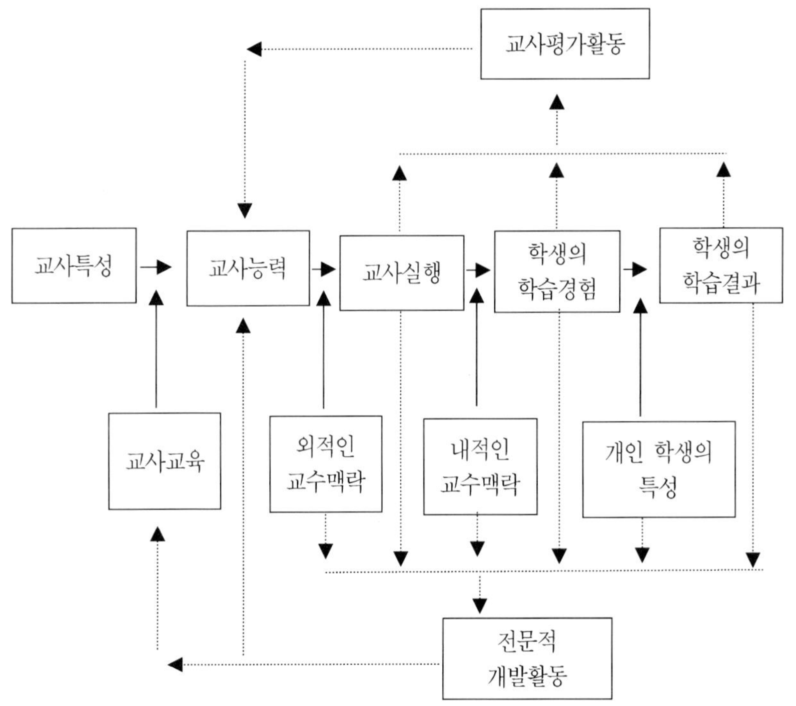

[그림Ⅶ-8] 교사효과성의 구조

자료: Medley, D. M(1982). Teacher effectiveness. in Mitzel, H. E.(Ed.). Encyclopedia of educational research, 5th ed., the free press, New York, NY; Cheng, Y. C(1995). Function and effectiveness of education. 3rd ed.(2nd ed. 1991), Wide-angle press, Hong Kong.

교사의 실행은 교사의 능력과 외적인 교수맥락간의 상호작용에 의하여 결정되어지고, 교사의 훈련과 교사의 특성은 교사의 능력에 영향을 미친다. 교사의 평가활동은 교사의 능력개발을 위한 즉, 교사실행, 학생의 학습경험과 학생의 학습결과 등의 정보에 바탕을 두고 있다.

전문적 개발활동은 내·외적인 교수맥락, 교사실행, 학생개인의 특성, 학습경험과 결과 등이 교사의 능력개발이나 교사교육을 지원하기 위한 활동구조로 구성이 되어 있다.

이러한 교사효율성 구조의 모든 요소들은 직·간접적으로 교사효과성에 관련되어 있다.

Medley(1982)와 Cheng(1995)에 의한 이러한 교사효과성 구조 모형은 전통적인 개념에 기반을 두고 있다.

즉, 교사 개인의 특성이나 교실이라는 한정된 맥락에 국한되어, 전체 학교의 개선이나 학생의 학습 결과를 강조하는 효과적인 학교 개혁 운동에서 요구하는 효과적인 교사에 대한 개념으로는 한계성을 지닌다(Caldwell, 1994).

그리하여 교사평가나 학교효과성(school effectiveness)을 극대화하기 위하여 교사효과성에 대한 보다 확장된 시각의 개념이(단체나 학교, 지역사회 차원) 필요하다.

교사효과성에 대한 개념을 이제는 개인 차원을 넘어 단체(group)나 학교, 지역사회 차원에서 재개념화 하여 규정되어 졌을 때, 보다 분명히 교사효과성에 대한 실체를 드러낼 수 있게 할 것이다.

2) 교사효과성의 개념적 틀

전통적인 차원에서 개념화된 교사효과성을 교사 개인 차원을 넘어 보다 확장된 차원에서 이를 재개념화 하기 위하여 교사효과성에 대한 4차원(개인, 단체, 학교, 지역사회)과 3가지 영역(인지적, 정서적, 행동적) 및 4가지 층(교사능력, 교사실행, 학생경험, 학습결과)의 개념적 틀을 실정하여 나음과 같이 살펴보고자 한다.

첫째, 교사효과성의 4차원. 기존의 교사효과성 연구에서는 교실 단위에서 교수-학습의 효율성을 가져오는 교사 개인에 초점을 둔 프로그램의 개발에 역점을 두어 왔다. 이리하여 교사 개인의 능력 개발이 전체 학교 차원에서 효과성을 가져온다는 확신이 없었다. 그것은 교사들의 일상이 다른 교사와 서로 분리된 공간(교실)에서 생활하기에 동료 교사에 대한 교육적인 정보를 취합하기에 열악한 구조를 가지기 때문이다(Sergiovanni, 1987; Rosenholtz, 1989).

교사들의 이러한 분리된 교직생활과 사적인 교육활동은 교사의 학습에 장해를 초래하고, 성공적이고 효과적인 동료교사에 대한 정보를 공유하는데 방해요소로 작용한다. 이러한 장해로 인해 교사들은 스스로 문제를 고민하고 해결해야만 한다(Lottie, 1975; Lieberman & Miller, 1984).

학교의 환경은 보다 복잡해지고 책무성에 대한 요구는 점점 더 강해지고 있어 교사 개인의 효과성이 학교 전체 효과성으로 연결되기란 쉽지가 않다. 그리하여 교사 개인 차원이나 학교 차원에서 효과성을 고양하기 위해서는 단체 차원에서의 협력과 노력이 요구되어진다(Kormanski & Mozenter, 1987).

단체 차원의 노력은 개인 구성원 차원보다 훨씬 높은 시너지적 파트너십(synergistic partnership)을 창출하게 해준다. 이러한 단체 차원의 교육활동은 교사 개인의 효과성은 물론, 새로운 에너지의 창출과 더불어 학교 공동체 구성원의 협력을 유도하여 결국에는 학교효과성에도 기여하게 된다.

그러므로 교사효과성의 개념에는 교사 개인 차원의 고려뿐만 아니라 단체나 학교, 지역사회의 확장된 차원에서 접근해야 한다.

둘째, 교사효과성의 3영역. 교사에게 필요한 능력으로 교수양식, 지식, 능력, 신념, 이론과 실천의 조화 등이 주로 언급되며, 교사의 실행 측면에서는 교실에서 지식과 기술을 효율적으로 발휘하는 교사로 묘사된다(Medley, 1982; Rubin, 1985; Ornstein, 1991).

이를 통해서 효과적인 교사는 교사의 능력과 실행에 있어서 반드시 신념(belief), 가치(values), 지각(perception), 태도(attitudes), 지식(knowledge), 기술(skill)

과 행위(behaviour) 등의 요소가 요구된다는 것을 알 수 있다.

교사의 교수과정은 학생의 학습경험과 학습결과에 영향을 미치며, 학생의 학습결과는 일반적으로 인지(cognitive), 정서(affective), 행동(behaviour) 영역에서의 변화나 진보 정도 등을 의미한다. 교사효과성 개념에는 학습자의 이러한 3가지 영역을 내포하는 개념이어야 한다.

셋째, 교사효과성의 4가지 층(layer). 교사효과성은 교수와 학습 측면 즉, 교사능력, 교사실행, 학생의 경험, 학생의 학습결과 층 등을 포괄하는 개념으로 접근되어야 한다.

여기서 교사능력 층은 개인, 단체, 학교, 지역사회 차원에서 교사가 학생에 대하여 행사하는 행위, 정서, 인지적 능력을 포함하며, 교사실행 층은 3영역(인지, 정서, 행동)과 4가지 차원에서(개인, 단체, 학교, 지역사회) 교사의 전체적인 능력을 포함한다. 교사실행 층의 질은 교사능력 층의 질(quality)과 긴밀한 연관을 가진다.

이러한 교사능력과 교사실행 층은 외적인 교수맥락(조직요인, 지도성과 학교 환경 등)에 의하여 영향을 받는다. 학생의 학습경험 층은 4가지 차원과 3가지 영역 면에서 전반적인 학생의 학습경험을 의미한다. 학생의 학습결과 역시 4차원과 3영역에서 학생의 학습결과를 나타낸다. 일반적으로 우수하고 질 높은 교사실행 층은 질 높은 학생의 학습경험과 학습결과 층에 영향을 주게 된다. 이러한 관계성은 내적인 교수맥락(학생의 하위문화, 교실풍토, 학생의 능력별 집단, 학습환경 등)의 특성에 의해서 영향을 받게 된다.

그리하여 교사효과성 개념은 교사능력, 교사실행 층에서의 질이 학생의 인지, 정서, 행동 등의 3영역에 4가지 차원에서 발휘되는 효과성 개념이며, 여기서 교사의 질은 다양한 차원과 영역에서 학생에게 영향을 미치게 된다.

3) 교사효과성의 재개념화

교사효과성에 대한 재개념화 작업은 교사효과성에 대한 개념적인 틀에서 살펴본 바와 같이 4차원(개인, 단체, 학교, 지역사회), 3영역(인지, 정서, 행동), 4층(교사능력, 교사실행, 학생경험, 학습결과)을 포괄하는 개념에서 출발한다(그림Ⅶ-9 참조).

교사효과성의 재개념화 분석 틀은 Cheng(1993)이 제안한 학교과정 행렬표(matrix) 연구와 Cheng & Tsui(1996)가 제안한 교사효과성의 3차원, 3영역, 4층 개념을 수용하고, 지역사회 차원이 가미된 보다 발전된 개념의 분석 틀이다.

상정된 교사효과성 개념은 교사의 교수과정과 학생의 학습과정이 하나의 유기적인 연결체로서 서로 긴밀하게 관련이 된다. 이러한 관련성은 서로 다른 4차원에서 교수-학습이 서로 유기적인 협조와 지원 하에서 이루어지게 된다.

학교조직은 전문적 능력과 지식을 갖춘 전문인으로 구성된 조직이라는 점에서 이러한 개별 에너지를 결합한다는 것은 플러스의 시너지 효과를 가져와 결국 교육의 전문성 제고에도 기여하게 된다(정태범, 1998: 122).

교사효과성은 4차원에서 모든 교사의 실행과 지역사회의 지원과 협조 하에서 4가지 층 내·외의 교육활동을 통하여 학생의 3가지 영역에 영향을 주는 포괄적인 교사효과성의 개념이다. 이러한 개념은 기존 교사효과성 개념이 교사 개인이나 학생 개인 차원에서 국한되었고, 층 간 교수-학습활동의 중요한 역할에 대해서 간과한 점을 극복하고 있다.

교사효과성을 극대화하기 위해서는 교사능력과 실행 층에 대한 개선과 지원을 최대화하여야 한다. 이러한 극대화 작업은 4차원과 3영역을 포괄하는 수준에서 지원되어야 한다.

교사능력이 학교조직 목표에 일치하고, 교사가 자신의 일에 몰입하게 될 때 보다 능력에 향상을 가져오며 보다 효과적인 교사실행이 이루어진다. 이는 곧, 학습자의 학습경험 층과 학습결과 층에도 바람직한 영향을 미치게 된다. 교사효과성 개념을 단일한 차원, 영역, 층 등에서 한정적으로 접근하여 개념을 규정하면, 교사효과성의 본질과 그 특질을 왜곡할 수도 있다.

그래서 교사와 학습자를 둘러싼 4차원 즉, 개인, 단체, 학교, 지역사회 등

의 다양한 차원을 고려하면서, 교수-학습의 4가지 층을 상정하여 층 간, 층
내의 유기적인 상호작용의 중요성을 고려하였다. 이러한 접근은 학습자의 3
가지 영역(인지, 정서, 행동)에 효과적으로 작용하는 교사의 효과성을 제대
로 파악할 수 있게 해준다.

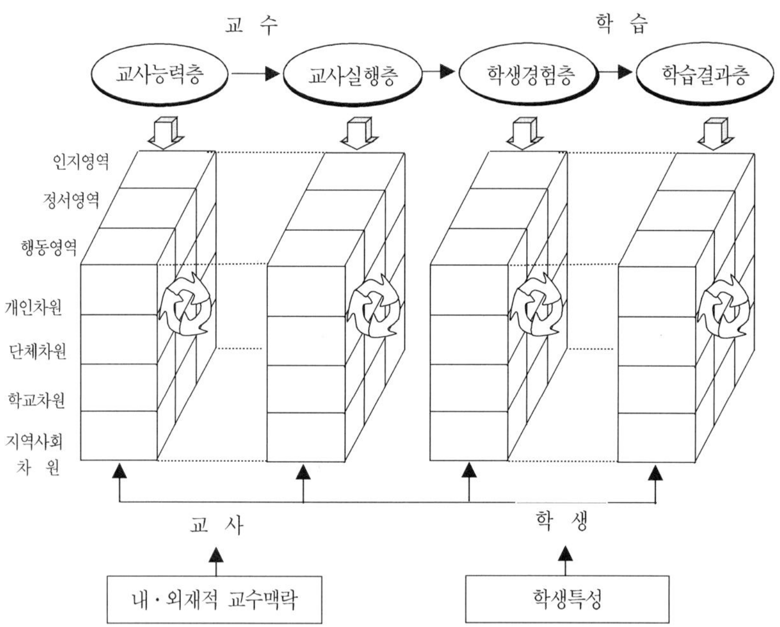

[그림 Ⅶ-9] 교사효과성의 재개념화 분석 틀

자료: Cheng, Y. C. (1993). Management and effectiveness of moral and civic
education in school: a framework for research and practice. paper pre-
sented at the international conference on moral and civic education,
Hong Kong; Cheng, Y. C., & Tsui, K. T. (1996). Total teacher effectiveness:
new conception and improvement. International Journal of Educational Man-
agement, 7-17; 안우환(2005). 교사효과성 결정요인 분석을 통한 재개념화 연구(미
간행 원고).

참고 문헌

강이철(2000). 코스웨어 설계를 위한 교육공학의 이론과 실제. 서울: 학지사.

교육부(1996). 초등 학교 교사용 지도서. 국정교과서 주식회사. 25-33.

김순택 외(1993). 현대수업원론. 교육과학사.

김철주(1999). 효과적인 교수방법의 탐구. 강남대학교 출판부.

김호권(1977). 인간의 제특성과 학교 학습. 서울: 한국능력개발사.

박희분(1998). 수업효율성에 대한 학생평정과 교사 자기평정과의 관계. 경성대
　　　학교 석사학위논문.

배호순(1987). 교사 자신의 수업평가. 새교육, 395호, 9월, 25-31.

변영계(1984). 학습지도. 서울: 배영사.

변영계(1999). 교수·학습이론의 이해. 학지사.

변영계·김영환(1996). 교육방법 및 교육공학. 서울: 학지사.

손영민(2001). 지식기반 사회의 교사교육을 위한 PDS. 교육사회학연구, 11(2),
　　　77-100.

안우환(2004). 교사의 수업효율성과 학업성취와의 관계 탐색. 교육행정학연구,
　　　22(2), 45-63.

안우환(2005). 교사효과성 결정요인 분석을 통한 재개념화 연구(미간행 원고).

윤정일 외(1994). 한·일간 교원의 사회·경제적 지위 및 교직관 비교연구. 서
　　　울대학교 사범대학.

임철일(1997), 문제해결 시나리오 교수학습 환경 설계 모형, 한국교육공학회

전성연(2001). 교수-학습의 이론적 탐색. 원미사.

정태범(1998). 학교교육의 구조적 개혁. 서울: 양서원.

조미헌, 이용학(1994), 인지적 도제 방법을 반영한 교수설계의 기본방향, 한국
　　　교육공학회

조영남(2001). 초등교사의 교사효과성 평가 준거 개발에 관한 연구. 초등교육
　　　연구, 14(3), 243-267.

주동범·안우환(1999). 초등학생들이 지각한 효과적인 교사 분석. 교육학논총, 19(2), 247-267.

한국교원단체총연합회(1996). 새교실 2월호 종합판: 수업혁명-다양하고 창의적인 수업을 모색하며. 서울: 국정교과서(주).

한국교원단체총연합회(1996). 수업혁명. 국정교과서주식회사

한성희(2003). 비고츠키의 언어발달이론과 초등 국어교육에의 시사점. 서울교육대학교 석사학위논문.

홍용희 역(1995). 어린이들의 학습에 비계설정-비고츠키와 유아교육. 서울: 창지사.

Anderson, L. W.(1982). Teachers, teaching & educational effectiveness. *Philadelphia: Research for better schools.* ERIC Document Reproduction Service No. 241 523.

Anderson, L. W., Evertson, C., & Brophy, J.(1979). An experimental study of effective teaching in first-grade reading groups. *Elementary School Journal,* 79, 193-223.

Berk, L. E., & Winsler, A(1995). Scaffolding children's learing: Vygotsky and early childhood education. 홍용희(역)(1995). 어린이들의 학습에 비계설정-비고츠키와 유아교육 서울: 창지사.

Borich, G. D.(2000). *Effective teaching methods(4th Ed.).* New Jersey: Prentice-Hall, Inc.

Bower, G. H., & Hilgard, E. R.(1981). *Theories of learning.* Englewood Cliffs, NJ: Prentice-Hall.

Caldwell, B. J. (1994). *International perspectives on the impact of school-based management.* paper delivered at the chinese university of hong kong on 12 December in the public lecture in the wei lun visiting professorship of B. J. Caldwell.

Cheng, Y. C. (1993). Management and effectiveness of moral and civic education in school: a framework for research and practice.

paper presented at the international conference on moral and civic education, Hong Kong.

Cheng, Y. C. (1995). *Function and effectiveness of education. 3rd ed.*(2nd ed. 1991), Wide-angle press, Hong Kong.

Cheng, Y. C., & Tsui, K. T. (1996). Total teacher effectiveness: new conception and improvement. *International Journal of Educational Management*, 7-17.

Cohen, P.A(1981). Student ratings of instruction and student achievement: A meta-analysis multisection validity studies. *Review of Educational Research, 51(3)*, 281-309.

Corey, S. M.(1971). The nature of instruction. In M. D. Merrill(Ed.), Instructional design: Readings, Englewood Cliffs, NJ: Prentice-Hall.

David, H.J., & Barbara, L. G(1993). *Handbook of individual differences, learning, and instruction.* Lawrence Erlbaum associates. Inc.

Dunkin, M. J. & Biddle, B. J.(1974). *The study of teaching.* NY: Holt, Rinehart & Winston.

Evertson, C. M., Emmer, E. T., Clements, B. S., Sanford, J. P., & Worsham, M. E.(1984). *Classroom management for elementary teachers.* Englewood Cliffs, NJ: Prentice-Hall.

French-Lazovik, G.(1981). Peer review: *Documentary evidence in the evaluation of teaching.* In J. Millman(ed), Handbook of teacher evaluation. beverly Hills, CA:Sage, 73-89.

Gagne, R. M(1975). *Essentials of learning for instruction(Expanded Eds.).* Constructivism and the technology of instruction. Hillsdale, NJ: Erlbaum.

Gagne, R. M. & Briggs, L. J.(1979). *Principles of instructional design.* NY: Holt, Rinehart & Winston.

Good, T. L. and Brophy, J. E.(1986). *School Effects.* In Wittrock, M.

(ed.), Handbook of Research on Teaching. New York: MacMillan Publishing Company, 570-602.

Good, T. L.(1996). *Teaching effects and teacher education.* In Sikula, J., Buttery, T. J., & Guyton, E. Handbook of research on teacher education, New York: Macmillan.

Kormanski, C. L., & Mozenter, A.(1987). *A new model of team building*: a technology for today and tomorrow. In Pfeiffer, J. W.(Ed.). the 1987 annual: developing human resources, University Associates, San Diego, CA.

Lieberman, A. & Miller, L.(1984). *Teachers, their world and their work. Association for supervision and curriculum development,* Alexandra, VA.

Lottie, D.(1975). *School teacher.* University of Chicago Press, Chicago, IL.

McDonald, F. J.(1976). Report on phase II of the beginning teacher evaluation study. *Journal of Teacher Education,* 27, 39-42.

Medley, D. M(1982). *Teacher effectiveness. In Mitzel, H. E.(Ed.).* Encyclopedia of educational research, 5th ed., The Free Press, New York, NY.

Medley, D. M.(1979). *The effectiveness of teachers.* In P. L. Peterson, & H. J. Walberg(Eds.), Research on teaching. CA: McCutchan.

Morgan, C.T., King, R.A., & Robinson, N.M.(1979). *Introduction to Psychology.*

Needles, M. C., & Gage, N. L.(1991). *Essence and accident in process-product research on teaching.* In Waxman, H. C., & Walberg, H. J.(Eds), Effective teaching: current research, Mccutchan Publishing Corporation, Berkeley, CA.

Ornstein, A. C.(1991). *Teacher effectiveness research: theoretical con-*

sideration. In Waxman, H. C., & Walberg, H. J.(Eds), effective teaching: current research mccutchan publishing corporation, Berkeley, CA.

Rosenholtz, S.(1989). Workplace conditions that affect teacher quality and commitment: implications for teacher induction programs. *The Elementary School Journal*, 89(4), 421-39.

Rubin, L. J.(1985). *Artistry in teaching. random house*. New York, NY.

Ryan, D. W.(1986). *Developing a new model of teacher effectiveness*. Ministry of Education, Ontario.

Sergiovanni, T. J.(1987). *The principalship*: *a reflective practice perspectives*. Allyn & Bacon, Boston, MA.

Shulman, L. S.(1986). *Paradigms and research programs in the study of teaching*. In M. C. Wittrock(Ed.), Handbook of research on teaching(3rd). NY: Macmillan.

Vygotsky, L.S(1978). *Mind in society*: *The development of higher psychological processes*. Cambridge: Harvard University Press.

William Jame(1958). *Talks to Teachers*(New York: Norton), 36-37.

Wright, C. J. & Nuthall, G.(1970). Relationships between teacher behaviors and pupil achievement in three experimental elementary science lessons. *American Educational Research Journal*, 7, 477-491.

저 자 약 력

안우환(安佑煥) 약력

- 대구교육대학교 졸업
- 경북대학교 교육학 박사
- 경북대, 대구교대, 대구대 외래교수
- 한국 교육의 이슈와 쟁점 외 다수
- (현) 대구산격초등학교 교사

권민석(權珉奭) 약력

- 대구교육대학교 졸업
- 경북대학교 교육사회 및 행정 박사과정 수료
- 대구교대 강사
- 교육사회 지식포럼(www.alledu4u.com) 교육칼럼니스트
- 한국교육개발원 교육현안문제 모니터위원
- 교실에서의 창의성교육(대구광역시서부교육청장학자료)
- 다르게 보고 새롭게 생각하자(대구광역시서부교육청장학자료)
- (현) 대구북부초등학교 교사

신재한(申在漢) 약력

- 대구교육대학교 졸업
- 경북대학교 교육과정 및 방법 박사과정
- 에듀넷 및 대구에듀넷 사이버선생님
- 교육사회 지식포럼(www.alledu4u.com) 교육칼럼니스트
- 한국교육개발원 교육현안문제 모니터위원
- 한국교총 객원연구원, 한국교총발전연구위원, 한국교총홈페이지 모니

터 요원

- 한교닷컴 e-리포터(한국교육신문사)
- 초등학교 교실수업개선을 위한 교육과정 운영 자료
- 대구광역시 서부창의력 개발 캠프 활동 보고서
- 새교육 '칼럼(19단열풍)' 및 한국교육신문 '칼럼(교사평가)' 등재 외 다수
- (현) 대구학남초등학교 교사

수업과 장학

• 초판 인쇄	2006년 2월 1일
• 초판 발행	2006년 2월 1일
• 지 은 이	안우환 · 권민석 · 신재한
• 펴 낸 이	채종준
• 펴 낸 곳	한국학술정보㈜
	경기도 파주시 교하읍 문발리 526-2
	파주출판문화정보산업단지
	전화 031) 908-3181(대표) · 팩스 031) 908-3189
	홈페이지 http://www.kstudy.com
	e-mail(e-Book사업부) ebook@kstudy.com
• 등 록	제일산-115호(2000. 6. 19)
• 가 격	30,000원

ISBN   89-534-4660-0 93370 (Paper Book)
         89-534-4661-9 98370 (e-Book)